ANTONIO GALA

Granada
de los Nazaríes

f)L Fundación José Manuel Lara

Ciudades andaluzas en la historia

Primera edición: junio, 2006

c/ Fabiola, 5. 41004 Sevilla (España)

Diseño: Fundación José Manuel Lara
Maquetación: Sergio Rojas-Marcos

Esta obra fue publicada por primera vez
en la editorial Planeta en el año 1992

Dep. Legal: SE-2135-06
ISBN: 84-96556-30-1
Printed in Spain-Impreso en España

ÍNDICE

Primera Parte

EL FRUTO CORONADO

INTRODUCCIÓN

Cuando los que me ven hoy me llaman hermosa, yo sonrío. Quizá piensen que mi sonrisa es de envanecimiento: por el contrario, es de tristeza. Hace seiscientos o setecientos años sí fui hermosa. Mi adolescencia duró mucho; fue en ese tiempo cuando llegó mi madurez. Una ciudad es como una mujer: sentirse bienamada la embellece; sentirse en tensión por una causa íntima le da la plenitud. Un amor no sustituye nunca a otro; sucede a otro, pero no lo sustituye. Una ciudad, cuando ha vivido varias vidas distintas, vuelve atrás la cabeza y las compara. En ocasiones, se confunde, pero siempre acaba por elegir el tiempo aquel en que estuvo rodeada por hijos predilectos y sostenida por el amor predilecto. Porque, ¿pertenece una ciudad a sus hombres o, a la inversa, son ellos quienes le pertenecen? ¿Cuál es la razón de que mis hijos de todas las épocas se parezcan tanto entre sí? Yo soy seguramente la causa: ellos me hacen y yo los hago a ellos, y sobre mí y sobre mis hijos el sol radiante, el cielo soberano, la nieve próxima y el aire luminoso nos conservan idénticos a nosotros mismos a lo largo del tiempo, las venturas y las desventuras, el obstinado deseo de vivir.

Tendrán motivos los que me encuentran hoy hermosa; sin embargo, hay momentos –en los largos atardeceres del verano, cuando el sol se desangra y se resiste a morir desesperadamente, me suele suceder– en que siento añoranza de la que fui. Entonces me miro en los espejos de las albercas y en el mar de las fuentes –siempre me ha gustado mirarme en las aguas, verme temblar en ellas, adivinarme en esa agitación, y no saber que es más verdad: si mi realidad o mi reflejo–, y no me reconozco. Y me siento en lo alto de esta colina o de aquella colina y abandono en el regazo las manos desganadas, y me pongo a reflexionar cómo he llegado a ser la que ahora soy. Hasta que escucho a mis ciudadanos desenvolverse con su alegría de siempre, y me digo: «Está bien, está bien. Todo está como debe estar», y reacciono. Porque comprendo que cada edad tiene su palpitación y su risa y su modo de dejar que entre los dedos se enrede la esperanza. Y comprendo que nadie puede ser definido por el número de sus

El río Darro a su paso por Granada.

arrugas, ni por sus deterioros. Y que, en definitiva, nunca sabemos con certeza qué es lo que cae y qué lo que se eleva.

Yo lo he observado a lo largo de mi existencia: hay ciudades que han sido predestinadas a aportar su cultura: Atenas, Roma, Córdoba. Otras, su heroicidad, y en ella mueren: Numancia o Cartago. Hay otras, generalmente mercantiles, que aportan arte: París, Florencia. Otras, que simbolizan un cambio de actitud de un país o de una civilización entera: Madrid o Nueva York. Algunas tienen la misión de aportarse a sí mismas: Venecia o Sevilla; han de cumplir su difícil sino de seguir siendo hermosas sin envejecimiento ni descanso, sin que su grave esfuerzo se les note. Yo, que algo tengo de cada uno de esos grupos, a ninguno pertenezco del todo. Mi destino es el de las ciudades levantadas para vivir dentro de ellas como ha de vivirse: con trabajo y con gozo, sobre una naturaleza privilegiada a la que, igual que en una declaración de amor, se adorna y se perfecciona. Es decir, he sido siempre y soy aún una ciudad de hombres, hecha por los seres humanos para ellos, a la medida suya y de sus deseos. En ellos me he complacido y me complazco. Sé que mi historia es como la estrella que, aun ya apagada, sigue presente por su luz durante millones de años. Sé que mi historia es como el primoroso rabo de una lagartija que, pese a haber sido cortado, continúa moviéndose en un simulacro de vida. Sé que la historia que me cuento a mí misma es como esas flores, hechas para cerrarse cuando se va el sol, que se cierran también en el vaso donde, una vez cortadas, fueron puestas, esperando que vuelva a abrirlas el sol de la mañana. Sé todo eso, pero no logro evitar que mis ojos –a ciertas horas, ay, de ciertos días– se me vayan a otros tiempos mejores como si no hubiesen del todo transcurrido.

Por qué mejores, me pregunto, y apenas sé qué contestarme. Ya que entonces, como ciudad, yo no tenía ni vigencia jurídica. El derecho islámico –y él era el que me gobernaba– no reconoce la existencia de ninguna agrupación entre el creyente y la *umma* o comunidad de los creyentes. La ciudad estaba organizada, pero ninguno de sus elementos ni de sus instituciones –y qué numerosos y variados eran– emanaba de la población, como sucedía en las ciudades cristianas, sino del sultán. El gobierno del sultán era absoluto y único; aunque el soberano no tenía capacidad legislativa y había de distinguirse entre su persona y la teórica autoridad que la inviste, no existían órganos de control ni consejeros. Por encima de él, sólo las leyes de inspiración divina, que la comunidad se limitaba a aplicar o interpretar. Los teólogos –los ulemas, o sea, los que conocen la

En la página siguiente, vista panorámica de Granada desde la Alhambra.

ley– se transformaban en representantes de la comunidad a la hora de enfrentarse a los excesos del poder. La comunidad vivía agrupada en barrios –cuánto me satisface hablar de ellos– que poseían una realidad aún más marcada que la de la ciudad misma, porque en ellos convivían ciudadanos reunidos sobre la base de una solidaridad determinada: una clase social, una raza, una profesión, un arte. Grupos, pues, en los que se concretaba de un modo bien visible la cohesión social que se llama *asabiyya*.

Hubo un tunecino, de antepasados andalusíes, que, a pesar de detestar las ciudades, fue embajador mío en Sevilla ante Pedro I, y me amaba. Se llamó Ibn Jaldun. Su vida fue una contradicción que se refleja sesgadamente en sus escritos. Quiso dedicarse al estudio, y lo rodearon guerras, asesinatos y epidemias, que dieron fin a su familia y a su pueblo, demostrándole la escasa eficacia del estudio. Quiso ser un intelectual puro, y fue un hombre de Estado. Quiso ser un hombre virtuoso, y tuvo que intervenir en demasiadas intrigas. Se hizo, en consecuencia, fatalista. Creía que ningún soberano retrasa la caída del imperio llegada la cuarta generación. Razonó mejor que sus contemporáneos, y era coherente y contradictorio al mismo tiempo, como son los hombres que razonan y sienten... La sumisión a las autoridades hace perder a un pueblo sus virtudes guerreras; una tribu que paga impuestos se envilece; todo progreso trae consigo la corrupción y el despotismo. Eso pensaba; sin embargo, él defendió la autoridad y el pago de los impuestos y la idea del progreso. Yo siempre he preferido a los hombres que no son de una pieza.

Para Ibn Jaldun hay hombres –y las sociedades políticas que crean– de tres clases: nómadas, de libertad y autarquía absolutas, porque se trata de pastores ociosos y bárbaros, que ponen con su sencillez y su valentía los fundamentos a la independencia y a la bondad, porque cuando los seres humanos necesitan ayuda exterior ya ha comenzado su decadencia y acaban siendo subyugados por tiranos; ciudadanos, que son los más civilizados, pero los más inmorales por su egoísmo y sus malas costumbres y su espíritu insolidario; y campesinos, que no tienen influencia política, pero que pagan impuestos sin gozar de la seguridad de los ciudadanos, ni de la independencia de los nómadas, por lo cual son los más envilecidos.

Averroes, el cordobés magnífico, escribió que al-Andalus había civilizado no sólo a los beréberes, sino a los árabes, y los había hecho mejores. Ibn Jaldun, a la inversa, escribió que los había afeminado y arrebatádoles la virtud de la *asabiyya*, es decir, de la solidaridad. ¿Fue

Puerta de Elvira, símbolo de la historia granadina, que ya aparece citada en el siglo IX.

justo Ibn Jaldun? Él era un emigrado, un nómada lleno de resentimiento contra las ciudades, y también contra los campesinos, que, según él, arruinaron al-Andalus; pero era asimismo el primer filósofo de la Historia que ha habido. Estaba convencido de que los caracteres del alma de cada pueblo no son hereditarios, sino que se adquieren por la educación y se fijan por la costumbre. Dependen, pues, en primer lugar, de sus condiciones materiales: los climas secos y cálidos hacen hombres alegres, ligeros de espíritu y nada previsores; los climas fríos y húmedos los hacen tristes y previsores, como en Fez –dice–, donde un individuo guardará una provisión de trigo suficiente para varios años y, en lugar de utilizarla, irá cada año al mercado a comprar su comida. Dependen, en segundo lugar, tales caracteres de un pueblo de su género de vida, nómada o estable, y de la cohesión entre los miembros de una misma tribu, y, por fin, de la ley de la imitación o simpatía, o de la ley de la antipatía, que lleva a combatirse a los hombres. Porque dice que éstos miran siempre como un ser superior a quien los ha sometido y dominado, y lo ven rodeado de perfecciones –o se las atribuyen para no tener que avergonzarse de su sometimiento–, y adoptan las costumbres de su señor, y tratan de parecerse a él. Por eso las clases nobles y guerreras deben apartarse de las ciudades, para permanecer distintas y distantes. En cuanto a las guerras, son fenómenos naturales consentidos por Dios que originan el poder político y lo mantienen. Los vencedores serán los que lleven una vida menos civilizada, o sea, menos ciudadana; la victoria se deberá sólo, no a las armas ni a los adelantos, sino a la supremacía ética, que las tribus nómadas poseen en su más alto grado. Porque están hechas a una existencia de privaciones y de frugalidad, y expuestas a cualquier ataque, y han de vivir alerta puesto que no tienen murallas que las defiendan, ni confían su protección a otros, y son lo suficientemente fuertes como para protegerse a sí mismas. Por lo tanto, ha de desarrollarse el compañerismo y la armonía entre los miembros de la tribu, y eso es precisamente la *asabiyya*: la nobleza compartida que caracteriza a los componentes de los grupos cerrados, tan opuestos a los de las ciudades.

No obstante, siempre he pensado que en el mundo musulmán han sido trascendentes las ciudades. Su trascendencia se remonta a los orígenes del Islam, creado por un ciudadano que se llamó Mahoma para reformar la religión de su ciudad, que se llamó La Meca. Tras su primer fracaso emigró a otra ciudad, Medina, donde sólo lo sostuvo el pensamiento de convertir y conquistar la suya. Ella se erigirá en luz, guía y meta de todos los muslimes. Su jefatura se organizó, en aquel primer tiempo, otorgándola a individuos de una u otra de las dos ciudades santas, sin recurrir a los jefes de las grandes tribus beduinas. Durante su expansión, no cesa el Islam de crear nuevas ciudades en que apoyarse y con las que islamizar nuevos territorios. Sólo en la ciudad se pueden cumplir plena y satisfactoriamente las obligaciones rituales: la oración del viernes, reunión y afirmación de la comunidad, exige una mezquita, un alminar y un púlpito desde el que se predique; las abluciones, para ser perfectas, exigen agua que corra y suelo limpio; el baño no es una institución del todo independiente de la mezquita; la permanencia de la mujer dentro de la casa no puede cumplirse en el campo, sino en la ciudad; las magistraturas legales o canónicas tienen en la ciudad su sede, y subrayan la hegemonía religiosa de ella; los habices, bienes de manos muertas, han de ser gestionados en la ciudad, donde se encuentran en su mayor parte...

Siguiendo su razonamiento, Ibn Jaldun se opone al concepto de la aristocracia que tenían los andaluces, en los que asegura que ha desaparecido la solidaridad, causa y consecuencia a la vez de que se haya derrocado el poder árabe y la dinastía que lo fundó. Lo único que conservan según él son las genealogías, y se imaginan que «con su nacimiento y un puesto en el Gobierno se llega a conquistar un reino y se gobierna a los hombres». Frente a Averroes, que afirmó que una familia es noble cuando lleva –como la suya– mucho tiempo en una ciudad, Ibn Jaldun se preguntaba qué saca una familia de ese largo tiempo si había perdido los lazos de cohesión social, que son los que aseguran el respeto y la obediencia. Tal cohesión y la virtud que engendra –afirma– se encuentra íntegra en el fundador del poder político, pero se debilita en sus hijos, y se extingue definitivamente en su biznieto. Porque el biznieto llega a creer en su superioridad individual en lugar de en la recíproca fuerza de la solidaridad. Y si se piensa que para Ibn Jaldun cada generación dura cuarenta años, se entenderá por qué me estoy deteniendo con melancolía en estas reflexiones. No se olvide que el Fundador de la Dinastía Nazarí la instituyó en mí un poco antes de mediar el siglo XIII, y un poco antes de concluir el XIV escribía Ibn Jaldun.

El poder –dijo entonces, y cuánta razón le dí después–, levantado sobre la superioridad militar y moral, se resquebraja por distintas e interinfluyentes causas: la gran extensión del imperio (que no se refiere sólo a la extensión material, sino a la posibilidad de ejercer

la autoridad), la diferencia de civilizaciones entre el conquistador y el conquistado, las desavenencias surgidas entre el soberano y las tribus (o los linajes, como en mi caso sucedió), porque los descendientes del Fundador, olvidando cuál es el origen de su elevación, entregan los cargos públicos no a los más idóneos sino a los más dóciles, ajenos a las primeras tribus, con lo que se debilita el poder militar al pasar a manos de los mercenarios que no son más que participantes de la corrupción general. Por esto –añadía Ibn Jaldun– los príncipes andalusíes (y se refería nada menos que a los Omeyas) no podían apoyarse en el espíritu nacional y señero de los árabes porque llevaban hundidos en el lujo tres siglos... ¿No pensaría acaso, al escribir esto, en los Nazaríes más aún que en los Omeyas? Cuando el lujo aumenta en una nación, y más cuanto menos rica sea, el sultán ha de aumentar los títulos de oficiales y dignatarios para consolarlos de

Interior de la madraza de Granada, fundada por Yusuf I.

las pérdidas de fortuna, y los impuestos no pueden crecer indefinidamente, y para reducir gastos se reducen las tropas con perjuicios graves para el imperio. «Si la decadencia comienza, no la detiene nada.» Quizá ahora entendáis por qué con frecuencia pienso en Ibn Jaldun cuando pienso en mi historia. Después de él, enmudeció el Magreb, y sus palabras quedaron temblando como una amenaza en el aire. En el momento de mi esplendor y de mi mediodía, él ya pareció anticipar mi ruina y llorar sobre mi noche oscura.

Desde el principio, mi época de gloria estuvo amenazada por su fin. La leyenda de la Casa del Gallo de Viento así lo recogió. El gallo coronaba un viejo palacio fundado poco después de la llegada de los musulmanes a Andalucía. En la más alta de sus torres pusieron una veleta de bronce que representaba un guerrero a caballo con su lanza y su adarga. Pero ¿giraba según la voluntad del viento, o advertía la dirección por la que se acercaba un ejército enemigo? Aquella figura se colocó allí para recordar a los habitantes de entonces –y de todos los tiempos posteriores– que estaban rodeados de hostilidad y de codicia. Y que, como decía mi amante y amado Washington Irving, «su salvación dependía solamente de vivir siempre prevenidos para su defensa y prontos a salir al campo de batalla». Esa leyenda de la veleta previsora expresa el estado de permanente vigilancia en que mi vida se desarrollaba cuando yo fui la capital del último reino islámico de España. Yo estuve, igual que los dioses bifrontes paganos, con un rostro mirando al pasado glorioso de los míos, y con el otro hacia los que iban a ser –ya estaban siendo– mis destructores y conquistadores. Quizá toda la hermosura que éstos vieron en mí y que yo hoy desde lejos veo, dependa de tal alarma; de ese estar en vilo entre el todavía no y el ya no; de ese no tener ya lugar, ni espacio ni sosiego para la creación, pero sí para la recreación y el disfrute casi póstumo de la herencia recibida; de ese refinamiento de la decadencia, que tanto se agudiza que llega a despuntarse; de ese vivir y construir para hoy y un escaso e hipotético mañana, desentendido de los largos futuros que no iban a existir; de ese último chisporroteo centelleante –Ibn Jaldun ya lo profetizó– que produce la mecha a punto de extinguirse, a la manera de una lámpara que, casi apagada ya, despide un súbito destello que hace creer en un renovado encendimiento. En las interminables agonías siempre hay una mejoría que precede a la muerte.

Las relaciones de mis hijos con sus vecinos –ya los cristianos peninsulares, ya los musulmanes africanos– fueron complicadas. Mi reino y yo éramos la huella última y el último reducto del Islam amenazado de continuo por la Cristiandad; África y yo, por otro lado, separadas de las grandes rutas marítimas, y privadas de las inmediatas aportaciones culturales de Oriente, tuvimos que estrecharnos mirándonos una a otra como islámicas y viviendo dentro de nosotras mismas. A mí, sin embargo, me fue necesario construir por mi cuenta –tan diferente me encontraba de los africanos correligionarios, y tan semejante a mis enemigos–, para mi propio desenvolvimiento, la postrera etapa –no sé si brillante, pero sí personal– de la cultura hispano musulmana. Ni suficientemente protegida, ni siempre, por los marroquíes, el Fundador de la Dinastía Nazarí hubo de someterme en vasallaje a Castilla, lo que me evitó ser desahuciada y desalojada desde el primer momento. Además, el apoyo de los musulmanes africanos no fue jamás desinteresado, porque su intención más o menos secreta era reconstruir el imperio almorávide y el almohade con mi posesión. Es decir, yo estaba constreñida por el Norte y por el Sur, y viví la vida artificiosa y exageradamente alegre que vive un ser amenazado por una enfermedad mortal de la que no se acaba de morir (¿Qué otra cosa sino eso es la esperanza?), salvo que se entregue a la estéril desesperación.

En el siglo XV, el último de esta melancólica historia, me hice más africana que nunca, precisamente cuando se había debilitado el poder de los Mariníes de Marruecos; cuando estaba ya frente a frente, sola, con Castilla; cuando mi caída era cuestión nada más que de tiempo. Suelen mis historiadores ver una incomprensible paradoja en esta evolución. Nada más lejos: muy diferentes linajes aristocráticos se colocaron bajo la espada del primer Mohammed, el Fundador de la Dinastía, y aceptaron su pacto feudal de vasallaje con Castilla. Sus sucesores se vieron obligados a enfrentarse a las ambiciones de otros linajes mediante la creación de un Estado islámico, que había de tener una fuerza militar importante y unos importantes recursos fiscales que la financiaran. Ayuda suya fueron los numerosos refugiados que, a medida que avanzaba la mal llamada reconquista, se instalaban en mí, apoyados en la *asabiyya*, acentuando como reacción su sentimiento musulmán y exhibiendo sus tradiciones comunes, lo cual pronunciaba y subrayaba ese creciente carácter africano de mis últimos tiempos. Donde está la contradicción no es ahí, sino en otro lugar. Porque ese Estado islámico parece consolidado a la mitad del siglo XIV, cuando Ibn Jaldun lo observaba; pero, como él observaba, no había tal consolidación. Dependía del exterior para abastecerse de alimentos, y la presión castellana exigía de continuo mantener la

Detalle del capitel de una de las columnas del Patio de los Leones.

frontera. Todo eso era muy caro, y requería un régimen tributario muy gravoso, lo cual es algo muy lejano de la tradición canónica islámica. Aparte de la limosna, no hay ningún impuesto previsto en el Corán, ni en la *Sunna* –las tradiciones–; pero sin dinero no había ejército, ni organización, ni subsistencia, ni posibilidad de pagar las parias a Castilla (unas parias que se llevaban al principio la mitad del total de mis rentas, y luego la cuarta o la quinta parte). De ahí que el sultán pudiese convencer a los doctores de la ley, que estaban exentos de tributo, de que mis demás hijos pagasen los gastos de la guerra. Por eso nada hubo entonces más impopular que ella; sólo algunos linajes y los ulemas y faquíes la defendían, y de ahí que autorizaran los gravámenes. Pero, después de la guerra, lo más impopular eran tales gravámenes; esa es la causa de que cuando crecieron más de lo ordinario con el penúltimo sultán, se produjesen las rendiciones de ciudades y aldeas que pretendían concluir a la vez con la guerra y con los impuestos.

En esta situación en que me vi tironeada por uno y otro lado, luchó la aristocracia por mantener sus niveles de vida por medio del control del poder. Y, al no haber reglas rígidas de sucesión al trono, se produjo una serie de conspiraciones, pronunciamientos y rebeldías a las que no estuvieron nunca ajenos el linaje de los Abencerrajes y algunos más, que buscaban con él la protección de sus propios intereses. Este es el origen de las guerras civiles que me ensangrentaron en el siglo XV y al debilitarme precipitaron mi caída. Quizá el desastre final habría podido posponerse si el penúltimo sultán, Abul-Hassan –el Muley Hazén de los cristianos–, no hubiera perdido la serenidad, dejándose arrebatar por la impaciencia. Pero, para huir de las rencillas interiores y dar satisfacción y ánimo a un pueblo exhausto, poco antes de finalizar la última tregua, en 1481, les arrancó Zahara a los castellanos. Fue un momento importuno: sus guerras de sucesión ya estaban concluidas, y eso forzó casi a Fernando e Isabel a tomar la decisión de acabar conmigo. Sus banderas recibieron la bendición de un Papa temeroso de ser cogido, como en un cascanueces, entre el Islam oriental y el occidental, en un Mediterráneo que no era ya latino. (Aragón y Castilla habían exagerado siempre mi poder y mi fuerza para conseguir más dinero del papado y mayores beneficios a sus santas cruzadas.)

Son estos Reyes Católicos los que, definitivamente, en mi década última ponen su religión como razón de ser. En sus reinos, con tantas etnias, tipos, razas, paisajes y caracteres diferentes, quieren

forjar una unidad, y edificarla sobre algo común e indiscutible. Sólo encuentran la religión, como contrapuesta al Islam; pero es algo tan personal e improbable que ha de ser sostenido por los tribunales inquisitoriales. Desde ahora, por tanto, se le dará a la religión un papel que no tuvo. En los comienzos musulmanes de la Península y en los tiempos del más grande esplendor omeya, la religión no dividía: había conceptos más fuertes que ataban o que enfrentaban: las actitudes, la cultura, la competencia económica. Las guerras no eran una cuestión religiosa; los cristianos andaluces combatieron a menudo contra los ejércitos del Norte al lado del Islam; los cristianos aprendían el árabe, hasta el punto de que Álvaro de Córdoba se planteó traducir a él la Biblia, no para convertir musulmanes, sino para que pudiera ser leída y entendida por sus correligionarios. ¿Qué es lo que sucedió después?

La batalla de Zagrajas, con Yusuf el almorávide –ortodoxo e incomprensivo y rudo como todos los ortodoxos–, al que los anda-

Aspecto actual de la plaza de Bibarrambla.

lusíes tuvieron que recurrir para ampararse contra Alfonso VI, lo cambió todo. La puerta de la llamada reconquista giró sobre otros goznes insospechados hasta entonces. La guerra por una geografía que los del Norte trataban de recuperar para aliviar su pobreza se transformó en una guerra religiosa, mucho más despiadada e implacable. Fue entonces, y no antes, cuando se planteó si era el Islam o era el Cristianismo quien dominaría en exclusiva la Península. Sin embargo, ese no era de ningún modo un dilema andaluz; era un dilema africano. Los andalusíes no tenían con los musulmanes de África otro punto en común sino la religión, y a ella tuvieron que atenerse para reclamar su ayuda. Con Yusuf el almorávide le sucedió a los andalusíes lo que sucedió con los Reyes Católicos al final de mi historia: a falta de la casa común de la cultura, o de otro vínculo más visible y humano, se edificó otra casa mucho menos y peor cimentada: la de la religión. Pero, a pesar de todos los pesares, hasta mi final, hasta los penúltimos estertores de mi alma nazarí, entre rapiñas, entre desesperaciones y esperanzas, musulmanes y judíos y cristianos, cada cual con su credo, aspiraron a un mundo espiritual –y respiraron de él– quizá no idéntico, pero sí recíprocamente comprensible. Cuando se cierra esta etapa de mi vida, se cierra la más hermosa de las posibilidades de convivencia.

Muy a menudo, desde entonces, me he formulado la misma pregunta que uno de mis amantes, en su novela *El manuscrito carmesí*, pone en la boca o en la pluma de mi último rey, Boabdil. Si la religión nos es otorgada por Dios, se nos otorgará para nuestro consuelo: ¿y cómo puede malograrse hasta convertirse en fuente de los mayores males? El hombre, aunque lo olvide, es un ser débil y efímero, que vive un poco y muere; un ser que transcurre a través de un universo indiferente. Las religiones tienden a solidificarlo, a darle fuerza y peso, como las piedras que algunos campesinos ponen en los bolsillos de los niños para impedir que el viento los derribe. ¿De dónde viene, pues, ese afán, en apariencia desprendido, que lanza a unos contra otros porque sus formas de adorar a Dios son diferentes? ¿No fueron hechas quizá para coexistir? Cuántas contradicciones en el comportamiento de los hombres, y no sólo en su comportamiento, sino en su misma esencia. A no ser que se halle bajo tales contradicciones una idea persistente; pero ¿cuál?

El Islam es, en principio, respetuoso: el judaísmo y el cristianismo no son para los muslimes religiones extrañas; la salvación es susceptible de ser alcanzada también por sus caminos, y no puede la fe

En la página anterior, Puerta de entrada del Corral del Carbón.

coaccionarse. ¿No fue Ibn Arabi quien dijo: «Mi corazón es pasto para las gacelas, un convento para los monjes cristianos, un templo de ídolos, la *Kaba* del peregrino, las tablas de la Torá y el libro del Corán»? ¿Y no añadió: «Practico la religión del amor; en cualquier dirección que progresen sus caravanas, la del amor será mi religión y mi fe»? ¿O es que son sólo los que más se elevan, los que más progresan, quienes entienden los preceptos? ¿Y por qué no imitarlos? ¿No será que los hombres vulgares –y los reyes vulgares– no se rigen ni actúan, en realidad, bajo preceptos religiosos?

La enemiga musulmana contra los judíos se apoya en que denigran al profeta Jesús; su enemiga contra los cristianos se apoya en que lo divinizan: porque lo que el Islam pretende es renovar la religión de Abraham, de la que nace el Libro que a las tres concreta. Y aun así, según el Enviado, la guerra santa grande es la que se desenvuelve dentro de la propia religión; la pequeña, la dirigida contra los atacantes exteriores. Más todavía: si éstos se rinden antes de ser vencidos, gozarán del *aman*, es decir, de la inmunidad y del perdón. Las sinagogas y las iglesias se conservaron; fue tolerado el ejercicio de sus cultos. El impuesto personal con que los andaluces gravaron a los cristianos y a los judíos sólo era un sustituto del servicio militar: quienes no estuviesen obligados a él –mujeres, niños, monjes, inválidos–, tampoco estaban obligados a pagarlo. ¿Acaso el Islam no mejoró la vida de la mayoría? ¿No fueron repartidos y mejor cultivados los amplios latifundios anteriores? ¿No se libertaron los esclavos por su conversión, porque ningún musulmán puede serlo, o por su rescate, cosa que antes no estaba autorizada? Y la conversión, ¿no se reducía a la aceptación del Islam como una ley social? Lo obligatorio es solamente la conducta exterior que el Corán marca; el grado en que se interiorice esa conducta no es objeto de mandato. (Ocurre con esto lo contrario que con las arquitecturas: la islámica se concibe desde dentro y para dentro; su aspecto es indiferente; el exterior se contempla por ventanas con celosías que resguardan la plena intimidad. Por el contrario, los cristianos construyen para ser vistos por quienes pasen por la calle, y procuran ser por ellos envidiados.) Sin embargo, por esa única obligatoriedad de la conducta aparente es por lo que los cristianos acusaban a los musulmanes de hipócritas, siendo así que ellos, al exigirse a todos una perfección imposible, lo son en mayor grado. Es algo similar a lo que sucede con los místicos que adelantan por las vías espirituales: en el Islam, son sólo los reclamados por una vocación imperativa; entre los cristianos, a partir del bautismo que es su rito iniciático, son todos los llamados, aunque muy pocos perseveren. De tal razón –de tales razones– dimana que las conversiones al Islam fuesen mucho más numerosas que las contrarias. No fueron provocadas: los musulmanes siempre asistían con curiosidad a las celebraciones cristianas, y les seducía visitar sus monasterios en las festividades de sus santos; jamás emplearon la fuerza como palanca de abjuración, aunque sólo fuese por una causa ruin: por cada cristiano que se convertía, perdían un tributo.

El rey Fernando el Santo de Castilla fue el primero que se equivocó al contradecir la partición de los latifundios, y al decidir darles a los nobles, como cebo para que le auxiliasen en la conquista, las extensas tierras conquistadas. Los ricos señoríos de los monjes o de los seglares fueron configurando un poder grande, sin que el poder reducido de los plebeyos o de los comerciantes de las ciudades constituyese un contrapeso suficiente. Fue Pedro I quien se dio cuenta de ello, y contra ello reaccionó; pero él era exótico en Castilla: él era, por supuesto, arabizante. Su hermano, por el contrario, cimentó su ambición sobre los nobles perjudicados; contó con el apoyo de los señores, cuyo predominio peligraba. Y la redención incoada se deshizo: para los cristianos y también para los musulmanes. Porque Castilla es de una pobreza contagiosa; cuando sus pastores descendieron a mi Andalucía, trashumando al amparo de las órdenes religiosas, trajeron su hambruna y su miseria, y hundieron la riqueza del califato. Castilla no produce: consume; no trabaja: guerrea. Tal ha sido su oficio. Y con el militarismo que bajaba de ella, bajaba no sólo el empobrecimiento para la economía, sino para la cultura y para nuestra organización social más justa. La pretensión integradora del Islam, por la que los habitantes de una ciudad o un pueblo se compenetran y equilibradamente se combinan, tocó a su fin; la batalla de la justicia se había perdido ante el abuso de los privilegiados.

Este efecto destructivo no hizo más que acentuarse con el tiempo. Se vaciaba Castilla: todos deseaban refugiarse en el Sur; paralizaron su tosca agricultura; se expandieron las grandes y depredadoras trashumancias de la Mesta; se admitieron negociantes extranjeros que compraran la lana, lo único que Castilla producía, aparte de su frío. Y, ante la ruina, se recurrió a las bolsas hebreas, también andaluzas en su mayor parte. Los castellanos, para continuar comiendo y para continuar gastando, no han contado más que con dos fuentes de ingresos: las expediciones contra el Islam andaluz y las matanzas de judíos. Los malos pagadores emplean el decisivo

Entrada a los Baños Reales en un grabado de Parcerisa. Universidad de Navarra.

método de asesinar a sus acreedores para saldar sus deudas. Tal situación era propensa a encubrirse bajo un exterior de religiosidad; cuanto más fanática, más ciega y, por tanto, más práctica. Pero ¿combaten los castellanos por su fe, o combaten por su subsistencia? ¿No es por el dinero por lo que luchan contra quienes lo tienen? No obstante, desacostumbrados a ejercer un oficio o una técnica –en lo primero, los musulmanes, y en lo segundo, los judíos, eran los versados–, de poco les sirvió poseer la tierra si no la cultivaban, u ocupar los puestos si no sabían hacer uso de ellos, ni cómo administrarlos. ¿Es verdadero dueño de una clepsidra o de un astrolabio o de una brújula quien desconoce su utilidad, o de un jardín quien no lo labra ni disfruta sus flores? El pueblo menudo de Castilla sólo se mantuvo a fuerza de botines de guerra y saqueos de aljamas; por interés, siempre estuvo dispuesto a secundar la voz que lo condujera contra mí y contra las juderías. Y sus reyes, desde el extremo opuesto, se adiestraron en emplear con impune seguridad tales argumentos homicidas: no argumentos religiosos, que miran hacia la otra vida, sino económicos, que miran hacia ésta, aunque finjan devoción con los ojos en blanco.

Los últimos reyes, Isabel y Fernando, aportaron dos novedades: la de reunir en sus personas el Aragón, que vivía cara al exterior, y la Castilla hambrienta, y la de fortificarse contra los señoríos, una vez enardecido, colmado de promesas y dominado el pueblo pordiosero. Los dos de consuno se fortalecían y mutuamente se sostuvieron: para fundar una monarquía consistente, el poder ha de estar en una mano sola. Por las noticias que tengo, el primero que adivinó sus intenciones fue el cardenal Mendoza, que con habilidad sometió su gran familia a ese mando exclusivo; no en función de la patria, que es para ellos un concepto inexistente, sino del propio beneficio: los Mendoza inundaron las administraciones de la iglesia, del reino, de los ejércitos, de las ciudades; pero ya no en nombre propio, sino al servicio de quienes los nombraban. La ganancia, si no la dignidad, seguía siendo la misma.

Con qué claridad vi que el pueblo menudo y menesteroso no creía con sinceridad en su Dios, ni los grandes señores en su pueblo, ni los reyes en sus vasallos chicos o grandes, del tamaño que sean. Los reyes mentían cuando exclaman postrados: «No para nosotros, Señor, sino para ti el poder y la gloria». Cada hombre busca su provecho; a veces lo disfraza con vistosos ropajes de desprendimiento, y lo denomina Dios, rey o patria; a veces lo deja desnudo, y se bate como un lobo

En la página anterior, patio del Corral del Carbón.

solitario. Para que renuncie a la violenta codicia de un cubil, de un alimento, de una pareja, ha de unirse con otros hombres bajo un poder común que satisfaga esas tres necesidades, y que después le invite a vivir en una ciudad justa, donde la convivencia con los otros enriquezca la vida de cada uno, sea cual sea el Dios que adore, la lengua en que se exprese y el matiz de su piel. Eso es lo que, dentro de la Península y al final dentro sólo de mí, la ciudad del fruto coronado, el Islam intentaba. Pero dentro de él también había egoísmos.

DESDE ARRIBA

La rectilínea y elegante Córdoba de los emires y de los califas se había edificado sobre las trazas de la Córdoba romana. La precisa Sevilla se construyó sobre huellas visigodas. A mí me fundaron específicamente musulmana. En la antigüedad y en los primeros siglos del Islam peninsular el centro urbano de mi reino fue Iliberis, al pie de la Sierra de Elvira (*al-Ugab*, es decir el *águila muerta* o *dormida* que su perfil sugiere); después de su decadencia, asumí yo el papel de capital bajo los ziríes y tuve una extensión de la que todavía algunos monumentos dan testimonio hoy. Musulmana nací; mi corazón era la medina, y el corazón de mi corazón, la Mezquita principal. En ella tuve el ágora de los griegos y el foro de los romanos y la plaza mayor de las ciudades de la Cristiandad. A ella la rodeaba el principal mercado, con su alcaicería y sus alhóndigas y sus zocos ininterrumpidos. Desde ella se alejaban las calles que conducían a las puertas de las murallas; en esas calles, una innumerable red de barrios, de adarves, de pasadizos, de callejuelas cubiertas: un verdadero laberinto en el que conseguir aislamiento y silencio. Alrededor, mi cerca fortificada; los barrios y residencias extramuros siempre acabaron por cercarse. Dominándolo todo, erigida, equivalente a las acrópolis de las ciudades mediterráneas, la ciudad de la Alhambra, residencia de los sultanes, de los administradores y de los cancilleres. Fuera de las murallas, la *musayya* para las grandes oraciones; la *almuzara* para los alardes militares, las revistas, los torneos y los deportes a caballo; y la paz de los cementerios, a veces conculcada... Y alrededor, no alejado de mí, sino entrelazado conmigo, el campo de la Vega, alimenticio y pródigo.

Los que me miraban desde arriba, desde el Cerro del Sol o desde alguno de los altos palacios, veían lo que les hacía compararme ventajosamente con Damasco. Mi cinturón de verdor y riqueza era superior a su *Gota*, y los viajeros quedaban en suspenso ante mi situación privilegiada: todo era jardines, todo arboledas, todo huertas. El Darro llegaba hasta mí después de discurrir entre collados de frutales y campos de viñedos, salpicadas su riberas de casitas rodeadas de huertos ajardinados y medio ocultas entre el boscaje. Sobre colinas me alzaba –y aún me alzo, pero de qué distinta manera–, con abundantes y bellas casas de recreo, con quioscos abiertos hacia las afueras, con miradores dispuestos a absorber el espectáculo de mi hermosura y de mi fertilidad. Alrededor de mi recinto una muralla de riqueza me ceñía. Recuerdo mis jardines: el de la Tumba, el del Estanque del Valle, la Vega del Barranco, la Ribera de Hixam, el Jardín del Arin, el Jardín de Cadah ben Sahnuc... Todos han desaparecido, y no por las guerras de entonces, sino por la torpeza y el abandono de después.

Más arriba de la Alhambra y del Generalife, y en las faldas de las colinas, y en el cerro de Habul, y en la ladera occidental de la Sierra por la que se prolonga hacia el Norte la colina del Albayzín, y al Sur, fuera del recinto antiguo, al otro lado del muro que descendía de Torres Bermejas, los más floridos huertos: el de Isan, las *al-Manyara* Mayor y Menor, los del Arrabal de los Alfareros, y los que ya no puedo recordar, ni quiero acaso. Y más abajo, en la orilla derecha del Genil, la Alameda de Muammal, plantada en el siglo XI, por donde paseaba con su amante la poetisa Hafsa, tan suelta de pluma como de costumbres. Y las plantaciones del Barrio de la Loma, el *Nayd*, que aromaban a clavo, entre la Colina Sabika de la Alhambra y el río. Y pasado el puente sobre éste, en su orilla izquierda, la finca real de Alcázar Genil, insuperable y suntuosa, con sus grandes albercas pensativas, próxima a las huertas de los sultanes: Alfariz, Alcadi, Algar, las tres regadas por la Acequia Mayor de Armilla, Aljof, Sidi Mochif, Hamet, Dar-algazi y la Casa del Nublo. Y en el otro lado, por la Puerta de Fajalauza –o sea, del *Collado de los Almendros*– a la parte del cierzo, en lo más alto del Albayzin, los cármenes de Ainadamar, la Fuente de las Lágrimas, que cubrían el monte de vergeles y aromas. Frente a tanto regalo, la Sabika aparecía desnuda por razones militares de defensa, recortados los palacios rojizos contra la sierra siempre nevada, y compensada su desnudez con los placenteros jardines interiores y, un poco más arriba, por la infinita frondosidad del Generalife, donde el agua se había hecho arquitectura, y de los numerosos palacios que crecían aún por encima de él, cuyas

torres enjabelgadas se adivinaban entre las frondas. Y a los pies de este alto paraíso, verde y perpetuamente feraz, la Vega abierta hasta el Montevive de Alhendin y detrás de él, ya difuminada, la sierra de Lujar; la Vega, moteada de molinos, de cortijos, de almunias, de alquerías: más de trescientas eran, de las que unas cincuenta tenían mezquita propia...

Desde el príncipe sirio Abu-l-Fida hasta el cadí mameluco al-Umari; desde Ibn Batutta, viajero infatigable, hasta Pedro Mártir de Anglería, que conocía bien su Italia; desde Jerónimo Münzer, el germano, hasta Navagiero, embajador de Venecia, todos comprendieron al verme por qué había despertado el ávido amor y la avaricia de quienes no eran dueños míos. Para qué, me vengo preguntando hace ya siglos. Después de tenerme en su poder, descuidaron las norias, las atarjeas, los balates que llevaban el agua desde mis dos ríos, o desde la fuente de Alfacar, a las casas y a los barrios y a los palacios. Ya el Fundador de la Dinastía construyó la Acequia Real, a cuyo cauce sinuoso se debieron el esplendor de la Alhambra y del Generalife; después de él, todos sus sucesores siguieron pendientes de este hilo de Ariadna que era el hilo del agua. Para qué, me pregunto. Los lugares más elevados, entre el Darro y el Genil, y las vertientes de los cerros volvieron a su antigua condición de sequedad y sed; los palacios que superaban las cotas del Generalife –la Casa de la Esposa, la Casa de las Gallinas entre otras– fueron abandonados y cayeron en ruinas, lo mismo que toda la parte oriental de la incomparable ciudad de la Alhambra, que quedó reducida a unos pocos palacios. Las huertas que se desbordaban por la falda de la Sabika, y los jardines de Alcázar Genil, y Ainadamar, y las laderas de los cerros que bordean el Darro antes de que me bese, son hoy amarillentas tierras de secano, las «ruinas y despojos» que, ponderando a su ciudad, vio Góngora. Mis hijos predilectos –o muertos o emigrados o depredados– habían dejado de cultivar mis tierras con esmero. Los cristianos advenedizos querían la propiedad, pero ni la trabajaban, ni la entendían, ni sabían una palabra del amor con que se la cultiva y se la riega. Y así fue como mi belleza se ajó, y se marchitó mi lozanía. Ni la sombra de lo que fui soy ya...

Mejor que nunca comprendo hoy la tristeza que sentían quienes me abandonaban; quienes me decían adiós no desde arriba, sino desde el repecho de las tristezas, desde ese lugar llamado *Yaur al-Wada*, la Dureza de las Despedidas (o el Suspiro del Moro). Salían de mí para peregrinar a La Meca, o para estudiar en Oriente, o al

En la página anterior, Bañuelo del Albaycín.

destierro, o a la muerte. No sabían si volverían, ni cómo, ni cuándo. Y con los ojos empañados me miraban, bajo las estribaciones agrias y casi marmóreas de la primera Alpujarra, antes de llegar a la alegría del Valle de Lecrín. Allí, desde ese último punto desde el que va a dejar de vérseme, parezco agazapada a los pies de las sierras, y hasta las soberbias torres de la Alhambra abdican ante alturas más soberbias aún, confundidas en el adiós las dos ciudades: la de la Alhambra y Granada... Yo también he sentido esa tristeza cuando me despedía de quien fui.

LA MEZQUITA MAYOR

Mi Mezquita Mayor, donde los viernes obligatoriamente asistían los fieles a la oración del mediodía, era a la vez grandiosa e íntima. Sus once naves, sostenidas sus techumbres a dos aguas por columnas de mármol, representaban el primer oratorio de Mahoma: un humilde cañizo sustentado por troncos de palmeras. (Los musulmanes nunca olvidan su origen de beduinos: hasta los exquisitos salones de los palacios recuerdan la configuración de los oasis, con sus espejos de agua en los patios, y sus artesonadas constelaciones en los techos.) En el *nartex*, el patio de entrada, existía la Fuente de las Abluciones. De ella manaba un agua que siempre se tuvo por milagrosa y curativa; decían que su pozo era un ojo de mar, cuyas aguas llegaban a mi altitud gracias a las profundas simas, las espeluncas, los corredores naturales y las cuevas hondísimas que minan mi terreno.

Desde su alminar, ubicua y ondulante, convocaba la voz del almuédano a la oración: «*Alah akbahr, Alah akbahr*. Dios es el más grande. Acudid a la oración. Acudid a vuestra salvación. Testifico que Dios es la divinidad, que no hay más Dios que Dios, y que Mahoma es su Enviado. La *ilaha illa-lah*. No hay más Dios que Dios». La voz potente rompía el aire frío y brillante como un hielo del invierno, y el cálido y dorado aire del verano, y la gente, que la esperaba, acudía presurosa. Desde el gran alminar descendía la voz, espesa y transparente, y otras voces le respondían desde los otros alminares. Dicen que tuve mil trescientas treinta torres; algunos dicen que mil cuatrocientas; no tuve tiempo para contarlas nunca. Cuando empezaba a hacerlo, la esbeltez de una, el color sonrosado y carnoso de otra, el tejado cerámico en que el sol me cegaba de ésta, o la inverosímil y destelleante elegancia de aquélla, me hacían per-

Una de las callejuelas de la Alcaicería.

der la cuenta. Aun antes de que Mohamed III –luego se quedó ciego– hubiera edificado la mezquita de la ciudad de la Alhambra que, con su oro y su plata impedían verla a quienes de cerca la miraban, toda yo estaba salpicada de minaretes de mezquitas pequeñas y grandes, lujosas o modestas, decoradas con minuciosa perfección o encaladas. Dios se recreaba en mí; no sé por qué dejó de recrearse...

En la Gran Mezquita, cientos de lámparas de plata, cientos de candelabros, acrecentaban la luz que los ventanales permitían filtrarse. Lujosas alfombras cubrían el mármol y el ladrillo del pavimento. Los cristales coloreados hacían juguetear doblemente los colores que adornaban las paredes. Desde la entrada, la devoción, como una mano invisible, conducía hacia la *quibla*. Mezquita y *quibla* son dos palabras que tienen para los musulmanes el mayor de los contenidos. La mezquita no es sólo una casa de oración, sino la casa de la vida. Allí donde un hombre ora –se ha dicho– allí está el santuario; un beduino que en medio de las dunas del desierto se postra ante la deidad, por esa rendida relación sin intermediarios es un templo en sí mismo. Pero ese beduino ha de inclinarse buscando la orientación, es decir, orientándose en estricto sentido, a través de la *quibla*: el punto de referencia que une las miradas y las plegarias de todos los musulmanes. Durante las cinco oraciones de cada día, en ese punto se funden y se confunden unos con otros ante Dios. La *quibla* es, pues, la dirección hacia La Meca, o mejor, hacia la Kaba, indicada en cada mezquita por el *mihrab*, ese nicho de luz excavado en el muro. Tal giro y tal entrega hacia su centro espiritual caracteriza al mundo islámico. Numerosos actos de la vida cotidiana subrayan la importancia ritual de la Kaba, *el objeto de forma cúbica* situado en el centro del patio de la Gran Mezquita de La Meca. Se lo oía contar a los maestros de las escuelas coránicas cuando les hablaban a los niños de negros y brillantes ojos alucinados: ese habitáculo cuadrado mide diez por doce metros de planta y quince de altura, y está cubierto por una funda de ricas telas bordadas con aleyas del Corán. A ese punto preciso es al que se dirigen las esperanzas y las oraciones del mundo; ese es el lugar sagrado por excelencia, al que llegan los peregrinos de todos los países y de todas las épocas; ese es el centro a cuyo alrededor se efectúan las ceremonias del *tawaf*, el rito purificador que consiste en recorrer siete veces el contorno de la Kaba, las tres primeras a paso ligero, en sentido contrario a las agujas del reloj, deteniéndose en cada una para besar o tocar la Piedra Negra, empotrada a unos cuarenta metros del suelo en el ángulo

oriental. Pero no sólo todas las mezquitas y cualquier *mihrab* y cualquier orante se hallan orientados de acuerdo con la *quibla*, sino que cara a ella se dispone al que agoniza, y apuntando hacia ella están las tumbas, y cuando un matarife degüella a un animal ha de ponerlo cara a ella también, y hasta el que hace al aire libre sus necesidades, ni debe volverse hacia la *quibla* ni ponerse en sentido contrario...

En el *mihrab* resonaba la palabra que había de ser recibida por el corazón de los creyentes. Junto a él, el *minbar*, de maderas preciosas incrustadas en una taracea de nácar y marfil, desde donde el imam dirigía los rezos, leía el Libro o predicaba su sermón. Un sermón que no tenía por qué ser siempre religioso –una mezquita es mucho más que un sitio para el rezo–, porque el Islam asimila la religión a la vida, la incrusta en ella, o viceversa, y reconoce en Dios al verdadero rey de los reyes. De ahí que en la mezquita se desarrolle la biografía de los pueblos. En mi Mezquita Mayor encontraron su eco la proclamación normal de mis sultanes, la bendición de los estandartes cuando se producían las expediciones de ataque o de defensa, la lectura de los documentos oficiales que requerían notoriedad, la lectura de las notificaciones de importancia y de las noticias que interesaban a la comunidad entera, el nombramiento de los gobernadores, la instalación o abolición de los impuestos... Todo lo que afectaba a la *umma*, desde la Mezquita debía ser proclamado. Y eso es lo que le daba su aire de casa de familia, de la gran familia compuesta por todos los creyentes que, por encima de los intereses y las fortunas personales, han de poner la fortuna y el interés de la colectividad. Y también desde los alminares se predicaba contra las actuaciones perjudiciales de los poderosos, como se predicó contra la desaforada lujuria de Abu-l-Hassan, y contra la avaricia de su amante Soraya; como para mi desgracia se predicó ya contra Boabdil, ya contra su tío *el Zagal* en el período de las guerras civiles que me descuartizaron.

No existía en mi Gran Mezquita la *maqsura*, que separa con una verja de madera o de hierro el reducido espacio del imam y del emir del resto de la mezquita, donde se amontonaban los fieles, para que en tiempos de rebelión los primeros quedaran protegidos. Tal es la causa de que fuese asesinado uno de mis sultanes predilectos, Yusuf I, en la última postración de la fiesta de la Ruptura del Ayuno. Le sucedió a él como al califa Omar mientras oraba en la mezquita de Medina, o a Abd al-Aziz cuando oraba en la de Sevilla. Sin embargo, Ibn Jaldun, tan opuesto a las manifestaciones de las diferencias

En la página anterior, Vista del Cuarto Real de Santo Domingo.

sociales, achacaba la creación de la *maqsura* a la soberbia del tiempo en que el imperio cobra su fuerza máxima, se desarrolla el lujo, y a la vez que él los testimonios que contribuyen a la ostentación de la soberanía.

Era en ese espacio místico donde la luz exterior –esplendorosa al mediodía, grisácea en el amanecer, amarillenta en el ocaso– o la oscuridad de la noche se mezclaban con las llamas de los candeleros temblorosas prestando a las figuras un aspecto misterioso e idéntico. Era en ese espacio donde el propio sultán se tendía sobre la alfombra de oración, anonadado ante el verdadero poder, desdeñoso de sus séquitos y de sus riquezas. Era en ese espacio donde cualquiera podría hacer de imam para dirigir la plegaria a otros; donde los más preciosos metales no servían sino para mejor humillarse ante quien los creó; donde los más complicados almocárabes y los más recamados atauriques no significaban más que un tartamudeo de su gloria; donde consentían, en el pasado y en el presente y en el futuro, las almas creyentes de la comunidad.

Los viernes a mediodía se preparaban todos para rezar juntos. Desde los barrios y los arrabales, los más ricos y los más pobres y los que no eran ni una cosa ni la otra, con sus ropas mejores, se aproximaban a la Gran Mezquita. Salían con tiempo suficiente, antes de que se llamase a la oración, para observarse unos a otros, y cambiar impresiones, y contarse los acontecimientos y las novedades de la semana. Venían con sus hijos de la mano, para enseñarles los primeros pasos de una religión sencilla y pura: el precepto de la limosna, el ayuno debido, la oración, las abluciones y la peregrinación a ese ombligo del mundo que es La Meca. Y cada uno les enseñaba a su manera –y ratificaba ante sí mismo– lo que significa el Islam: el abandono, la sumisión, la entrega a Dios, y el acto de esa entrega. Islam es el nombre propio de las predicaciones del Profeta; de ahí la doble acepción de la palabra como rendido desasimiento y abandono en las manos de la divinidad, y como religión constituida; y de ahí que ambas acepciones se mezclen en una intimidad. Más adelante les adoctrinarían en lo que ellos habían ido aprendiendo: que el Islam no ha de ser concebido como una pasiva sumisión a la Deidad, ni como una fe no traducida en actos, sino como una adhesión a la voluntad de Dios que se expresa concreta y positivamente mediante el compromiso de realizar su designio sobre el propio creyente y también sobre todo lo creado. Como la tesela de un mosaico, que modestamente se situa en el lugar que debe, menuda y casi imperceptible, pero formando parte de un conjunto, de un diseño, de un paisaje, de la facción de un rostro, que ella quizá en su nonada no puede percibir, pero que acepta a ciegas y colabora con la aportación de sí misma. Tal es la relación que se establece entre la sumisión del creyente y su esfuerzo para actualizar con ella la voluntad divina y la ley en los hechos de la vida diaria.

Se acercaban unidas las familias hasta que, cerca ya de la mezquita, se disgregaban para que los hombres se agrupasen con los hombres, y las mujeres con las mujeres. Pocas de éstas iban con el rostro cubierto, y menos aún eran las que no hacían presunción de su fortuna en ajorcas, pulseras, alhajas y en las delicadas y costosas telas de velos y ropajes. Porque si hasta para acudir a los zocos se cuidaban y atildaban, cuánto más para asistir a la oración del viernes en la que estaba presente la casi totalidad de quienes en la ciudad importaban. A oleadas se introducían en el Patio de las Abluciones para encontrar dentro una multitud que buscaba un rincón donde dejar el calzado, del que se había despojado previamente y llevaba en la mano. Las mujeres, al mismo tiempo, iban cubriéndose el rostro, los cabellos, los hombros, la silueta, por respeto a la ocasión y al templo. Una vez dejados los borceguíes, las babuchas o las sandalias, se aproximaban en cola a los caños de donde fluía el agua para la purificación. Allí no siempre se guardaba la compostura y el silencio. Mis granadinos son aficionados a la discusión, a hablar con intensidad y a defender entre apasionamientos los que creen sus derechos. Y así iban entrando en la mezquita, separados los sexos, y separadas, dentro del femenino, las doncellas, e instalándose cara al muro Sur, a la espera de que el emir, si estaba en la ciudad, dirigiera como imam supremo la plegaria y fuese índice y modelo en el recogimiento y en las rúbricas. Su voz, ampliada por las bóvedas, descendía por las columnas para extenderse sobre el pueblo, y las palabras rituales eran pronunciadas en voz baja o en voz alta según lo establecido. La muchedumbre repetía las inclinaciones a derecha y a izquierda, las actitudes de la ceremonia; abría sus manos hacia arriba; se prosternaba. No en vano el Profeta dijo que, a los ojos de Dios, todos los hombres son iguales, y que entre el individuo creyente y Él es la comunidad el único organismo que se interpone. Y eso, porque cada creyente forma parte esencial de ella, y ella no es otra cosa que la suma de todos, y su fuerza común ha de impregnar como un olor lo cotidiano de cada vida, cualquiera que ésta sea: desde la monótona del artesano que repite una y otra vez, uno y otro día, los mismos gestos, hasta la fastuosa del magnate que

bebe en vasos de oro. La *ilaha illa-lah*: tal es la verdad suprema, la confirmación de la fe sobre la que se apoya todo lo pasajero, la riqueza efímera, la guerra y la paz: «no hay más Dios que Dios...»

Y al concluir la oración, volvía cada cual, en el mismo momento en que recogía su calzado, a recoger su propia personalidad minúscula o grandiosa, destacada o mediocre. Se apartaban los artesanos y los comerciantes menores, se apartaban los campesinos de paso en la ciudad y las mujeres de todos ellos, para abrir paso a los grandes señores: al sultán y a su corte de visires, primero; después, a los secretarios, a los consejeros, a los nobles más o menos conocidos y a los acaudalados. Bajo los cielos, congestionados o límpidos, del color de la turquesa o del color de la perla, retornaban los humanos a ser lo que eran, distintos unos de otros de nuevo, y a ocupar cada cual el puesto que en la comunidad le correspondía. Algunos, aprovechan-

Interior del Cuarto Real de Santo Domingo.

do la fiesta, se demoraban en la ribera del Darro; otros cruzaban el Puente Nuevo y se perdían entre las callejas de la orilla de enfrente; todos lanzaban una mirada más o menos larga a la Alhambra (cuyo torrerío rojizo asomaba, perfilado contra el vacío del cielo, orgulloso, brillante e insolente), al cauce junto al que el pueblo se desparramaba... Y el río, sin que nadie pensara en ello, se transformaba también en otro símbolo de la comunidad: un agua que corría para todos por un cauce común, entre diferentes posturas y opuestas apariencias, entre la distracción y el desentendimiento.

Los alrededores de la Mezquita Mayor habían sido limpiados con meticulosa pulcritud, esa misma mañana, por los mercaderes que ocupaban los puestos más próximos. Habían sido retiradas las bestias, baldeado el suelo, fregado los poyetes, abrillantados los ladrillos y las piedras del piso. Ahora muchas de las mujeres, y aun de los hombres, asistentes a la oración acudían a los zocos cercanos, en los que los agricultores de la Vega exhibían los frutos y productos de la temporada, dispuestos a venderlos o a trocarlos por otros urbanos de los que ellos careciesen. En el estío, se demoraba la multitud bajo los toldos que cubrían y sombreaban de color azafrán las calles contiguas a la Alcaicería y al Zacatín, retrasando con paso lento la llegada de vuelta a sus barrios y a sus adarves, mientras comentaban los trajes de tal o cual conocido, de una esposa reciente o una reciente viuda, las novedades de esta o aquella familia, o procuraban manifestar del modo más constante posible las propias favorables novedades.

LOS BAÑOS

Muchos de los concurrentes al oratorio mayor habían estado por la mañana en los baños, ya en los de su propio barrio, ya en los públicos vecinos a la mezquita. De los muchos que me adornaban, apenas si queda algún testigo. Y de los principales erigidos junto al templo mayor, ninguno. Los destruyeron para construir el primer cementerio de la catedral con que se sustituyó el templo musulmán, uno, y el otro para ampliar las calles que tan estrechas e incómodas les parecieron a los cristianos, como si las calles fuesen otra cosa que pasillos, mejores cuanto más domésticos, en esa parte de la casa común, la más ruidosa y bullanguera, que es la ciudad de todos. Recuerdo ahora el baño de Abolaz, en una callecilla que salía de la placeta de la madraza y desembocaba junto a la Lonja de los

Genoveses. Y otro, muy favorito mío, entre la Aljama y el Zacatín, al que llamábamos Baño de los Zapateros, por no estar lejos de las tiendas de éstos. Los dos eran grandes, bonitos y aseados, y aunque tenía otros mayores y de más lujo, sentí siempre preferencia por ellos, que nunca hicieron acepción de clases ni de nombres. Preferencia particular, dentro, claro está, de la general que por los baños he sentido siempre. Quizá son ellos lo que más echo aún de menos. Nunca entendí esa pasión de los cristianos contra nuestra forma de respeto al cuerpo, de higiene y de naturalidad. «Hasta en diciembre se bañan», decían, como si la única función del agua fuera refrescar los calores del verano. El agua, para nosotros, que descendíamos de cientos de generaciones sedientas, era multiforme y milagrosa lo mismo que la vida. ¿Cómo iban a entender que el fervor consanguíneo por la limpieza llevase a nuestros pobres a gastar su última moneda en jabón con que lavar su ropa antes que en pan? Al-Maggari escribió que los andaluces de aquel tiempo eran, de todas las criaturas de Dios, las más preocupadas por la pulcritud de sus trajes, de sus paños y de cuanto les rozaba, y que se avergonzarían de aparecer en público con algo que, por estar poco limpio, atrajese desagradablemente la atención.

No es extraño, por tanto, que el *hammam*, la adaptación musulmana de las termas de Roma, conociese en los territorios árabes de la Península un notorio esplendor. Mientras los poderosos gozaban de espléndidos baños privados, llenos de pompa y suntuosidad (los granadinos se hacían lenguas de los existentes en los palacios de la Alhambra, no sólo del sultán, sino de los miembros de la alta administración y la justicia), la gente mediana o modesta asistía a los baños públicos, tanto en los pueblos como en las alquerías, que eran –no necesito repetirlo– los más queridos por mí. Los alfolieros eran quienes alquilaban los locales, en general propiedad de manos muertas, y que se asemejaban a los de todo el Occidente musulmán. Aunque he de aclarar, sin que se me tache de presunción, que los míos se distinguían por su elegancia y su comodidad, porque no siempre el lujo es el mejor camino para la hermosura y la eficacia. A su servicio estaba un personal bastante numeroso: masajistas y mozos de baño que cumplían diferentes funciones, vestidos sólo con un pequeño taparrabos; a la entrada, un vendedor de tierra de batán con que lavarse el pelo, y un alquilador de batas y toallas de baño, y, en cada uno, algunos barberos que pagaban un alquiler al arrendatario para que se les permitiese ejercer su oficio. Y todo perfecta-

mente organizado para impedir –o dificultar, al menos– los posibles hurtos y los posibles extravíos.

Se abría el baño con un vestíbulo no demasiado grande –quiero decir bastante pequeño– para que no se entretuviesen allí los asistentes obstaculizando la entrada y la salida. Conducía a una sala donde se desnudaban dentro de unas cabinas para colgar luego sus vestidos en un guardarropa. Desde allí pasaban a la sala fría, en cuyo centro espejeaba una alberca, y que, en los mejores casos, estaba decorada con antiguas esculturas de procedencia romana traídas de Itálica o de Mérida. De la sala fría se entraba a la sala templada, como un intermedio entre aquella y la caliente. La sala caliente constaba de una primera habitación en la que los bañistas se dejaban enjabonar y friccionar en dos alcobas provistas de *mastabas* –unos bancos de piedra–, y de una segunda habitación, con una caldera de la que iban sacando el agua a una temperatura altísima en cubos de madera, que se llamaban precisamente *kuv.* Se alimentaba el fuego con estiércol que es, al igual que la cáscara de almendras, una materia muy calorígena, y el agua se transportaba al baño con una rueda de cangilones conectada a una cisterna o a un pozo, o mediante una noria fluvial, según la situación del baño. (Esos procedimientos de

Piso superior de la Sala de las Camas en los Baños Reales de la Alhambra.

conducción eran muy dignos de la sabiduría acuática de los árabes que, por tener al agua como la mejor dádiva, tienen un sentido intuitivo de su aprovechamiento y su manejo.) Sobre la sala de calderas solía haber una más reducida que hacía las veces de letrina.

Para la concentración tanto de la temperatura como del vapor, los baños carecían de ventanas. La iluminación difusa y apaciguadora se conseguía, lo mismo que la ventilación a determinadas horas, por medio de unas lucernas abiertas en las gruesas bóvedas, donde iban empotradas, como en un hipocausto, las atarjeas de barro. Tales claraboyas, en la mayoría de las ocasiones, tenían forma estrellada y se cubrían con vidrios de colores que, a los rayos del sol, tachonaban las paredes o el suelo de mazaríes con estrellas de tonos vivísimos.

Estos baños, además de su origen romanizante, eran herederos de los baños ziríes, si bien perfeccionados. Se les había agregado, por ejemplo, en algunos casos, una galería que adornaba las salas: galería recatada a veces, tal sucedía en los baños de la Alhambra, donde es fama que tocaban su música sedante unos cuantos tañedores ciegos para que no les fuese dado contamplar los bellos cuerpos de las mujeres del harén. En el siglo XIV se añadió una comodidad más:

Alhambra, baño de la mezquita.

el *apodyterium*, que los poetas de los reyes de taifas, decadentes y refinados, habían cantado tanto, se convirtió en un salón donde desnudarse y reposar, rodeado de un altillo casi al nivel del pavimento donde se disponían colchonetas para que los bañistas, después de la fatiga del baño y del masaje, descansaran. En los baños reales de la Alhambra, cerca del Patio de Arrayanes, el *apodyterium*, decorado con cerámica, estuco labrado y madera, se convirtió en un verdadero pabellón, cuyo patio central está sustentado y embellecido por esbeltas columnas, y, en dos fuentes de mármol, el agua caliente y el agua fría corren sonoras, perfumadas y libres. Es en esa Sala de las Camas, tan muelle y tan mórbida, donde aparece, en el testero de uno de los estanques, un epígrafe que elogia con admiración las virtudes del sultán Yusuf I, autor de aquellos baños.

No era el menor encanto del *hammam* –o era, según se mire, su mayor inconveniente– el alborotado griterío de los jóvenes, a quienes la luz tamizada y los cuerpos semidesnudos no imponían demasiado respeto. Ni a ellos, ni a los nuevos ricos, o a los advenedizos, o a los negociantes, que utilizaban el baño como lugar idóneo para rematar sus negocios; ni a los soldados fanfarrones, que parloteban en alta voz sobre sus batallas y sus heroicidades no siempre confirmadas... Los sonidos revestían allí tonalidades y ecos fantasmales: el ruido de un esclavo que, de cuando en cuando, vertía agua en el suelo del *tepydarium* o del *caldarium* para provocar el vapor que acentuaba el borroso ambiente de ensueño; las mojadas voces que retumbaban como pájaros ciegos contra los muros y las bóvedas, revoloteando de una en otra habitación; los golpes secos y escurridizos del masajista que cumplía su trabajo sobre el grueso cuerpo de un comerciante de éxito, o sobre el suelto y flojo de un aristócrata cargado de nobleza y de años; el resbalón de los zapatos de corcho del sirviente que pasaba ofreciendo toallas o una albornía de aceite perfumado con que suavizar las fricciones... Cuanto mayor era el precio de los baños más adquirían en ellos las voces y sonidos una esponjosa calidad, sin que se percibiese el contenido de las conversaciones sino sólo el son quebradizo de su música...

Como es fácil de imaginar, eran las mujeres los clientes que más disfrutaban de los baños. Únicamente por la tarde les estaba permitido acudir. Con frecuencia merendaban en ellos; se citaban allí con sus amigas; chismorreaban con largueza; se desahogaban de la discreta cautividad de la casa, y, al mismo tiempo que arreglaban su interior extravertiendo sus penas y sus alegrías, no descuidaban el arreglo de fuera. En efecto, el personal femenino del *hammam*, a petición suya, las masajeaba, las depilaba, las peinaba, les pintaba los ojos y mejillas, les aplicaba la alheña en el pelo o en las plantas de los pies y en las palmas de las manos, les untaba el cuerpo con densos ungüentos o aceites aromosos de algalia o de almizcle o de ámbar, y les vendía toda clase de productos para el cuidado de la piel o su embellecimiento, productos a los que la mujer granadina de entonces fue extraordinariamente aficionada. Era, por tanto, el *hammam* un centro de reunión y alterne femenino, donde se podían encontrar pomos con aguas de olores diversos, arrebol, pinturas, lociones para fortalecer sus espesas y luengas cabelleras –orgullo de la mujer musulmana y esencia de su atractivo–, instrumentos para rizar o desrizar el pelo, colorete, alcandor y todo tipo de afeites, ya para colorear –como la alcofilla, el badulaque o la argentada–, ya para blanquear –como la cascarilla o el jalbegue–, ya para depilar las zonas más íntimas, en los cuales no estaba ajena la cal viva.

Es acaso por esta costumbre de favorecer y de acariciar las necesidades del cuerpo, en las que lo que fue superfluo en principio se había transformado en necesario, por lo que los cristianos abominaron de los baños, considerándolos causa de molicie y afeminamiento en lugar de pensar que era una ancestral y profundamente exigida costumbre de higiene y norma casi religiosa. Caracterizados siempre los cristianos por el desprecio de cuanto les era incomprensible, los baños edificados en tiempos de mis Nazaríes fueron clausurados desde el principio, sin que ni el paso del tiempo los redimiese. Y ni siquiera se respondió al caballero morisco Francisco Núñez Muley que protestó contra la medida de cierre dispuesta por una pragmática de Felipe II, alegando que el baño era indispensable para la masa de artesanos moriscos que manipulaban, como los tintoreros, sustancias a menudo nocivas. Pero ya el concepto de la vida, del gozo de las criaturas, de la ligereza de la alegría, del respeto a la intimidad, habían pasado para siempre en mi tierra.

LA ENSEÑANZA Y LA SABIDURÍA

Cuando decía que la Gran Mezquita era el corazón de mi medina no lo decía en vano. Dentro de ella se hallaba la principal sede de la sabiduría, sobre todo hasta que, para mi honra, Yusuf I fundó mi madraza o universidad. Al igual que la *jutba* –el sermón– no versaba siempre sobre materias religiosas, la Gran Aljama no sólo era útil para la plegaria. Entre los huecos de la elegante columnata se sucedían los lugares dispuestos para las cátedras de los maestros (quiero decir de los grandes maestros, porque los de la enseñanza primaria eran algo menospreciados –cosa no exclusiva de ese tiempo–, mientras que aquéllos, por el contrario, gozaban del mayor respeto público).

Con escuelas coránicas contaban hasta las aldeas y hasta las agrupaciones de cortijos. Su disciplina elemental, que un maestro, pagado por los padres de los alumnos impartía en modestos locales –cuyo suelo estaba cubierto de esteras y de cuyas ventanas brotaba el reiterado y monótono y ruidoso aprendizaje de los niños–, se orientaba fundamentalmente hacia el Corán, y él casi la llenaba. Su finalidad era que los niños tuviesen una buena escritura, una buena dicción, recitaran correcta y armoniosamente el texto coránico y supieran marcar las pausas y los acentos al hablar. El tan citado Ibn Jaldun, haciéndose eco de una observación sobre la enseñanza del místico viajero Ibn al-Arabi, recoge informaciones sobre el sistema pedagógico de vigencia en al-Andalus. En él la lectura del Libro Revelado iba precedida del estudio de fragmentos poéticos y epistolares; luego el alumno se acercaba al cálculo y había de aprenderse de corrido la gramática. Tales estudios previos facilitaban el del Corán y constituían un fundamento lógico y previo para pasar a una enseñanza más compleja. Basándose en esto, Ibn Jaldun afirmó que no había encontrado maestros marroquíes tan competentes para enseñar el Libro de *Sibawayhi* como los andaluces, cuyos discípulos medianamente aplicados se lo sabían a la perfección. Y es que aquí el idioma y la poesía eran asignaturas primordiales. Para aprender a escribir, copiaban los niños pasajes de las escrituras santas, lo cual no se hacía en Oriente, quizá por un mayor respeto a los textos sagrados, no susceptibles a su entender de estar siendo borrados a cada momento de las tablillas escolares mal escritas, lo que consideraban impío. Allí, en Oriente, no cabe duda de que se promovían más expertos calígrafos, pero en al-Andalus en general –y en mis escuelas en concreto– escribía mejor la mayoría. Y mientras que en Europa el analfabetismo era general, la inmensa mayoría de mis hijos sabían leer y escribir, y tanta era su afición y su responsabilidad, que hasta se daba el caso de que algunos menestrales, para colaborar con la cultura de su pueblo, no admitían en sus talleres a muchachos no letrados, aunque nada tuviesen que ver con la escritura sus oficios.

Si esto sucedía en las clases populares, ¿qué decir de los príncipes en la corte de la Alhambra, que siempre gozó de una cierta ejemplaridad? Allí era muy elevado el nivel de los estudios. Su biblioteca fue formada por el segundo rey de la Dinastía, Mohammed *el Faquí* (que es como decir *el Sabio*), contemporáneo del rey castellano Alfonso X, al que se dio el mismo sobrenombre. A ella fue a parar parte de los libros pertenecientes a al-Hakem II, el califa de Córdoba (el catálogo de los cuales constaba de cuarenta y cuatro registros de cincuenta folios cada uno), una vez que aquel luminoso califato se hizo añicos. Yusuf I, uno de mis sultanes adorados, encargó de la educación de sus hijos, como su ayo, a Ridwan, un personaje al que tendré que referirme. El futuro Ismail II aprendió griego, cosa nada insólita en

Granada, de Abbad, un liberto de origen cristiano, y a un discípulo de Ibn al-Jatib le encargó Mohammed V, otro de mis predilectos, la instrucción de sus jóvenes hijos. El mismo Ibn al-Jatib cuenta que, desde la memorización del Corán hasta el sentimiento de la gramática y la inmersión en el idioma (un idioma quizá no se posee hasta que no se es poseído por él), todo le fue inculcado por los mejores maestros de su tiempo, que se encontraban de asiento o de paso en mi Gran Aljama o en mi madraza. Por poner un sólo ejemplo, el abuelo del biógrafo al-Maqqari le enseñó letras, y al-Hakim, de ilustre familia rondeña e hijo del gran visir de Mohammed III (a quien el mismo Ibn al-Jatib sustituiría como arráez de la secretaría del sultán), le dio lecciones de versificación y de literatura.

Albaycín, vista general.

La enseñanza superior, al principio, tenía su lugar en la Gran Mezquita. También era privada. El sultán, o el Estado, no participaba en su costo ni en su dirección; su intervención única era garantizar la libertad, aunque los maliquíes, el rígido clero de la doctrina predominante entre nosotros, pretendiesen también convertir la enseñanza en rígida y dogmática, cosa que siempre pretenden los instalados para más y mejor beneficiarse de su instalación. A la mezquita acudían profesores de Oriente y de Occidente. Cualquiera fuese la materia de que se tratara, la enseñanza era oral: primero leía el maestro en el Libro de las Tradiciones o en el de la materia que tocase; después obligaba a repetir a los alumnos, y a copiar y a leer lo copiado, por lo que la memoria de los maestros, que se extendía hasta a los signos de puntuación, debía ser prodigiosa. Entre los maestros famosos que formaron a estudiantes granadinos o venidos a mí, ya en la mezquita, ya en las *zawiyas* u oratorios, ya en ciertas casas particulares, destacó desde el principio Mohammed Ibn Ahmad al-Raguty, originario de Murcia, que permaneció en ella una vez conquistada por Alfonso *el Sabio*, y que acumuló un enorme prestigio como profesor de un colegio fundado por el rey y abierto a discípulos de las tres religiones y de las tres culturas. Cuando decidió fijar su residencia en mí, en la ilusionada época del Fundador de la Dinastía, gozó de un predicamento incomparable.

Esto era posible gracias al afán de saber que caracterizó a todas las clases sociales andaluzas, aunque la enseñanaza no fuese gratuita y se obligase a los estudiantes de familia no adinerada a graves sacrificios de trabajo y de compatibilidad para pagarse su docencia. Eran ellos mismos quienes escogían sus asignaturas y sus maestros, y lo más corriente era estudiar una disciplina con dos o tres profesores. De ahí que para pagarse los estudios, que podían prolongarse entre cinco y quince años, los que carecían de medios propios debían ganarlos buscando un protector o mecenas, u ocupándose como copistas de libros, escribientes de cartas y documentos, profesores ellos mismos en clases particulares de lectura, o como sirvientes de una mezquita de barrio.

Como no hay mal que por bien no venga, a las buenas razones enunciadas para ensalzar la calidad de la enseñanza en mí, hay que añadir y dar gracias también al impulso que a la llamada reconquista dio Fernando III *el Santo* y su consuegro de Aragón, Jaime I *el Conquistador*, así como los inmediatos sucesores de ambos. A consecuencia de tal impulso, numerosos sabios musulmanes se refugiaron en mi reino en busca de serenidad y paz para el estudio, y originaron el último renacimiento cultural hispano-musulmán. De ahí que yo fuese, durante el final del siglo XIII y el XIV el centro del Occidente islámico en cuanto a la cultura, en especial por lo que se refiere a la lengua, a la literatura y a la historia.

Hay que reconocer que algo semejante y contemporáneo ocurrió en Egipto, a la caída de Bagdad en poder de los mongoles, por lo que El Cairo heredó el cetro de la cultura bagdadí, y de esa herencia no dejé yo de participar. Bien es verdad que el foco de El Cairo iluminó con más intensidad una zona más amplia que la que el mío iluminaba: primero, por su situación geográfica; segundo, por la diferencia política y militar entre su gran imperio y un reino como el mío, vasallo de Castilla; tercero, porque en mi reino la vida era más cara, dadas las enormes sumas necesarias para convertir en tierra laborable mis zonas montañosas, y las no menos enormes que se destinaban ya a la guerra, ya a los tributos, lo que conducía al pago particular y privado de la enseñanza, imposible de asumir por el erario público.

Por eso es más de agradecer a Yusuf I la fundación de la madraza en el año 1349. La intencionalidad de tal fundación no era confusa: respondía a su sentido protector de las letras y de las ciencias, pero también a su deseo de afirmar mi prestigio –y el suyo– en el mundo musulmán, tan al tanto como una gran familia –no siempre, o casi nunca, bien avenida– de lo que sucedía en uno u otro reino. En esta universidad, de ciencias religiosas en el amplísimo sentido que en el mundo musulmán tiene este término que en todo participa, confluyeron no sólo estudiantes del reino nazarí sino otros de diversa procedencia, así como maestros magrebíes y de tierras mucho más lejanas, atraídos por la munificencia del soberano. Es sabido que Ibn Zamrak, uno de los poetas de la Alhambra, fue uno de los primeros estudiantes de la madraza, y tuvo de maestros a una generación de sabios residente en mí durante esa época. Dos grupos de doctos hay que citar: el de los místicos y el de los retóricos. En el primero, destacaban al-Maqqari, antepasado del famoso autor de ese nombre y embajador del sultán Mariní, y el célebre e intrigante Ibn Marzuk, refugiado aquí por haber caído en desgracia en Marruecos, que dio lecciones de sufismo y fue nombrado predicador de la Mezquita de la Alhambra. En el grupo de los literatos o retóricos, destacaban el conocido Sarif al-Garnati, y el esencial Ibn al-Jatib, el más importante de su época en numerosos campos, incluido el político, ya que desempeñaba el cargo de gran visir o primer ministro.

En aquella primera generación hubo maestros de evidente origen cristiano –Ibn Lubb o Lope e Ibn Bibas o Vives–, y otros de origen beréber como el escritor marroquí al-Muharibi, que dio unos muy apreciados cursos de literatura.

La duración de los cursos era variable; dependía de las materias, del tiempo que los profesores prolongaran su estancia y de las posibilidades de los alumnos. La asiduidad y entrega de éstos se recompensaba con la concesión de una *iyata*, una especie de certificado de licenciatura que permitía la enseñanza de tal o cual obra concreta o de tal o cual conjunto de materias. Era dable obtener varias *iyatas*; así, el visir Ibn al-Hakim, ya aludido, trajo varias como consecuencia de sus estudios en Oriente, y el popular gramático Abu Hayyam al-Garnati (*el Granadino*) acumuló gran número de ellas.

Como dije, eran las materias religiosas y sus derivaciones las que tenían un absoluto protagonismo en la madraza. En ella se estudiaban las siete lecciones coránicas y las Tradiciones según se recogían en las grandes colecciones clásicas. Se daba preferencia a los escritos de Malik, el imam de Medina, como era lógico en un reino tan tradicional y tan profundamente malikí (aquí mismo se compuso un tratado de esa ortodoxia y de notoria importancia por el juez Abu Bakr Ibn Asim, cuya influencia alcanzó al Norte de África tanto como al resto de al-Andalus). El derecho musulmán se enseñaba a través de la difundida Epístola de Ibn Avi-Sayd al-Gayrawani. Y el cauto y exigente historiador Ibn Said admiraba el dominio de la lengua alcanzado por los profesores granadinos, aunque aquí el árabe se hablara con el acento *imala*, tan gracioso y lleno de encanto a mis oídos. Destacadas reformas en la enseñanza de la gramática se introdujeron por maestros de mi universidad, en cuyo programa encontró sitio muy destacado el estudio de las buenas letras, que comprendían, entre otras disciplinas, la poesía preislámica, las misceláneas, las monografías lexicográficas y las curiosidades filológicas. Los poemas del oriental poeta de Qufa, Mutannabi, fueron extraordinariamente apreciados por mis hijos; con razón él había escrito:

> Todos mis contemporáneos son recitadores de mis qasidas;
> cuando compongo un poema, toda mi época lo declama:
> lo lleva por los caminos el que nunca ha viajado,
> lo canta con entusiasmo el que nunca cantó.
> Prescinde de toda voz que no sea la mía,
> porque yo soy el pájaro que gorjea, y los demás el eco.

En la página anterior, vista general de la Alhambra. Al fondo Sierra Nevada.

Por fin, también se extendía la enseñanza al cálculo, en cuanto servía para fijar el reparto de las herencias.

Aparte de las bibliotecas oficiales, había buenos aficionados y numerosos coleccionistas de libros. Un hecho deja traslucir el gran interés que suscitaban: al-Zubaydi, hombre de letras de Jaén, se refugió cuando la conquista de su ciudad entre mis musulmanes y, a fuerza de copiar y de mandar copiar obras, se hizo con una biblioteca magnífica. Los Banu Asquilula –parientes, como se sabe, de los sultanes Nazaríes, pero ya en malas relaciones con ellos– se la apropiaron. Mohammed II *el Faquí* les obligó a restituir a su legítimo propietario la mayor parte de los fondos, si bien luego acabó él quedándose con lo restituido: lo cual, aunque injusto, no deja de ser digno de admiración, porque en cualquier otro lugar los libros no habrían sido objeto de litigio. Bibliotecas privadas famosas fueron las del visir Ibn al-Hakim al-Rundy –*el Rondeño*– y la de Abu-l-Gasim al-Kabi.

A pesar de las oportunidades que mis hijos tenían de aprender aquí mismo y de la posibilidad de consultar libros y archivos, era costumbre realizar un tradicional viaje a Oriente, ya para ampliar su instrucción y entrar en contacto con los grandes sabios, ya para enseñar y difundir sus propios conocimientos y adquirir brillo en el ambiente cultural más esplendoroso de la época. Tantos fueron los viajeros granadinos que me dieron lustre y diseminaron mi nombre que dejaron una huella hasta en mi toponimia. (Al-Makari tiene razón cuando habla de un lugar a mis afueras donde los viajeros se despedían de sus acompañantes y también de mí: es el ya mencionado *Yaur al-Wada*, que aparece en las memorias escritas por mis hijos en Oriente teñidas por la nostalgia de su ciudad y de sus seres queridos. Los suspiros que allí se lanzaban no se reducen al que lanzó Boabdil en el mismo sitio, como mucha gente cree.) Mis viajeros regresaron casi siempre una vez ampliados sus conocimientos literarios y humanos. Y digo casi siempre porque todo viaje era difícil y peligroso: si por mar, no era infrecuente que algún barco se perdiera en el Mediterráneo; si por tierra, los largos e incómodos caminos del Norte de África estaban a menudo infestados de bandoleros. Por eso los que emprendían el viaje solían llevar santas reliquias para precaverse de las inseguridades. Un cadí hubo, Abu-l-Hasan al-Nubahi, que tenía la superstición de componer versos con la forma y el tamaño de la babucha del Profeta, y aseguraba que quien los llevase consigo gozaría de una segura protección. Y los viajeros y peregrinantes se encomendaban a al-Khadir, *el Verde*, su patrono, que les inspiraba

el camino recto y era un anunciador de maravillas, cuya morada está donde se reúnen los océanos y cuyo oficio es enseñarle al hombre a conciliar los extremos. A pesar de los riesgos muchos cumplieron su aspiración y su destino, y volvieron cargados de sabiduría que volcaban en las aulas de mi madraza, o enseñaron en Damasco y en El Cairo, proclamando allí el nombre de Granada, desde la gramática a la jurisprudencia, desde la historia a los estudios místicos.

En cuanto a los granadinos a los que sus circunstancias no les permitían desplazarse a Oriente, procuraban conseguir sus títulos bien por el procedimiento inagotable de la correspondencia, bien aprovechando las frecuentes estancias de los doctores orientales en la universidad. Así sucedió, por ejemplo con el hijo segundo de Ibn al-Jatib que no tuvo, como el primero, la suerte de poder viajar a El Cairo.

Si grande era el movimiento de las personas, mayor aún era el de los libros y las publicaciones. Hubo algunos que alcanzaron más renombre aquí que en sus países de procedencia, y otros que fueron remitidos por sus autores granadinos y alcanzaron gran fama en el extranjero. El mismo Ibn al-Jatib dedicó una obra suya sobre el amor divino a la ermita de los sufíes forasteros de El Cairo. Tuvo una calurosa acogida, tanto por las anécdotas que relata como por los

Artesonado de los techos de la Madraza.

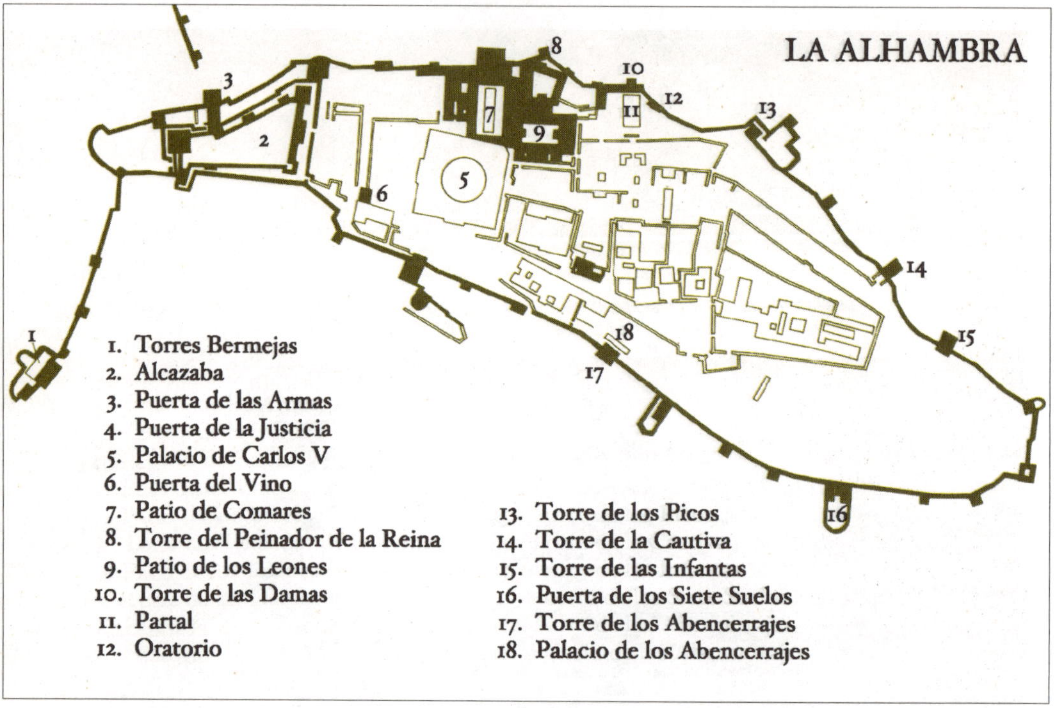
LA ALHAMBRA
1. Torres Bermejas
2. Alcazaba
3. Puerta de las Armas
4. Puerta de la Justicia
5. Palacio de Carlos V
6. Puerta del Vino
7. Patio de Comares
8. Torre del Peinador de la Reina
9. Patio de los Leones
10. Torre de las Damas
11. Partal
12. Oratorio
13. Torre de los Picos
14. Torre de la Cautiva
15. Torre de las Infantas
16. Puerta de los Siete Suelos
17. Torre de los Abencerrajes
18. Palacio de los Abencerrajes

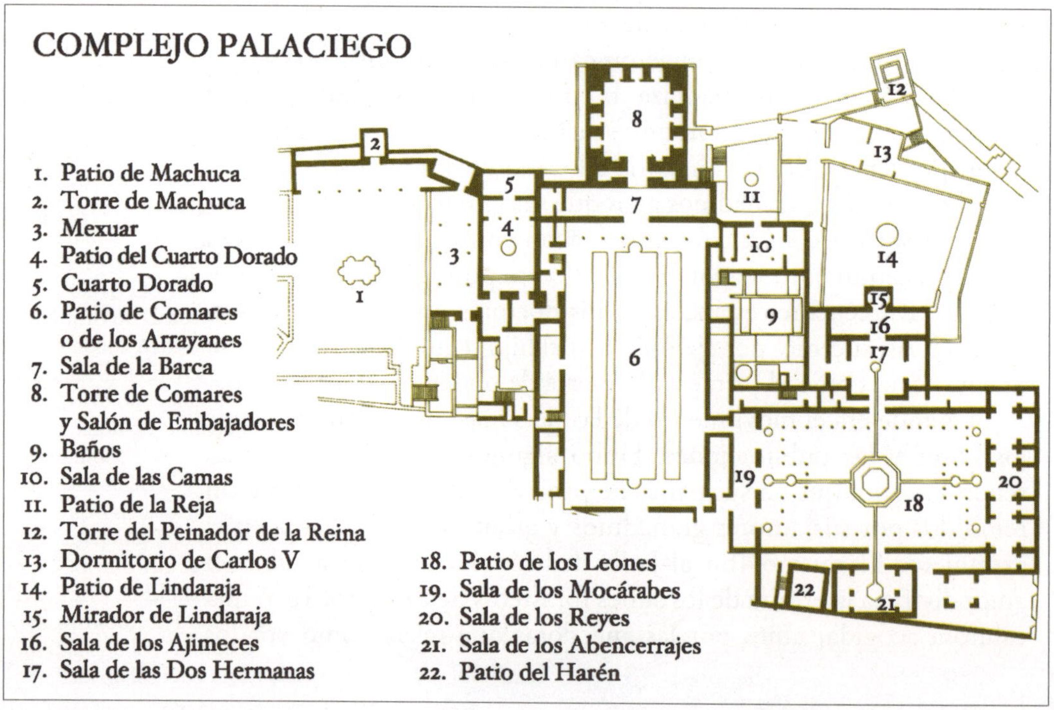
COMPLEJO PALACIEGO
1. Patio de Machuca
2. Torre de Machuca
3. Mexuar
4. Patio del Cuarto Dorado
5. Cuarto Dorado
6. Patio de Comares o de los Arrayanes
7. Sala de la Barca
8. Torre de Comares y Salón de Embajadores
9. Baños
10. Sala de las Camas
11. Patio de la Reja
12. Torre del Peinador de la Reina
13. Dormitorio de Carlos V
14. Patio de Lindaraja
15. Mirador de Lindaraja
16. Sala de los Ajimeces
17. Sala de las Dos Hermanas
18. Patio de los Leones
19. Sala de los Mocárabes
20. Sala de los Reyes
21. Sala de los Abencerrajes
22. Patio del Harén

temas, muy del gusto de los orientales; en vista de lo cual les dedicó también un ejemplar de su famosa *Ihata* en ocho tomos, que fue apreciada por ellos más que por los occidentales, y muchos sabios egipcios estamparon, después de leerla, su firma en sus páginas en testimonio de admiración. Este autor llegó a tener una especie de representante en Egipto, a quien consideraba empresario de sus asuntos financieros. Y algo parecido le sucedió a su sucesor Ibn Zamrak, que envió una *qasida* panegírica al sultán egipcio, e Ibn Jaldun, que en aquel entonces ocupaba un alto puesto judicial en El Cairo, la copió en letras orientales ya que venía escrita en letras marroquíes. Esto demuestra, junto a muchas cartas cruzadas de acá o de allá en solicitud de libros clásicos o modernos, las corrientes de cultura y el hondo anhelo de conocimientos que circulaba alrededor del Mediterráneo islámico, y que ayudaba, en cierto modo, a romper el aislamiento de los musulmanes de occidente.

Pero ¿qué sucedía con respecto a los países africanos del Islam? Que Granada nazarí –y no lo digo por vanidad mía, sino con el orgullo de mis hijos– fue la maestra de todo el Magreb. Túnez, bajo la dinastía de los hasfíes, se transformó en un centro de irradiación cultural a causa de los andaluces que se instalaron allí por haber perdido sus tierras, y también por formar parte de la ruta hacia Oriente, puesto que los viajeros eruditos permanecían allí una temporada tomando parte en tertulias literarias y científicas, y esparciendo la simiente de su saber. Por su parte, los tunecinos se acercaban cuanto podían a mi reino, y son innumerables los doctos que de allí me llegaron, sobre todo los que tenían una ascendencia andalusí. El más preclaro ejemplo es el de Ibn Jaldun, de origen sevillano; pero también deben recordarse al-Assad, de procedencia cordobesa, y al-Abdari, de Játiva.

En Tremecén, más o menos coincidente con Argelia, mientras reinaba mi Mohammed V, reinó Abu Hammu Musa II. Además de soldado, fue filósofo, artista y poeta. Mantuvo conmigo y con los míos unas íntimas relaciones, cosa no de extrañar, puesto que había nacido en Granada en 1323, cuando su abuelo estaba desterrado aquí con sus cuatro hijos. Aquí obtuvo, por tanto, su primera formación en un momento en que mi esplendor era fulgurante. Al ir a coronarse a Tremecén tenía veintinueve años y en él sobrevivieron las costumbres y el aroma granadinos. Toda su política se basó en su amistad conmigo, a la que no siempre los míos correspondieron, y en su enemistad con Marruecos, del que se vio amenazado: él fue el último rey independiente, e hizo de su reino un satélite cultural del nuestro.

Por lo que hace a Marruecos, Fez tenía menor nivel que yo. Su sistema de enseñanza, por simplemente memorístico, era pobre e inferior al mío; sus súbditos no sentían el impulso, tan granadino, de aprender y viajar; los reyes Mariníes, de un carácter beduino, no se ocuparon de obtener una secretaría de altura. Cuando en el siglo XIV empiezan a darse cuenta de lo perjudicial de todo esto, tratan de remediarlo: fundan escuelas, buscan hombres instruidos granadinos para ponerlos al cuidado de ellas y de la secretaría, y nuestra influencia se hace mayor que nunca (a pesar, como maliciosamente apunta Ibn al-Jatib, «de la locura de los estudiantes beréberes y de su mala educación en discusiones e investigaciones»). La lengua, la mística y la teología son enseñadas en Marruecos por mis hijos; muchos hombres de ciencia, tentados por las suculentas ofertas Mariníes, atravesaron el Estrecho para ejercer allí su actividad; médicos míos fueron situados al frente de sus hospitales; y mis embajadores y mis emisarios que, según la tradición eran hombres de elevado talento y docta formación, iniciaron allí a muchos jóvenes en su carrera.

En cuanto a la arquitectura, a principios del siglo XIV se iniciaron fructuosos intercambios. La herencia artística de los hispanomusulmanes pasó a través de mí a Túnez, y los andaluces dejaron su huella en la arquitectura y en la decoración de sus casas señoriales. Mis sultanes enviaron a los más hábiles artesanos tanto a Musa I como a su hijo, el príncipe artista Abu Tasfin, que se hizo tributario de Marruecos. Con los obreros se enviaron materiales para la decoración de edificios de la capital. Los azulejos de la mezquita del Maswar declaran su procedencia granadina, y el oratorio de Sidi Ibn al-Hasan ostenta una decoración epigráfica y floral de evidente parentesco con la mezquita de la Alhambra que hizo Mohammed III. La policromía de sus atauriques, especialmente por el bermellón, el azul verdoso y el amarillo oro proclama nuestros lazos de sangre no menos que el entrelazado geométrico, rasgo común de mis monumentos y los suyos. Por lo que hace a Marruecos, las construcciones de los soberanos de Fez formaban un conjunto de patios, galerías y salones, con el agua como elemento decorativo, muy semejante a mis palacios. Los granadinos refugiados allí en tiempos de mi antepenúltimo sultán transportaron con ellos las formas y las técnicas del arte nazarí que mezclaron en Fez con las tradiciones almohades y mariníes subsistentes.

Con todo esto he querido decir que un sutil aire fraternal de arte y de sabiduría aleteaba en las dos riberas islámicas del Mediterráneo, y que ese aire en mí tuvo su fuente.

EL COMERCIO Y LOS MERCADOS

Como centro irrigador de la sangre viva de la ciudad, la Mezquita Mayor no sólo ocupaba un puesto de predominio en la religión y en el saber. En efecto, junto a ella se hallaba el auténtico centro mercantil, el primero y el de más altos vuelos, el que influía en todos los demás zocos y mercadillos que proliferaban por la entera superficie de la medina. En torno a la plaza de la aljama y a sus calles adyacentes se desenvolvían y culminaban las principales operaciones comerciales.

Adosadas prácticamente a ella había una cincuentena de tiendecillas, la inmensa mayoría de especieros y perfumistas, que aromaban con su mezcla de olores el ambiente de un modo inolvidable. Hay días en que aún respiro esa fragancia. También allí tenían sus puestos los adules o escribanos públicos, testigos de oficio ante los tribunales. Y muy cerca se encontraba la Alcaicería, que constituía el supremo recinto del tráfico comercial y de la más exquisita y costosa artesanía.

Alcaicería es palabra que tiene una cuna helenística. Proviene de *caesarea*, a través del bizantino *kaisareia*, que significa mercado imperial o cesáreo. Se trata en consecuencia de una institución del Estado, a diferencia de las alhóndigas, que eran con frecuencia privadas. La Alcaicería pertenecía al sultán, que cobraba un tributo a los beneficiarios de tiendas y de puestos; constituía un lugar vigilado, abierto sólo a ciertas horas, con acceso a través de diez puertas; en ella se vendían los productos más caros, como la seda, de la que tenía la exclusiva; agrupaba casi doscientas tiendas; su extensión venía a ser de cuatro mil seiscientos metros cuadrados distribuidos en una red de calles que, por esta vez, eran muy regulares y casi trazadas a cordel; y era gobernada por un alcaide o alamín designado por la Alhambra. Mientras en el próximo Zacatín se vendía ropa usada –de ahí su nombre–, platería, lencería, mercería y espartería, en la Alcaicería, además de la seda, se operaba con los mejores paños de lana, de algodón, de lino y de pelo de cabra. Pero lo cierto es que la mercadería característica era la seda; sólo en las alcaicerías de Granada, Málaga y Almería era dado comprarla en madejas, así como ponerle el marcha-

Camino que asciende de la ciudad a la Alhambra.

mo y pagar los derechos de arancel. A los importantes efectos fiscales, estos tres depósitos eran los únicos donde se registraba toda la seda recogida, lo cual llevaba consigo uno de los mayores ingresos del reino para los emires.

En mi Alcaicería se traficaba con mucha en bruto para exportarla a Italia, pero también con bellos tejidos cuya variedad de colores y dibujos aún no se han ido de mi recuerdo. Era como una diminuta medina: el amín la abría y la cerraba; disponía los perros que habían de guardarla de noche; se ocupaba con minucioso cuidado de su limpieza. Los encargados de recibir y guardar la seda, de venderla y de cobrar sus derechos, tuviesen o no tienda propia, se llamaban jelices. Yo tenía seis; cuando miro hoy al lugar en que mi Alcaicería estaba, aún me parece verla. Cubría una superficie que limitaba a Oriente con la calle del Tinte, la *Darbalkata* de entonces; por el Norte, con la Gran Aljama; por el Sur con el Zacatín; por el Oeste, con la Plaza de Bibarrambla, que no era tan extensa como ahora. Tenía dos partes: la oriental, ocupada esencialmente por la aduana y los oficios de los jelices, y la de Poniente, que se prolongaba hacia el Norte llena de mínimas tiendas ordenadas. La calle principal –la de los Sederos, naturalmente– separaba ambas partes, iba desde la mezquita al Zacatín y proseguía hacia el mediodía luego para atravesar el rio por el Puente Nuevo, frente al cual se abría el *fonduq* o alhóndiga Nueva, que hoy llaman el Corral del Carbón. Esa calle se cerraba con puertas, ante las que había unos poyos de piedra con cadenas para impedir el paso a las caballerías. Las tiendecitas eran de muy poco fondo, separadas con tabiques medianeros; más que con puertas, se cerraban con tableros móviles horizontalmente: la parte superior giraba en torno al dintel quedando inclinada hacia abajo al estar la tienda abierta, sosteniéndose por unos tornapuntas o puntales de hierro, y procuraba una protección contra el sol y la lluvia tanto al vendedor como a la mercancía; la tabla baja, que rebasaba un poco del muro de fachada, se utilizaba como mostrador. Todas las tiendecitas estaban igualmente pintadas de almagra. Y los pavimentos de las calles, empedrados de un mosaico menudo; por su firme y por su conservación se apreciaba con seguridad la importancia de los comerciantes que las ocupaban. No faltaban, en las encrucijadas y cruces algunas minúsculas plazoletas o patios de muy reducidas dimensiones, aunque hoy nadie se atrevería a denominar así aquellos espacios en los que difícilmente podían coincidir dos personas.

En la página siguiente, Puerta del Vino.

Tampoco lejos de la Mezquita Mayor –y continúo hablando en las proporciones y distancias de aquel tiempo– se hallaban las principales alhóndigas, que a la vez eran almacén de mercancías, hospedería de sus propietarios y mercado donde se realizaban las ventas. Lo más frecuente es que fuesen de propiedad privada, pero en ocasiones pertenecían al emir o a personas de la familia real. (Así, la alhóndiga Nueva pertenecía a la sultana Aixa, madre de Boabdil.) Se distinguían y se denominaban ya por su nacionalidad –de los Genoveses, o de los Catalanes, por ejemplo–, ya por su especialidad: en la alhóndiga Zayda se vendía aceite, miel, queso y frutos secos.

Un poco por todas partes donde encontraban sitio, brotaban como hongos los zocos y otras tiendas. He de reconocer que no existían grandes espacios libres, y que, apenas apuntaban, se dejaban invadir con júbilo por el comercio. Núcleos comerciales, por llamarlos de alguna manera, de mayor a menor importancia, unos permanentes, otros periódicos y otros eventuales, había en las plazoletas o en los simples ensanches situados junto a las puertas de acceso a la medina o a los arrabales. A ellos acudían los campesinos con el resultado de sus cosechas y con sus animales: aún los oigo, más animados y vociferantes al acercarse que al volver a sus alquerías. En el exterior de la Puerta de Elvira se organizaba, una vez por semana, una preciosa feria: alegraba ver en ella las hortalizas, las legumbres, las frutas y las flores, todo el color del campo y sus irrepetibles matices, toda la persistente frescura de su olor...

Había un Zoco de los Jueves, que se celebraba en la Placeta del Corrillo y era alharaquiento, lleno de alegría y de los objetos más inesperados, y otro permanente familiar y pequeño: el mercadillo de la Puerta de los Ladrilleros, donde todo olía a la sana humedad del barro limpio. En el lado interior de la Puerta de Elvira había un zoco de los más importantes, y otro en Bibarrambla, y otros ante la Puerta de los Alfareros y de la de los Estereros: cada uno surtía a la gente del barrio, y conocía y satisfacía sus necesidades... Si pienso en el azoguejo de la Puerta de los Estandartes, en la alta vera del Albayzín, la añoranza me enturbia los ojos. ¿Y el zoco de la Puerta del Mauror? Con razón se llamaba el de los Carpinteros: el aroma al pino recién cortado, a la encina, a las doradas virutas del olivo, al blanco serrín del chopo hacía espeso el aire; pero el aroma del cedro se imponía siempre a todos los demás... En cuanto aparecía un trocito de espacio, por pequeño que fuese, igual que la verdolaga, se extendían los zocos: por las plazuelas y rincones de la medina y de

Grabado de F. J. Lewis del siglo XIX que representa el Salón de los Abencerrajes de la Alhambra.

los arrabales, en las inmediaciones de todas las mezquitas, de las rábitas, de los morabitos, de los aljibes, de los hornos. Por todas partes crecían –no de tamaño, sino de número– las improvisadas tiendecitas, los puestecillos inverosímiles. En los barrios, o simplemente en las calles, que tenían el nombre de un oficio, también el comercio se especializaba: Especieros –la densidad de cuya fragancia había que romper para avanzar–, Leñadores, Barberos, Silleros –de sillas de montar, no de las de sentarse, que no había–, Zapateros de todas clases, Ladrilleros, Curtidores, Alfareros, Tintoreros... De mejor o peor olor, de más fácil o más difícil paso, pero todos regocijados y exultantes, pero todos tratando de hacer útil su día. Los ocupaban artesanos y menestrales que tenían allí sus talleres y sus tiendas, a menudo en el mismo local y al mismo tiempo, y casi siempre se hallaban encomendados a protectores o a santones del barrio, según la costumbre beréber, que tanto juego dio –después o antes, ¿quién sabe?–, al santoral cristiano. Siempre se consideró más digno y más seguro –y más fácil también para su vigilancia– que el almotacén colocara reunidos a los menestrales del mismo oficio, y no que se les dejara esparcirse por toda la ciudad. Así, el arrecife de los barberos era, como dice su nombre, un área inmediata al Darro; la zapatería se encontraba hacia la mitad del Zacatín; lo relativo a la alimentación, con preferencia, en la estrecha faja comprendida entre el mismo Zacatín y el río, donde se desplegaba –confieso que es una forma de exagerar– un laberinto de callejas y de angostos rincones, en los que a pesar de todo cabían, con carácter permanente, la Ganadería, la Pescadería y la Carnicería, mientras otros innumerables productos se vendían allí mismo, pero en tenderetes provisionales. Fuera de la Puerta de los Alfareros y en las inmediaciones de la de los Ladrilleros estaban instalados cuantos ejercían tales industrias, sus talleres y sus tiendas; los Curtidores, próximos a un puente sobre el Darro, al salir el río del recinto murado, que llevaba su nombre; más en el centro, las Tenerías, abiertas entre el río y la Alcaicería; la azacaya de los Tintoreros, que desembocaba en la ribera, y, por fin, la Cuchillería en la calle más amplia del barrio de Gomeres.

A diferencia de estos zocos de quita y pon, las tiendas permanentes estaban repartidas por doquiera con mayor libertad. En ellas se vendían mercaderías un poco más preciadas. Se amontonaban literalmente, como dijimos, alrededor de la Gran Mezquita, sacando sitio de donde no lo había; en las proximidades de las otras mezquitas y de las puertas de las cercas y junto a los baños públicos. Quizá fuesen éstas las más cotizadas y las más abundantes, existiendo unas cuantas voladas sobre el río, fronteras al Bañuelo, por medio de jabalcones de madera, lo cual es buena prueba de la angostura y escasez de los solares en el centro de la ciudad. La mayoría de estas tiendas eran locales bajos y estrechos, poco mayores que nichos o alacenas; y en general servían a la vez de talleres en que trabajaba el artesano que fuese con su obrero o aprendiz, porque no solía ser más de uno. Las dimensiones de la tienda eran tales que, para coger cualquier objeto y presentarlo al comprador, no necesitaba el obrero levantarse. La luz era poca y mala, ya que las calles donde estaban situadas, por muy estrechas, eran sombrías de por sí. Es de estas tiendas de las que parece hablar el canciller Pero López de Ayala cuando dice en su *Rimado de Palacio*:

> Fazen escuras sus tiendas e poco lumbre les dan,
> por Brujas muestran Mellinas e por Mellinas, Roan;
> los pannos violetes, bermejos parescerán;
> al contar de los dineros las finiestras abrirán.

Estas tendillas eran independientes por completo de las viviendas de quienes en ellas trabajaban. Tal vez almorzaban allí, hasta quizá durmieran la imprescindible siesta, si bien no tendidos del todo; pero a la caída de la tarde o de la noche, cuando la luz se retiraba a su cubil de Sierra Elvira, se retiraban ellos a sus casas. Por eso las calles céntricas dedicadas al comercio y los zocos permanentes formados, como la Alcaicería, por un conglomerado de tiendas, aparecían absolutamente desiertas desde el oscurecer, y confiada, en general, su guarda, a un vigilante. Lo contrario, pues, de lo que acaecía entre cristianos: entre ellos, las industrias y comercios ocupaban la parte baja del edificio –las ventas se producían por las ventanas casi–, mientras en la planta alta habitaban el mercader y su familia. Los musulmanes huyen de mezclar su casa, por mínima que sea, con el trasiego de la calle, las operaciones ajetreadas de compraventa y el trabajo.

Había también un comercio al por mayor, que se realizaba en las alhóndigas o almacenes. Solía estar monopolizado por los vendedores a comisión, quienes recibían de los fabricantes o importadores los objetos manufacturados que vendían por cuenta propia. Era muy común asistir, en las callejuelas que circundaban el *fonduq*, a un espectáculo pintoresco: los ciudadanos curiosos y los campesinos boquiabiertos llegados para efectuar sus compras –eran tan diferen-

La Alcazaba; al fondo, la Torre del Homenaje y la Torre Quebrada, vistas desde la Torre de la Vela.

tes unos de otros en casi todo que nadie habría podido confundirlos– formaban un círculo para escuchar la venta pregonada a voces por los agentes de la almoneda. La subasta no se practicaba, como podría pensarse, sólo con las mercancías de ocasión, sino también con las nuevas y las sin estrenar. Los mayoristas depositaban sus mercancías en el *fonduq*, donde también se guardaba el grano que los corredores de cereales compraban en el campo, y donde se subastaba el trigo, molido o sin moler. Me acuerdo de que, cuando el *fonduq* servía asimismo de hospedería, se hizo popular darle el nombre de *jan*, una palabra importada de Persia, y en su patio tenían lugar, por la noche, fiestas y celebraciones en torno al fuego o a la fuente, no lejos de los establos donde se habían aposentado las caballerías. Allí los viajeros contaban sus historias de camino, y los mercaderes, sus truhanerías, y todos eran uno en reír y aplaudir y cantar y llevar el ritmo de la canción con todo el cuerpo...

En cuanto a la regulación de los oficios –cada uno de los cuales tenía un *amin* a la cabeza– la *hisba* se ocupaba de ella. Era una especie de manual de profesiones y de mercado que nos habría servido para conocer al pueblo más que todos los libros de sociología. «No se permitirá vender queso fresco de las Marismas, porque no es más que sobras de requesón... Que no se venda el azafrán en pastillas, porque suele ser falsificado y malo, sino en hebras sueltas... Que no usen los peleteros palomina para el apresto de las pieles usadas... Que los cuadros, de cualquier tamaño que sea, se hagan resistentes, de forma regular y con la cabeza gruesa... Que no se vendan las cargas de leña más que puestas en el suelo, y no a lomos de bestia... No se permita a ningún vendedor ambulante que se ponga bajo sombrilla, salvo que esta sea más alta que un hombre a caballo, para que los transeúntes no corran peligro de que les saquen los ojos... A todo el que haya de ser sangrado se le recogerá la sangre en un vaso provisto de medidas, para saber la sangre que se le saca...» Aparecía también en la *hisba* la diferencia entre oficios nobles y oficios degradantes, y dónde había de establecerse cada uno: desde los esencieros de la Gran Mezquita, tan propensos a la falsedad que traían al almotacén de cabeza, y los comerciantes de tejidos del centro de la medina, hasta los lecheros y los vendedores de frutas, mantecas y legumbres. A todo atendía la *hisba*, hasta a los alimentos ya preparados que se expendían por las calles, como los variadísimos tipos de salchichas, de pasteles y de frituras. Legislaba sobre los herreros, que construían los pesados herrajes de las puertas y de los cofres, así como las herraduras y las herramientas, los clavos y las cadenas; sobre los artesanos de la piel, que eran fabricantes de pellizas forradas, o guarnicioneros, o talabarteros, o tafileteros; sobre los zapateros, que se enfrentaban con la rivalidad de los fabricantes de sandalias con suelas de corcho (*al-qurq*, es decir, alcorque), a las que el pueblo, con el buen tiempo, era tan dado, y con la de los alpargateros y los zapateros remendones, que tenían una agobiante clientela; sobre los estereros, que usaban el esparto, el palmito o el junco para confeccionar, ante los ojos de su clientela, canastos, esteras, escobas o cedazos... Algunos oficios, por lo insalubre o lo maloliente de sus actividades, o por requerir grandes espacios imposibles dentro de la medina, se veían relegados a zocos excéntricos: eran los curtidores, o los aceiteros, y los alfareros o los tejeros, e incluso los preparadores de tierra jabonera. También regulaba la *hisba* una actividad muy peculiar y que adquirió una gran florecimiento: el refinado de caña de azúcar a domicilio, siguiendo una técnica depurada y curiosa, no abrogada hoy del todo. Y había finalmente los oficios que se consideraban viles, encomendados con frecuencia a los cautivos: el de los aguadores, el de los mozos de cuerda y el de los chalanes, que se ocupaban de la venta de bestias... Todo el bullicio y el fervor de la ciudad que fui, no sé si más palpitante aun que hermosa, se traslucía en la *hisba*.

BARRIOS Y MURALLAS

La palabra barrio *–hara–* tenía en el árabe mío una significación muy amplia. No sólo se llamaba así a más o menos extensas zonas de la ciudad, sino a lugares lejanos, alcarrias, cortijadas y pequeñas aldeas. Durante mucho tiempo, y aún hoy, se han conservado los nombres que mis barrios tuvieron en la época de que hablo. El Bucarolfasín, los Axares, el de Almanzora, la Cauracha, la Churra, el Mauror, Haratalcazaba, Xarea, Zenete, Alcaba, Careyo, Bistene en el Albayzín, el de Bibalmazda (de la Puerta de los Leprosos), el de Gomeres, el Haratalchema...

Los barrios eran toda mi vida. Y todo mi cuerpo: la medina y los arrabales se formaban por una agrupación de barrios, de desigual extensión, a veces no más grandes que una calle con puertas en sus extremos para cerrarse de noche. El arrabal era un barrio, o varios, fuera del núcleo principal de la medina; pero también se llamó así, con el paso del tiempo, a barrios del recinto murado. Unos y otros, cuando eran suficientemente extensos, constituían como una pequeña ciudad, organizada en torno a su o a sus mezquitas, con sus zocos, sus tiendas, sus alhóndigas, sus baños, sus rábitas, sus aljibes y sus hornos. Tras los muros, los vecinos de cada barrio vivían con independencia; en ocasiones, el inmediato estaba en poder de enemigos: baste recordar que Boabdil y su tío *el Zagal* habitaban –y reinaban– respectivamente en el Albayzín y en Granada cuando más desgarrada estuve yo. Aunque quizá el Albayzín no sea un buen ejemplo porque, siempre alborotador –y siempre bienamado por mí–, tuvo siempre su propia administración y sus propios jueces y magistrados.

¿Cómo y por qué se agrupaba la gente en barrios y arrabales? Como en cualquier ciudad, por sus creencias religiosas: juderías y mozaraberías; por su lugar de origen: Gomeres o Zenetes; por su comercio, su industria o su actividad: bordadores, tejedores, halconeros, alfareros; por una enfermedad: los leprosos; por su orientación; por su antigüedad; por su situación: el de la Cuesta *–al-Aqaba–*, o Fajalauza –el Collado de Almendros–; por una puerta o una construcción próxima: el de la Rambla –Bibarrambla–, o por su emplazamiento en la rambla de las afueras donde estaban o habían estado la Musaya o la Saria. Y hasta había barrios, por fin, con nombres propios, como dos arrabales: el de Badis y el de Abu-l-Asi.

Decía que los arrabales acostumbraban estar fuera de la cerca original del núcleo urbano. Pero a mí, en mi adolescencia, quiero decir en los siglos XI y XII, se me añadieron varios miembros nuevos: nada menos que el Albayzín y los arrabales meridionales, el de Nayd o de la Loma y el de los Alfareros. Luego, ya fui creciendo por todas partes menos por Oriente, dado lo quebradísimo del terreno en esa dirección. El Fundador de la Dinastía, Mohammed I, una vez dueño de mí, se apresuró a reforzar las defensas exteriores de lo edificado por los ziríes en el siglo XI; su hijo *el Faquí* prosiguió esa labor; a fines del XIII se amplió la antigua muralla. De forma que, en la segunda mitad del XIV una muralla continua salía de la ciudad alta de la Alhambra y se desviaba del valle de la Sabika hasta Torres Bermejas; después corría a lo largo de lo que habría de llamarse Corral de los Cautivos por las mazmorras de cristianos existentes allí, y descendía hasta las márgenes del Genil para encontrarse con el arrabal de la Loma. A continuación la muralla se separaba del río, iba hacia el Norte y corría paralela a aquel barrio hasta la Puerta de los Ladrilleros. Entre ésta y la de Elvira, el trazo del muro

En la página siguiente, camino de Ronda.

se confundía con el del siglo XI para continuar hasta el arrabal de *al-Saria* o de la Axarea, al que remontaba, y, por la Puerta de Fajalauza, llegaba a la cima de la colina del Albayzín. Finalmente, bajaba perpendicular al lecho del Darro y seguía la orilla izquierda hasta la Puerta de los Tamboriles, donde se unía a la Alhambra. Había también una muralla secundaria que protegía la ladera meridional de la Sabika, y concluía frente al Generalife, más arriba de la Puerta del Agua. Y en el interior de este sistema de fortificaciones se conservaba la muralla del siglo XI que amparaba los antiguos barrios ziríes, la Alcazaba Cadima y la Judería. A lo largo de todas estas murallas hubo, según los momentos, más de veintiséis puertas; algunas han conservado su nombre; de otras sólo queda el recuerdo que es para mí, y será, imborrable.

Mis murallas eran de mampostería. La del Albayzín, una gruesa cortina de hormigón –ya, ay, descoronada–, flanqueada a intervalos por torres cuadrangulares. La granadina, vista desde el Poniente, tuvo un antemuro y torres albarranas, unidas al adarve por arcos elevados, bajo los que pasaba un camino cubierto, encerrado entre el muro de la barbacana y el de la muralla. Y una y otra, todas, me protegían y me adornaban a la vez, con su hermosa y noble arquitectura de puros volúmenes sencillos, estrechamente unida, como yo entera, al relieve del suelo y al paisaje.

LOS CEMENTERIOS

Fuera de los muros, sin ningún vallado, junto a los caminos camperos que conducían a las puertas principales de la cerca, yacían los cementerios. En las ciudades cristianas los vivos y los muertos se amontonaban dentro del recinto murado, y los enterramientos se hacían en torno a las parroquias; no así en el Islam. La fundación de un cementerio constituía un acto piadoso, grato a los ojos del Altísimo; los beneficios en la otra vida para el fundador eran como para el que edifica una mezquita o excava un pozo o repara un puente, es decir, los de un benefactor de la comunidad. Como es fácilmente comprensible, los cementerios solían pertenecer a la renta de *habices* o manos muertas. Encargados de cuidar de ellos estaban el *cadi* y el *almotacen*: habían de demoler lo construido abusivamente en su área, o evitar que se cometieran en ellos actos inmorales o impropios. Su denominación dependía del lugar en que estaban, o

En la página anterior, Puerta de la Justicia.

del nombre de sus fundadores, o del de algún santón o persona piadosa enterrados en ellos. A éstos se les tenía por patronos o protectores de las puertas más próximas, y la gente pedía ser enterrada en su entorno para beneficiarse de su buena influencia espiritual.

Mi principal cementerio estaba cerca de la Puerta de Elvira; era grande y llano y uno de sus extremos estaba plantado de olivos viejísimos de color plateado. Tenía otro para los extranjeros en el arrabal junto al río, frente al de la Loma. Y, aparte de los generales, salpicados extramuros, tenía otros más pequeños, alguno intramuros, y otros, muy alejados. El Fundador y sus primeros sucesores fueron enterrados en el cementerio de la Sabika, que ocupaba una plataforma en la parte alta, al Sur y fuera del recinto de la Alhambra. Después, en los jardines de ella, se construyó una maravillosa capilla funeraria, la *Rawda* –que significa precisamente jardín y cementerio– donde descansaron mis sultanes hasta que el último, Boabdil, trasladó sus restos a Mondújar.

En pleno campo incluso, había capillas, siempre de planta cuadrada, abiertas por uno o por los cuatro lados, cubiertas por una cúpula o bien por un armazón de madera, donde estaba enterrado un asceta o un venerable, que iba atrayendo otros enterramientos movidos por su santidad. Lo mismo sucedía en las ermitas o rábitas, dentro o fuera de mis murallas, en las que reposaba el propio ermitaño o morabito que las hizo notables en vida. Y así, unas y otras, daban origen a la *zawiya*: el edificio o grupo de edificios levantados en torno a un sepulcro, que se destinaba a convento, escuela coránica u hospedería gratuita, con un cementerio anexo para quienes quisieran descansar allí de una manera más definitiva.

Mis cementerios eran muy austeros. Ya dije que los cadáveres se enterraban de costado –lo que permitía hacer las fosas muy estrechas y utilizar mejor el terreno–, con la cabeza al mediodía y el rostro hacia La Meca. Una piedra tosca y sin labrar señalaba la sepultura de los modestos; los de mayor relieve señalaban las suyas con dos estelas rectangulares de piedra o mármol, o con una o dos estelas helicoidales de cerámica vidriada, o con una lápida con escritura incisa. Tras el sepelio de una persona respetada o querida –y esa es siempre la mejor señal para una sepultura– se acostumbraba ir a orar a su sepulcro el viernes. Con ocasión de las grandes fiestas, a la salida de la mezquita, los vivos visitaban a los difuntos, desparramándose por la medina en busca de la puerta correspondiente que les conduciría al cementerio que buscaban. ¿He de decir que los vivos actuaban quizá con excesivo alborozo? El estar vivo aún es una fiesta, sobre todo si se compara uno con quien no lo está ya. Los jóvenes se miraban entre sí; alguna viuda no desdeñaba la mirada de un hombre quizá viudo también, o simplemente deseoso; otras viudas más jóvenes, acaso de muchachos caídos en las últimas algaras, iban a cuestas con su alma y con el niño que, huérfano, le había dejado la muerte entre los brazos; las madres, gruesas y torpes ya, caminaban en medio del grupo familiar, y aún les salía del pecho el alarido que les brotó cuando les dieron la ominosa noticia... Tan variada y tan diferente era la clientela de estos lugares de descanso eterno que se levantaban tiendas para que los de veras afectados pudieran desahogar sus sentimientos al abrigo de miradas curiosas y de curiosidades indecentes. Sin embargo, por desgracia, no todo el mundo que se ocultaba bajo la lona de la jaima lo hacía para ocultar su devoción o su dolor. Muchos hombres, de edades muy diversas, utilizaban el sentimiento un tanto afrodisíaco de la muerte para seducir viudas o doncellas, convidándolas a merendolas, refrescos y hasta tragos de vino. Y había quien transformó en una profesión pícara la de acudir allí los viernes y las fiestas. Una caterva de vendedores de chucherías, de regalillos y de comistrajos iba y venía entre las tumbas. Y, con ellos, los estrelleros, los mendigos, los músicos, los narradores de espeluznantes historias fúnebres: la vida acompañaba a la vida hasta más allá del reino de la muerte... Y entretanto, algunos familiares limpiaban las tumbas de sus difuntos y esparcían el arrayán sobre ellas, mientras otros se propasaban, considerando que el ambiente íntimo y confidente del cementerio era favorable a sus inclinaciones de ninguna manera espirituales.

No obstante, las mayores profanaciones tardaron más en producirse. Con la entrada de los cristianos, se aprovecharon las piedras sepulcrales para nuevas construcciones religiosas: a los frailes Jerónimos, por ejemplo, se les concedió el ladrillo y la piedra del gran cementerio de la Puerta de Elvira; se otorgaron para ejidos de la ciudad todos los osarios; como material de construcción de numerosas parroquias, o para fortalecer algunos muros de las residencias reales, se emplearon los elementos destinados para el descanso de los muertos; muchas estelas que ensalzaban la gloria de Dios y solicitaban su misericordia para el bajo ellas enterrado pasaron a servir de sillares anónimos en los templos cristianos. Afortunadamente Dios, para serlo de veras, ha de ser más grande que nuestro corazón.

LA CIUDAD DE LOS VIVOS: CASAS, CALLES, PLAZAS

Pero ¿cómo y dónde habitaban los vivos? La separación y el cerramiento de los barrios, de los arrabales y hasta de las calles, que tanta sorpresa debían de causar a ojos desacostumbrados, tenían una primordial finalidad de defensa, como la estrechez y tortuosidad de las callejas, y los pasadizos, y los muros, y las dobles o triples puertas. Si la muralla cumplía una función de amparo contra el enemigo exterior, otros obstáculos era necesario oponer contra el interior, más peligroso cuanto más próximo. Para gozar de una tranquilidad relativa, necesitaban los vecinos apretarse y vivir codo con codo; así, en las revoluciones populares o en tiempos de anarquía unos pocos hombres podían defender el acceso al *darv* –adarve o callejón ciego– al que se abrían las puertas de bastantes hogares.

Lo dicho está muy en relación con el concepto que mis hijos tenían de su casa: una tapia levantada entre su reposo y las emboscadas, entre su propio olor y los olores –no siempre aromáticos– de la ciudad; una cobertura contra la lluvia y el calor implacable, contra la muchedumbre y el tumulto; un oasis de sosiego frente a la estridencia del trabajo, el vocerío de las ventas y de las compras y de los regateos; un equilibrio frente a la corrupción de los jueces y la rapacidad de los ambiciosos. Considerada así, ¿extrañará que la casa no presentara a la calle más que su fachada posterior, o la delantera sin hueco alguno? ¿Extrañará que, para penetrar en ella, hubiese con frecuencia que atravesar sucesivamente la puerta de la ciudad, la del barrio, la del adarve o atolladero y la de la vivienda particular?

Los ciudadanos, para sus más señalados actos de devoción, para sus quehaceres comerciales y para sus estudios, acudían a la parte concurrida y ruidosa de la medina; pero sus casas estaban escondidas casi siempre en el fondo de callejones silenciosos, donde la falta de tráfico permitía crecer la suave hierba. Tras la pequeña ventana con celosías, las mujeres contemplaban la calle mientras hacían sus labores de aguja; para su expansión y la de sus hijos tenían los patios, comunes o privados, los terrados y las algorfas –esos sobrados o galerías altas tan útiles–, desde donde se columbraban el blanco caserío, las vivas azoteas, los alminares, la Vega radiante, las azules montañas del horizonte, y también, mucho más cerca, lo que pasaba en la calle sin necesidad de implicarse en ello.

En la página siguiente, Sala del Mexuar.

Pienso y vuelvo a pensar muy a menudo en lo que era mi vida entonces y en lo que era la vida de mis hijos. Modesta, discreta y

serena en cuanto llegaban al hogar, que se abría a calles ceñidas y justísimas, hechas para caminar por ellas de uno en uno, o de dos en dos, pero no para sentarse sin intimidad ni recato en ellas. Calles donde ya no había tiendas; donde no eran ellas ya protagonistas, porque la protagonista era la vivienda que, aunque pobre, significaba el paraíso para pocos y el jardín para menos. En las ciudades cristianas existió primero el sendero, transformándose en calle a medida que se edificaba en sus orillas; en mí eran las casas las que, al irse sobreponiendo y conjugando, determinaban la calle. Al no existir una organización municipal que uniformara, se favorecía el desarrollo vivo: un conjunto de venillas confluyendo en venas, y éstas, en arterias (las vías que cruzaban el cuerpo de la medina, llevaban a sus entradas, se prolongaban a través de los barrios exteriores y desembocaban en el campo convertidas en caminos de nuevo). Una ciudad no se hace sobre un papel, de pronto: se va haciendo; es fruto de la iniciativa privada, tan privada como la propiedad de las callejuelas, con el único límite de no causar perjuicio a otro vecino (como la prohibición de construir cualquier punto de mira ante una ventana o una puerta ajenas, para no ocasionar descubrimientos molestos a quien habita enfrente). De ahí la irregularidad de las manzanas; de ahí que las calles no fuesen paralelas; de ahí que se desperdigasen en los apetecibles recodos sin salida. Sólo algún personaje poderoso alteraba con su fuerza esta tácita disposición de independencia urbana, ya construyendo un palacio, ya derribando corrales o adarves para levantar una nueva mezquita.

No quisiera olvidarme –no, no me es posible olvidarlo– del corral. Era como una alhóndiga: un patio, con una puerta única, una fuente central y crujías de habitaciones alrededor. Si tenía una planta alta o dos, sus galerías se abrían a ese patio. Incluso a veces había más de uno, formando de este modo una sucesión de corrales, que se cerraban de noche con una única puerta. Me viene ahora a las mientes un corral famoso y alborotador, medianero con lo que hoy se llama Casa de los Girones... Y otro, muy cerca de la Puerta de Elvira, y el del centro, que comunicaba la plaza de Tovar con la de las Descalzas... Ah, y para resultar aún más incomprensible a las mentalidades de ahora, tampoco quisiera olvidarme de mis viviendas troglodíticas, esas cuevas que horadaban mis montes, tibias en invierno y frescas en verano, donde fueron felices muchos hijos míos, contentos y orgullosos de asomarse a su puerta, desde su elevada situación, y verme a mí a sus pies, recostada y lujosa.

Aquel alemán Münzer dijo de mí que eran mis calles tan estrechas «que las casas en su mayoría se tocan por su parte alta, y por lo general un asno no puede dejar pasar a otro, como no sea en las calles más famosas, que tienen de anchura cuatro o cinco codos»; y que de una ventana a la de enfrente se alcanzaba con la mano; y que no pasaban los hombres a caballo con las lanzas en la mano y tenían horadadas las casas de una en otra para poder sacarlas... Todo eso era verdad. Navagiero, el veneciano, consideró principalísima y ancha en comparación con las otras calles, la de Elvira. Yo juro que la que me cruzaba de Oriente a Poniente no era más ancha que ella. Claro que los voladizos y arquillos, y los ajimeces volados y las calles cubiertas acentuaban más esta sensación de agobio para los recién llegados. Y que los cobertizos unían los segundos pisos en las casas situadas a uno y otro lado de la calle; y que los salidizos de las fachadas aliviaban lo apretado del caserío, que no tenía ampliación posible; y que los sobrados que llegaban hasta la fachada del frente también cubrían las vías. Por muchas disposiciones que tomara el almotacén, poco caso se le hacía, y aun haciéndoselo, siempre había piadosas excepciones, como las de las escuelas y las rábitas. Y además, que los arquillos servían para arriostrar muros, siempre de estabilidad indecisa por su endeble construcción, o para apear sobrados y cobertizos en ruinas. La vida, ya se sabe, es crecedera e insaciable mientras dura. Por eso, un viajero de entonces que anduviese por una ciudad occidental, como Barcelona o Salamanca, podría sin tropiezo recorrerla entera. A mí jamás me habría recorrido de ese modo: en mí era necesario tropezar, penetrarme, conocerme, equivocarse y corregirse, subir y bajar, entrar en lugares de los que era imprescindible salir por el mismo camino para continuar... Y por eso se me amaba más, porque a fuerza de andar y desandar, de aprender y de desaprender, se me acababa por conocer mejor.

Y, por si fuera poco, apenas tenía plazas. Había una, cerca de la Mezquita Grande, llamada Rahbat al-Masyid al-Hazam, entre ella y la madraza. Otra, no lejos, que se llamaba de Abu-l-Assi, porque un ciudadano de tal nombre edificó en ella otra mezquita y un baño. Y recuerdo la pequeña Plaza de los Leñadores, con casitas y tiendas alrededor, tan entrañable como una mano abierta; la de Bibarrambla que era, en mis tiempos de oro, mucho más chica: y la más extensa del Albayzín, la de al-Majur (pero no fue en ella donde se riñó aquel terrible cuerpo a cuerpo entre los partidarios de *el Zagal* y los de Boabdil en 1486, fue en la breve plaza contigua a la Puerta de los Estandartes

–el Arco de las Pesas– y a la principal mezquita de ese barrio)... Plazas, muy pocas. Quizá algún repentino ensanche; quizá un ángulo provocado por el extraño quiebro de una línea de fachadas; quizá el espacio que hacía de distribuidor entre varias viviendas, o desde el que ascendían dos o tres escaleras. Los patios de las mezquitas cumplían el oficio de las plazas, o el mínimo vacío ante las Puertas a las horas en que la venta había cesado. De ahí que chocara tanto a quienes entraron como conquistadores la acumulación de mis edificios, que les parecieron nidos de golondrinas, y la exigüidad de mis viviendas, para ellos que necesitaban cinco o seis de ellas por familia. De manera que, casi antes de instalarse, agrandaron las plazas, demolieron tiendas, arrasaron baños, destrozaron adarves y procuraron recomponer mis facciones, como si, después de haberme codiciado tanto por hermosa, no les pareciera bastante mi hermosura...

No sé si dije que las casas recibían pocas veces de la calle aire o luz. Las paredes exteriores, cuya desnudez no interrumpían más que los huecos de entrada, no pretendían el adorno ni la ostentación. Sus moradores no deseaban, como los cristianos, revelar a través de ellas su posición social. Sólo examinando las hojas de las puertas de ingreso –su madera, su labrado, sus herrajes– se deduciría si la casa era de un pobre o de un rico; porque entre nosotros más se tiende a encubrir el caudal que a manifestarlo, y bueno es que por fuera estén los desconchones protegiendo los tesoros de dentro...

Las puertas: qué aficionados los cristianos a engañar con las puertas. Mis musulmanes, si eran un poco grandes, les ponían postigos en las hojas para disminuir el vano, y sólo entraban por ellos, bajos y estrechos, encorvándose un poco, aunque esto se haya achacado, más que a su desprecio por figurar y aparentar, a su genio oscuro y receloso. Y esas puertas daban paso a un zaguán estricto desde el que, por otra nunca centrada con la primera para evitar las vistas de la calle, se entraba en el patio; pero casi nunca directamente sino por un paso acodado que reservara aún más la intimidad. Y si se percibía alguna fachada llamativa, era sin duda la de una fundación piadosa o la de un edificio de público interés: un oratorio, un maristán u hospital, la madraza, alguna alhóndiga lujosa. Y es que la monumentalidad siempre ha estado lejos de la modesta vida privada de mis hijos. Quizá en los barrios más alejados, o en los arrabales, por encima de las tapias, se alcanzaba a ver los verdores de un huerto o de un jardín; su secreto hacía imaginarlo más maravilloso de lo que en realidad era. Vivir de puertas para adentro es una actitud esencial; es un programa que

En la página anterior, entrada al Cuarto Dorado.

mis hijos han seguido sin interrupción. ¿Cómo no iba a sorprender a quienes suelen tirar la casa por la ventana? ¿Cómo no iba a llamar la atención de quienes descuidan la limpieza de sus rincones más familiares, pero decoran y enriquecen sus fachadas? Mis barrios populares así eran: sencillas puertas de madera y clavos de palo; sin arreglar ni igualar las fachadas, sino como las necesidades iban exigiendo; nada que ennoblezca la apariencia, o distinga una casa de la otra; pocas ventanas y humildes, pero entre ellas el regalo de mis ajimeces. Ajimeces en el verdadero sentido de la palabra: balcones o ventanas volados, de madera, cerrados por apretadas celosías, donde la mujer se sentaba al fresco o ponía la alcarraza a enfriar sin ser vista... Pero también después de tomarme hicieron desaparecer mis ajimeces; dictaron normas que prohibían su construcción y normas que ordenaban su derribo, y acabaron por llamar ajimez a una ventana arqueada dividida en su centro por una columna, cosa que en mis calles no había.

Tales casas solían tener dos plantas, aunque alguna tenía más, y no era extraño como en el caso que conté de las casas voladas sobre el río, que se expandieran esas plantas con saledizos muy pronunciados que proporcionaban a mis calles y a mis riberas un portentoso y ensoñado e ingrávido aspecto. Únase a eso mis típicos aleros de canecillos muy salientes que protegían las fachadas de muchas casas con su extremo exterior más alto que el empotrado en el muro. ¿Dónde están ahora? Eran entonces tan abundantes que unas ordenanzas prohibieron que sobresaliesen más del tercio del ancho de la calle; así se reservaba otro tercio al alar del vecino frontero y otro tercio al cielo. Con todo, justo será decir que los canecillos no sobresalían en general más de sesenta centímetros, lo que da idea de la anchura de una calle corriente. Una calle por la que, al concluir el trabajo, casi con la oración del atardecer, volvían los hombres a su casa; una calle menos bulliciosa a medida que se alejaba del centro; pavimentada con ladrillos, o con cantos, o de tierra desnuda que dejaba crecer, junto a los zócalos, la yerba o el acanto que la tranquilidad había sembrado en ella.

Pero acaso, para estimar más aquella tranquilidad, sea preciso saber qué sucedía en las calles del centro durante las horas de luz. Todo era allí barullo, todo jolgorio, todo griterío. Su estrechura se acentuaba por los puestos al aire libre, ya provisionales ya improvisados, con sus mostradores portátiles, con sus toldos un poco más altos que la cabeza de los jinetes. Allí estaban, trabadas, las caballerías entorpeciendo el paso, los vendedores ambulantes, los compradores que empujaban y que eran empujados, los paseantes ociosos, los mendigos verdaderos o falsos importunando a la puerta de las mezquitas y de los baños, los campesinos torpones y asombrados, los artesanos tratando de vender sus hechuras, los niños jugando entre las piernas de los mayores, los enfermos fingidos revolcándose por el suelo para hacer creer que padecían del mal caduco, los ciegos con sus lazarillos pidiendo a gritos en el nombre de Dios, los acuclillados ante sus tiendas procurando llamar la atención del viandante, los pregoneros con los ojos cerrados para vociferar más fuerte, los fulleros procurando timar a los transeúntes, los exhibidores de monos asustando a las embarazadas, los disputadores, los regateadores, los cuentistas callejeros voceando historias del Profeta, los cantantes de zéjeles acompañándose con el tintineo de sus moneditas, los afectados de llagas y de pústulas que levantaban su queja por encima de la de los espurios lisiados, y los mozárabes, y los judíos, y los árabes orientales, y los cristianos, y los francos, y los eslavos, y los catalanes, y los genoveses, cada cual expresándose en su idioma, y vestido con distinta indumentaria, y los matarifes con sus reses a cuestas, y los porteadores de mercancías en angarillas, y los que tropezaban con los mostradores y caían sobre otro que había esquivado el tropiezo, y los que se asustaban al paso de un asno o de un caballo, y las gordas y cachazudas madres de familia imperturbables entre ladrones y logreros, entre trileros y timadores, entre lectores del porvenir y vendedores de talismanes y amuletos de cabezas de águila o de otra ave de presa, entre echadores de la buena ventura y lectores de horóscopos, entre encantadores de serpientes y faranduleros, entre funámbulos y equilibristas, entre titiriteros que jugaban al pasa pasa y ventrílocuos, entre herbolarios y bufones, entre adivinos y aguadores, todos ellos caminando sobre charcos, sobre fruta aplastada, sobre desecho, sobre bostas y restos de comida, sobre todo lo que, acabadas las horas de la venta, sería escrupulosamente limpiado, y en medio del bullicio de los broncistas cincelando bandejas y pebeteros, y de los carpinteros martilleando y cepillando sus maderas, y del panadero cantando mientras amasaba, y el almotacén de un lado para otro con sus ayudantes y su balanza pesando el pan y la carne, marcando y comprobando los precios, y mandando un chiquillo cómplice para comprobar el cumplimiento de las leyes, y vigilando a los drogueros y a los perfumistas, de tan mala fama, para que no diesen gato por liebre, y prohibiendo a los verduleros sentarse junto a su mercancía lo cual iba a impe-

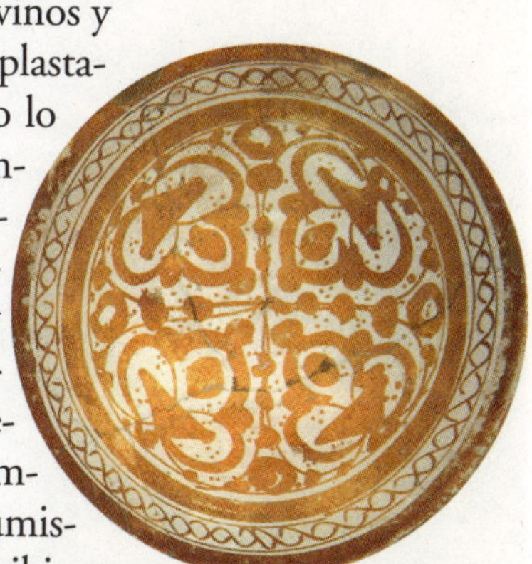

Jofaina nazarí.

dir definitivamente el paso por la calle o el rincón o la arquería del zoco o la plaza minúscula, el pobre almotacén cumpliendo lo mejor posible entre estafadores y saltimbanquis, entre blancos y negros, imponiendo sus multas no pequeñas y sus castigos que llegaban a la flagelación pública, y, en caso de reincidencia, a la expulsión de la ciudad, y estaban los olores: el olor de la multitud, y el del día, y el de los guisos preparados en la misma calle, y el de la mostaza, y el del almoraduj, y el de las especias que contradecía a los otros y los paliaba, y el que desprendían los figones donde la gente devoraba un bocado, y la carne asada, y el pescado frito, y los buñuelos, y las salchichas, y los pasteles de queso y el picadillo, y el olor de los jazmines y de las rosas, que sobrevolaba por todo mi cuerpo, y el de los que vivían de perfumar a los demás con aspersiones aromáticas, y el de los que fumigaban a los asistentes con incienso y con maderas odoríferas, y la voz de los almuédanos que a las horas previstas dejaban caer su tensa llamada a la oración y el recuerdo de Dios sobre los hombres distraídos...

De todo eso, que lo había invadido y acaparado y aturdido, huía luego el hombre para entrar en su casa y encontrarse consigo y con los suyos, y comprobar que en su patio o en su azotea, tras las repetidas puertas de su barrio o de su adarve, a espaldas de la inseguridad, bajo los cielos silenciosos, recuperaba su alma cándida y gozosa... Nunca me he engañado: una ciudad será tanto más prudente cuanto más sea una prolongación del hogar, cuanto más se esfuerce en ser habitación del hombre alrededor de su íntima habitación. Por eso ha de estar hecha a su medida, para proporcionarle el orgullo de sentirse rey de algún modo y la posibilidad de creer y de confiar. Si una ciudad no es bella, el alma del hombre se hará mezquina; si una ciudad es demasiado grande, sus habitantes se empequeñecerán; si una ciudad es incómoda o peligrosa, el espíritu de los hombres que en ella viven se hará asustadizo y peligroso, porque un hombre acobardado está siempre a dos pasos del delito. La ciudad tiene que ser el espejo de quienes la viven, lo mismo que los ciudadanos tienen que ser el espejo de su ciudad y los amantes de ella.

HABITANTES: SU NÚMERO, SU ORIGEN, SUS LINAJES, SUS CLASES SOCIALES

El número de mis habitantes varió mucho a lo largo de los dos siglos y medio en que me gobernó la Dinastía. Ibn al-Jatib escribió: «No hay espacio alguno desolado ni yermo hasta el límite mismo donde

En la página anterior, Patio de los Arrayanes con la Torre de Comares.

las abejas tienen sus colmenas». Y es que, desde el principio, con las pérdidas de Córdoba y Sevilla, inmigraron muchos musulmanes que residían en las campiñas del Guadalquivir. Sin embargo, no hay que hacer caso a los testimonios cristianos, teñidos siempre de exageración por motivos de prestigio militar o de orgullo político o de razones económicas. Una vez, los embajadores de Aragón, en el concilio de Vienne, en 1316, informaron al papa Clemente XI de que mi población era de doscientos mil habitantes. Fue una información intencionada: querían aumentar sus gajes económicos y la bula de cruzada asustando al papa y abultando la importancia de la empresa. En cuanto a las apreciaciones de los contemporáneos de mi toma sucedía tres cuartos de lo mismo: mayor gloria y fama les cabría cuantos más habitantes tuviese la ciudad conquistada... Lo cierto es que, hacia la mitad del siglo XIV, padeció el reino el flagelo de la peste negra, que ocasionó grandes mortandades y que fue tan difícil de extirpar, y aun imposible lograrlo enteramente. No obstante, si tuviera que decir sin más remedio el monto de mis habitantes, diría que, como término medio, llegaron a cincuenta mil, por lo menos antes de que se plantearan los problemas de superpoblación que precedieron a la definitiva caída de mi reino.

Pero ¿qué pueblos y qué razas componían, separadas o amalgamadas, el mosaico de los que me habitaban? Desde el primer momento nazarí existía un núcleo compuesto por descendientes de árabes sirios, y también, dígase lo que se quiera, de los mozárabes que persistieron tras la expulsión almohade (ya sus antecesores habían dejado huellas en los nombres: Ferreira, Capileira, Poqueira). Por esa época predominaban los beréberes, a los que el conjunto de mi gente no tenía ninguna simpatía, y que luego se fueron diluyendo entre los musulmanes huidos de los avances cristianos: por Baeza y por Levante, por Córdoba y Sevilla, a cuyos derrotados acompañó hasta aquí un destacamento castellano por orden de Fernando *el Santo*. Luego, buen número de habitantes de Jaén, cuando se convirtió en el Santo Reino, y de Murcia, se incorporaron a mi censo, confiriéndome un carácter arábigo y salvador a la vez y transformando un territorio inhóspito y montañoso, pero muy adecuado para su aislamiento y para su defensa, en la patria común.

Junto a estos elementos se entrecruzaban otras minorías: los judíos, los esclavones que habitaban muy especialmente en Almería, los nuevos aportes africanos procedentes de persecuciones políticas o voluntarios para luchar por la fe, y, para redondear este crisol de razas, los hindúes místicos y los negros sudaneses que habitaban en rábitas.

¿Estaba claro de qué raza eran quienes predominaron? La ciencia de las genealogías ha de usarse con mucha precaución. En mí tuvo su auge en el siglo XIV, defendida por aristócratas y literatos árabes, celosos de su supremacía de sangre y de intelecto. En todos sus escritos, Ibn al-Jatib pondera el origen árabe de los andalusíes, e ignora su mezcla y su hibridez durante seiscientos años. La pureza de la líneas se había confundido sobre los puentes de los matrimonios mixtos. La frecuencia de los patronímicos claramente andaluces y la desaparición de las características étnicas orientales eran demasiado evidentes. A pesar de haberse perpetuado la altivez de las antiguas estirpes, ¿dónde estaban aquí los puros quraysíes, los puros fihiríes, u omeyas, o gaisíes, o jazrayíes, o ansaríes, o yemeníes, o chozamíes, o gasaníes? No quedaban. Todos era hijos o nietos de algún renegado; todos tenían una madre o una abuela cristiana, o eran ya cristianos ellos mismos. ¿Quién había de pura raza en mí? Ni siquiera los mejores caballos. De cuantos habitantes llegué a tener, no llegarían a diez los que conservaban una sola sangre. Todos eran en mí andaluces, que es bastante. Y es necio empeñarse en el orgullo de las aristocracias y las genealogías.

En cuanto respecta a los Nazaríes, me temo que empezaran a exagerar desde el Fundador de la Dinastía. Ya cuando una dinastía se funda, mala cosa; eso prueba que tuvo un principio y que se imaginó cuanto lo precedía. Porque, ¿no eran esclavas cristianas Butaina, la madre del gran Mohammed V; y Mariam, la avariciosa madre de Ismail II; y Buhar, la madre de Yusuf I; y Alwa, la de Mohammed IV; y Sams al-Dawla, la de Nazar Abu-l-Yuyus? Y ellos eran –todos ellos, comprensivos y abiertos– quienes verdaderamente merecían el nombre de andaluces.

En Averroes –*Ibn Rush*, que quiere decir hijo de Ruiz–, se lee que «el clima y el paisaje de Andalucía, más semejante a los de Grecia que a los de Babilonia, hacen a sus hombres sosegados e inteligentes. Y así como la lana de las ovejas andaluzas es más delicada que otra ninguna, así sus gentes son las de temperamento más equilibrado, como se trasluce por el color de su tez y por la calidad de sus cabellos. La piel de los andaluces no es morena como la de los de Arabia, y su pelo no es ni crespo como el de los africanos, ni lacio como el de los nórdicos, sino sedoso y ondulado». Y también Ibn Jaldun decía que la fusión de elementos tan dispares había conclui-

Balcón de la Sala de los Embajadores en un grabado de J. Parcerisa. Universidad de Navarra.

do en un tipo y una raza andaluces que se diferenciaban de los magrebíes por una singular vivacidad de espíritu, una notable aptitud para aprender y una graciosa agilidad en sus miembros. Aunque él lo atribuía, sobre todo, a la alimentación, muy apoyada en la cebada y el aceite, porque era partidario de proclamar la prez beduina y sus escaseces como origen de la grandeza. Y, desde más cerca, Ibn al-Jatib pintó un claro retrato que responde a la generalidad de los andaluces: su talla mediana, su tez apenas dorada, su cabello oscuro y suave, sus facciones regulares y finas...

No sé que tendrán que oponer a esto los cristianos, los árabes o los judíos; pero los andaluces son distintos de todos ellos. Y, en cualquier caso, como dijo el califa Ali, yerno de Mahoma, «en el curso de mi larga vida he observado que a menudo los hombres, más aún que a sus padres, se parecen al tiempo en el que viven». Todos los humanos, sólo por serlo, tienen tanto en común que las diferencias parecen mínimas. La prueba es que, aunque se ha dicho que mis hijos eran más parecidos en su conjunto a la gente que puebla la costa africana del Mediterráneo y a la del Asia interior que a la europea incluso meridional, la realidad era distinta: en mi reino había negros como había helches –cristianos renegados–, pero el noventa por ciento de mis hijos eran idénticos en color a los otros peninsulares de otros reinos, sobre todo si se les comparaba con los de territorios tan mezclados como Andalucía o cualquiera de las dos Castillas.

Y, sea como quiera, no era la raza, sino el linaje lo que tenía consecuencias sociales. Todos los aristócratas se vinculaban con alguno de los treinta y seis linajes que, según la tradición, se establecieron en mí procediendo directa o indirectamente de Arabia. El resto de los pobladores decían descender de otros más o menos gloriosos y antiguos. Pero lo que interesa es que la mezcla de linajes se logró no sólo por consanguinidad agnática –de varón en varón–, sino, aunque parezca extraño, cognática –por línea femenina– lo cual fue una supervivencia de las estructuras de parentesco hispanas, tan contrarias al modelo oriental. El honor y la nobleza se transmitían y se heredaban, pues, también por vía de mujer, cosa que matizaba de manera decisiva el ideal social masculino proclamado como de superior valía.

La *asabiyya*, o sea, la solidaridad de sangre y la fuerza de cohesión, al incidir en los linajes fue a la vez causa de unidad y causa de continuas luchas intestinas. En los reinos no musulmanes, al crecer la importancia de las monarquías, de los municipios y de los orde-

En la página siguiente, yeserías y azulejos del Palacio de Comares.

namientos legales, los linajes se fueron adaptando; en mi reino, no: el jefe de cada familia la dirigía, para su grandeza, contra las otras que se le opusieran o le hiciesen sombra. Y el reino sufría las consecuencias de las rencillas y las discordias entre los que tenían que haberse puesto de acuerdo para engrandecerlo. Así que los linajes, que eran la base de la estructura social y política, fueron también causa del estancamiento, y, en último extremo, de la destrucción. Porque, al no ser la mía una sociedad feudal, no había concesiones señoriales, ni un régimen de herencias claro, ni lazos de clientela y vasallaje, exceptuada la vinculación del reino con Castilla. La granadina era una aristocracia de funciones –de cargos militares, administrativos o religiosos–, de donde obtenía sus ganancias. Y cuando los emires otorgaban tales cargos a miembros de un linaje o una familia, es por la fuerza previa que habían logrado, con lo que se conseguía, justa o injustamente, una considerable estabilidad. Pero tal estabilidad, que garantizaba la primacía del linaje nazarí, sólo duró hasta el comienzo del siglo XV. Hasta entonces, las influencias se contrapesaban, incluso los linajes autóctonos se unían contra los africanos cuya fidelidad a los Mariníes era mayor que a los Nazaríes; pero a la muerte de Yusuf III, después de dos años de gobierno de su joven hijo Mohammed III, una coalición de linajes trata de intervenir en la política; contra ella se enfrenta otra, la de los legitimistas, y tal discordia no desaparecerá sino con el reino. La lucha entre los dos bandos originó destronamientos, retornos, persecuciones, muertes; en una palabra, el desgaste de la autoridad y su manejo interesado. La lucha entre la aristocracia y una monarquía traída y llevada es siempre trágica. La utilización de la fuerza, del caudillaje, del apoyo de los religiosos y de los pensadores provoca la degradación de toda la política. El resultado fue que este proceso de deterioro interno se convirtió en el principal aliado de Castilla y en la más eficaz causa de la muerte del reino.

El bloque de linajes que dio el golpe de Estado en 1419 estuvo compuesto por los Abencerrajes –Ibn al-Sarraj, *los hijos del sillero*– a la cabeza, los Comissa, los Abd-al-Barr y los Mufarrij. El bloque legitimista, que luego se opuso al anterior independientemente de cualquier cuestión dinástica, lo componían los Alamines y los Benegas. Algún personaje, como el excelente Ridwan, permaneció al margen de la polémica y más próximo al trono: aquí le rindo pleitesía. Y debo agregar que Zegríes, o sea, *los Fronterizos*, no es denominación de ningún linaje, sino un sobrenombre que usaron los

Detalle de la decoración del arco que separa la Sala de la Barca y el Salón de Embajadores.

militares africanos, como el abnegado defensor de Gibralfaro en el sitio de Málaga; y que los Gomeres, los Gazules y los Zenetes –guerreros voluntarios africanos– tampoco participaron como protagonistas en las guerras que desgarraron mis entrañas.

Esta lucha preagónica –o agónica– entre los linajes fue sólo la final. Es necesario decir que el deterioro de las antiguas estructuras tribales había sido muy grande. Hubo una corriente natural que frenaba su labor destructora aunque no la anuló del todo; tal corriente era la familia, la familia corta o nuclear, la familia monógama de hecho, puesto que sólo los acaudalados podían mantener a más de una esposa. La formaban los cónyuges, sus hijos y acaso algún que otro miembro. En el ámbito rural el parentesco se ampliaba a varias familias, y existía incluso la veneración al antepasado común o al pariente principal; en ella se conservaba la endogamia, particularmente la considerada de prestigio, como el matrimonio con la hija del tío paterno, lo que fomentaba de un lado la *asabiyya* política, y de otro, la transmisión y perdurabilidad de la cultura. Sin embargo, en otros casos predominaba la exogamia y otros vínculos de *asabiyya* por encima del parentesco. Incluso la poligamia entre la aristocracia se debió más al deseo de conservar el poder económico y social que al de preservar la solidaridad agnática, tan decaída ya.

Mucho se ha hablado de aristocracias, bandos y linajes; pero, si soy sincera debo decir que en mi sociedad había que atender a otros aspectos para diferenciar las clases sociales; había que mirar la propiedad de los medios de producción y renta, la riqueza, y la diversidad provocada por el lugar de residencia y por la profesión. El granadino rico, o sea, el notable –terrateniente, o mercader, o miembro de una buena familia– vivía en los barrios periféricos, más señoriales y apacibles, más próximos a la Vega, en que proliferaban alquerías, almunias, huertos y jardines. El resto de la población urbana, la masa más numerosa –la *amma*–, la turbulenta y siempre dispuesta a la revuelta, la aficionada a espectáculos crueles, menospreciada tan a menudo por los cronistas, la componían los artesanos –incrustados en sus instituciones corporativas y en sus calles y barrios especiales– y los agricultores, que cultivaban los campos próximos. El ejército profesional y casi todos los dedicados a las letras, a las artes y a la dirección de las prácticas religiosas también eran ciudadanos míos, y a ellos se añadía la corte y sus numerosos funcionarios, la élite de los cuales habitaba la Alhambra. Pero si nos atenemos a las nociones fundamentales, aunque teóricas, del derecho musulmán, la condición jurídica básica era la libertad; la esclavitud existía como una condición excepcional; y los no musulmanes se consideraban en cierta forma ajenos al conjunto social. Mi sociedad era, en principio, una sociedad sin clases; no obstante, el Islam clásico creó una estatificación de hecho, ya que no de derecho: descender del Profeta o pertenecer a la nobleza de la sangre llevaba consigo cualidades excepcionales que conferían muchos privilegios. No era, por tanto, sólo por ponerse moños por lo que las genealogías se falseaban.

MINORÍAS: CRISTIANOS, JUDÍOS, MUDÉJARES

Yacub al-Mansur, el almorávide vencedor de Alarcos –que vino de África con el pretexto de defender su religión, pero que se quedó–, alardeaba de haber desarraigado el cristianismo y el judaísmo de al-Andalus. No fue del todo exacto. Descendientes de ellos eran los infieles que pagaban el impuesto de capitación a que estaban sujetas las gentes del Libro que habitaban en mí. Este tributo fue precisamente el que se destinó, como si fuese una ironía, a la constitución en bienes de manos muertas de los baños próximos a la Gran Mezquita de la Alhambra.

Los mozárabes se concentraban en la zona comprendida entre el Mauror y Torres Bermejas, donde el actual San Cecilio sustituyó a una antigua iglesia que gozaba del privilegio de tocar el Jueves Santo sus campanas; en Egipto y en Marruecos se les obligaba a llevar un cinturón que los distinguiera; pero en mi reino, no. Sin embargo, no sólo por los habitantes mozárabes fue continua en mí la presencia cristiana. La guardia de renegados era un cuerpo de caballeros que gozaba de la confianza y la consideración del monarca (tanto, que acompañó al gran Mohammed V en su destierro marroquí). En mí se alojaron además numerosos nobles castellanos, por su desavenencia con sus reyes o con los otros nobles, o simplemente como visitantes, viajeros o curiosos, siempre atendidos con generosidad por los emires que tenían un loable concepto ancestral de la hospitalidad (que hoy se cultiva sólo como fomento del turismo). Y los mercaderes cristianos, italianos y catalanes en su mayoría, también gozaron de buena acogida y protección, y obtuvieron en general notables beneficios: la prueba es que existían cónsules permanentes para resolver problemas comerciales. Pero, aparte de los frailes mercedarios que negociaban la libertad de los prisioneros, y de los embajadores cuyo

En la página siguiente, Patio de los Leones.

flujo era constante, sobre todo en las paces y en las treguas, la mayor parte de la población cristiana la formaban los cautivos procedentes de expediciones terrestres y marítimas o de los campos de batalla.

La realidad era bien distinta de cuantas leyendas se han escrito sobre ellos, llenando buena parte de la literatura en el siglo XVI. Objeto de un tráfico lucrativo, había un zoco especial donde comprar esclavos (sin ir más lejos, Ibn Jaldun, cuando vino, tomó una esclava cristiana por esposa, llamada Hind), y se les subastaba y revendía aquí o en otras diferentes ciudades. Los trabajos a los que se dedicaban eran, con preferencia, moler el mijo y el cardo, coser madejas de lino, trabajar el esparto, fabricar sandalias, repartir leña y calentar el baño de su amo. Su mano de obra representó un considerable papel en el arte de la construcción: a cristianos albañiles y alarifes se debe, por ejemplo, la Torre de los Picos. En el campo, araban y labraban la tierra, guardaban el ganado, tenían a su cargo las norias y molinos. Estaban sometidos a una vigilancia muy estricta; su castigo era la privación de alimentos, y llegaba hasta la flagelación; por la noche se les encerraba encadenados en cuevas de techo bajo, que habían sido antes silos –*mazmuras*–, con unos tragaluces como única ventilación. Había mazmorras en los subterráneos de la Alhambra, en la Torre del Sol –de la Vela– y en la del Homenaje; estaban divididas en celdas capaces para once, trece o veintiséis cautivos, y se excavaban en la piedra viva, sin más acceso que una boca angosta. El número de estos cautivos es hasta para mí confuso; los cronistas cristianos lo exageraron por distintos motivos, pero de los pactos que acompañan a las treguas se deduce que no era tan cuantioso. Aparte de que muchos de ellos abrazaban el Islam para escapar a su suerte.

Su liberación era consecuencia de las negociaciones entre los reyes, o de la redención por sus familias o amigos, o por iniciativas de las órdenes religiosas dedicadas a ella, siempre a través de la organización de los alfaqueques o encargados del rescate. Los alfaqueques eran moros conversos, renegados cristianos, trujamanes, o judíos bilingües; en cualquier caso, hombres buenos que prestaban juramento para poder negociar, lo que les exigía una perfecta honorabilidad y una situación financiera que los pusiera a salvo de cualquier corrupción. Es preciso aclarar que, mientras los mozárabes libres eran tratados con exquisita tolerancia y ejercían oficios manuales o cargos de su religión con el mayor respeto de mis hijos, los esclavos, de cualquier raza que fuesen, tenían una situación excepcional y eran considerados al margen de la sociedad propiamente dicha.

Oprimidos por los visigodos, a quienes odiaban, prestaron a los musulmanes desde el primer instante de su llegada un apoyo activo. Hasta tal punto que, mientras proseguían su avance, les encomendaron la vigilancia de la ciudad que me precedió. Tenían, pues, permitido su culto, aunque estaban sujetos al pago de la capitación. En la época de la persecución almorávide, una pequeña parte de ellos se convirtió al Islam, sin duda no de corazón; pero todos adoptaron con entrega la lengua árabe dando en ella su mayor esplendor. En el siglo X eran tan numerosos que el cronista al-Razi llamó a la ciudad *Garnatat-al-yahud* –la *Granada de los judíos*–, de donde recibí mi nombre. Es sabido como, con los Ziríes, no sólo constituyeron un núcleo principal, sino que desempeñaron el papel más importante en la vida política. Ibn Nagrela y su hijo José fueron los auténticos gobernantes, pero también la causa de la reacción antijudía en que perecieron cuatro mil hebreos. Abu Ishaq de Elvira excitó contra ellos a sus conciudadanos: «Esos judíos que antes buscaban en los basureros un harapo coloreado con que amortajar a sus difuntos... ahora se han repartido Granada..., cobran los tributos...., visten con elegancia..., degüellan reses en los mercados..., y José, el monicaco, ha solado de mármoles su casa... Vosotros, los dueños, los fieles, los puros, vais andrajosos, sois miserables, estáis hambrientos, os roban y tenéis que mendigar a su puerta... Corre a degollarlo..., es cordero cebón... Coge su dinero: tú eres más digno que él». No es extraño que antes de eso un cronista judío escribiese: «Quien no ha visto el esplendor y la riqueza de los judíos de Granada nunca ha visto la gloria».

En mi época nazarí su suerte no fue desfavorable. Acompañaban con frecuencia como guías a los Mariníes en sus incursiones por tierras fronterizas, cuando los africanos venían en *fraternal* auxilio de los andaluces, y ocuparon altos cargos en la administración del Estado, gozando de fortuna e influencia, aparte de alguna persecución local motivada, más que por su codicia, por la codicia ajena de sus bienes. Ismail I les impuso un distintivo especial: un bonete amarillo, o unas borlas del mismo color, que siempre ha sido el de los judíos en el Islam, y una campanilla en el cuello o en la escarcela para las mujeres. La prohibición de montar a caballo y de vestir ropas de seda provenía de considerarlo atributo de la nobleza musulmana. Su comercio alcanzó un gran auge, y su renombre como médicos, también. No puedo dejar de acordarme de Ibn Zarzar, gran astrólogo y físico de Mohammed V, durante cuyo exilio se refugió en la corte de Pedro I, del que fue embajador en la Alhambra al

retorno del sultán, y de Yusuf Ibn Wakar, también médico, que vino a mí como embajador y emisario de Enrique II de Trastámara. (Quiero añadir que fue una excepción, porque este rey persiguió a los judíos por haber favorecido a su hermano Pedro I; de manera que, después del asesinato de Pedro, por huir de Enrique, fueron muchos los judíos que se refugiaron en mí, cuando el gran Mohammed V, su extraordinario protector.) Las matanzas en Aragón y en Castilla a partir de 1391, y las circunstancias cada vez más agobiantes a que se vieron reducidos en los reinos cristianos, contribuyeron a incrementar la aljama que yo tenía sobre mi corazón. LLegaron a ser casi veinte mil, entre los que incluyo las familias que fueron trasladadas por los emires desde otras comarcas.

La artesanía, el comercio y las actividades bancarias fueron los oficios más queridos por la raza judía, y mi época de oro fue en esto la suya. No obstante en la historia de la literatura no brillaron dentro de mí. Los judíos más destacados, conversos o no, residían en la España cristiana; pero la inercia provocada por el fuerte sedimento de su cultura anterior, el peso de tantas centurias pasadas y su rancia solera social, explican su alta influencia en la corte nazarí como administradores, físicos, consejeros, intendentes, intérpretes y adivinos, mantenida todavía su prestigiosa posición por las intercomunicaciones, a las que su raza era tan dada, con los florecientes núcleos hebreos del Magreb y sus correligionarios de toda la Península.

La Judería abarcaba la bolsa formada por mi muralla de Levante, desde Torres Bermejas hasta el Darro, y el cauce de éste, que en línea casi recta desciende desde la Puerta de los Adufes hasta la de los Curtidores a media ladera de la Sabika. Cinco puertas rompían la muralla: aparte de las citadas, la del Foso, la de los Alfareros y la de los Ladrilleros, y varios puentes ponían en comunicación el barrio hebreo con el resto de la ciudad.

La mayoría de la población musulmana no se movió de las regiones reconquistadas. A pesar de la salida para Berbería de los más influyentes y acaudalados, se concentraron importantes grupos en Sevilla, en Córdoba y en Murcia. Se les autorizaba a practicar su religión; se evitaba que fuesen atropellados; pagaban sus impuestos y eran por ello protegidos: todo porque se les consideraba indispensables para la prosperidad de las ciudades. Pero la rebelión mudéjar, tanto en Murcia como en Valencia, acabó con la benevolencia de los reyes cristianos, y se produjo el éxodo de los musulmanes hacia mi reino recién nacido. La anarquía que en Castilla siguió a su guerra

En la página anterior, vista de la Fuente de los Leones.

con Aragón en la minoría de Fernando IV, desencadenó un nuevo éxodo hacia mí; los reyes, no obstante, se apresuraron a concederles privilegios, para evitar su huida y el abandono de los campos, ya que en Castilla continuaba el descenso demográfico, y en las ciudades faltaba mano de obra, y en los campos, pastores y hortelanos, y por doquiera, artesanos de cualquier oficio y herbolarios y médicos; de ahí que la emigración hasta mis brazos, donde eran siempre los bienvenidos, fue, primero, obstaculizada, y luego, duramente reprimida.

La superpoblación de que antes hablé se produjo precisamente cuando me embargaban los más grandes dolores; cuando, en los últimos años del emirato, se apoderaron los castellanos de las posiciones claves de mi reino, y los granos de la granada fueron cayendo, de uno en uno, en su poder. Porque si, en principio, las capitulaciones que seguían a asedios y conquistas favorecían la permanencia de los mudéjares, aun sometidos a condiciones bastante duras, después, al comprobar los desdichados que lo capitulado se incumplía, o al ser expulsados de sus ciudades para alejarlos del campo de batalla, o al obligárseles a vivir extramuros, o al sancionárseles por haber auxiliado a sus correligionarios, fueron numerosísimos los musulmanes que en mí se refugiaron, y aquí lloramos juntos, previendo el triste fin.

EL CARÁCTER DEL GRANADINO

Pero ¿qué tenían de común estas gentes? ¿Cómo vivían? ¿Pensaban en otra cosa que en su triste fin próximo? Está claro que en el próximo fin no pensaban. Por muy agonizante que esté una persona, en la casa en que aún vive sigue la vida en torno suyo, más o menos silenciosa, suavizados los pasos, pero vibrante y exigente. Demasiadas generaciones caben en dos siglos y medio como para que estén pensando sin cesar en el fin de su historia. El ser humano es el animal más adaptable: puede acomodarse y subsistir, con naturalidad y gozo, junto al mayor de los derrumbaderos; yo sé eso bien. Siempre se estudia mi historia nazarí como un breve trayecto, cuajado de sugestiones hermosas y leyendas, que conduce a la pérdida total del Islam en España. No fue así. Es cierto que existió una decadencia, una petrificación del arte y de la creatividad, una disminución de la fortaleza y una pérdida de la agresividad. Pero eso se ve ahora, desde arriba, con la perspectiva que nos prestan los siglos. Cuando se está inmerso en períodos de decaimiento, no se percibe sino por las mentalidades –como la de Ibn Jaldun– poderosas y no amedrentadas.

Es evidente que el poderío musulmán atravesó diversas fases: desde el período califal cordobés, que trabaja la piedra, pasa al período almohade sevillano, que utiliza el ladrillo, y desemboca en mi período nazarí, que se decide –¿se decide, o acepta?– por la escayola y el estuco. Sólo la consistencia, la perdurabilidad de estos tres materiales de construcción expresan lo bastante sobre la diferencia entre unos tiempos y otros. Cierto que con mi entrega se consuma lo que falazmente se ha llamado reconquista. (Falazmente, ¿por qué? Primero, porque no puede dársele tal nombre a una actividad que dura ocho siglos; segundo, porque ni los musulmanes tuvieron una voluntad invasora de toda la Península, ni los visigodos tomaron su recuperación como razón de ser; y tercero, porque es inútil oponerse a lo que está dentro de nosotros, a lo que es nosotros: lo español, sin el Islam, resulta inexplicable.) Mi historia es atractiva por sí misma hasta para los que no la vivieron; para los que la vivieron no es la Historia, sino su historia y no gozaron de otra posibilidad. Le quedaban, como se ha dicho, las últimas gotas a un pomo de perfume agotado; pero esas gotas levantan la deslumbrante presencia del perfume anterior. La rosa ya no está, ni fresca, ni seca: la Historia la retiró a las estancias de atrás donde amontona los restos que le sobran; pero sí está el aroma de la rosa, que nos la trae al recuerdo entera y verdadera.

La extenuación de mis musulmanes les impedía hacer frente, como sus antepasados, a los decisivos problemas de su época; ellos incluso provocaron parte de esos problemas: en lugar de vincularse frente a un creciente y potentísimo –más que nunca– enemigo común, perdieron tiempo y fuerza en guerras fratricidas; daban a veces la impresión de estar luchando a favor de Castilla, de ser una quinta columna de sí mismos, de traicionarse preparando el porvenir aciago que deberían haber tratado de evitar, o de resignarse con su fatalismo a lo que entendieron como una forma cruel y tajante de destino: el acabamiento del Islam en España... Sin embargo, Ibn al-Jatib, que recomendaba a sus hijos adquirir sólo aquello que pudiese ser transportado en el exilio, presenta a mis musulmanes contemporáneos suyos vivos, realistas, no obsesionados y vitales. Habla de mi clase media, y la pinta como buena ciudadana, cumplidora, ordenada y feliz. Sus miembros son ortodoxos (cuanto les permite el Islam andaluz, pero quizá más que sus abuelos cordobeses o sevilla-

nos), pagan puntualmente los impuestos (con más fundamento que nunca, comprenden que con ellos el emir pagará el ejército que los protege), comen sabrosas frutas y alimentos sabrosos (caros, desde luego, pero con la fruición que da el saber, en el fondo del alma, que la vida personal es aún más frágil que un reino, y que la muerte del reino es sólo un reflejo de la de cada uno), tienen una moneda resistente (sólo más adelante se depreciará por las locuras de Abu-l-Hassan, mi penúltimo emir, que se enajenará por ello las simpatías y el respeto de sus súbditos), veranean en las granjas de la Vega, perdida ya la costa; celebran sus fiestas con más ruido y más lujo y más apasionamiento que nunca; y sus mujeres –bastante gruesas, pero no demasiado, algo bajas, pero no demasiado– van consteladas de alhajas a la Gran Mezquita, donde los viernes parecen flores abiertas en campiñas riquísimas bajo templados aires... Ofrecía mi gente, por lo tanto, una estampa atractiva; ¿qué había en su reverso?

Vista exterior del Palacio de Dalahorra, donde –según parece– vivió la madre de Boabdil.

En primer lugar, lo que constituye el misterioso sello de la herencia que, sin saber la razón, imprime una ciudad siempre sobre sus habitantes. Hay un escrito de Ibn al-Jatib que, aunque sea mejor no generalizar, es conveniente recoger: «De acuerdo con su fama en Oriente, los habitantes de Granada tienen mal carácter, son excesivamente avaros, y en las discusiones se comportan con demasiada tenacidad y vehemencia». Ser hijo mío, al parecer, marca un carácter. En segundo lugar, en el reverso de aquella coloreada estampa hay el perfil de una casa noble y rica que vino a menos, y a la que la falta de imaginación y de vigor de sus dueños no le permite ir a más otra vez. Su literatura miraba hacia atrás; no hacía sino repetir de continuo fórmulas consabidas; escribió sobre las pautas de los predecesores, que a su vez imitaron demasiado a los clásicos; se había transformado en una gélida geometría, basada en los elementos reiterativos lo mismo que su decoración. Su arte ni ofreció nada nuevo, ni manejó materiales rotundos; empleó su ímpetu en entregarse a lo frágil, a lo menudo, a lo recargado, y se entregó con idéntica pasión que si se tratara de una obra grandiosa; se ensimismó, mareado y obsesivo, en la infinita repetición de sus motivos; al desaparecer la facultad creadora, todo el arte se convirtió en una ilustre artesanía, en una sabiduría técnica que resolvió con desproporcionada minuciosidad cuantos problemas le planteaba la ausencia de inventiva.

Pero, en su carrera hacia la muerte, mi época nazarí atravesó, a mis ojos, tres fases muy distintas: una, de influencia castellana; otra, de relativa afirmación, si bien mirando a Oriente; y otra, de influencia africana. En efecto, el Fundador de la Dinastía puso a mi reino bajo el vasallaje de Castilla. Castilla casi dio por terminada la reconquista; Fernando III y Alfonso *el Sabio* me tocan con los dedos; mis sultanes, o sus representantes, asisten a las cortes castellanas: se les llama *don Aboabdille Abenasar o don Mahomat Abenyusuf, rey de Granada, vasallo del rey*... Parece que lo musulmán va a desaparecer lentamente absorbido, asimilado sin necesidad de más guerras, por Castilla. Ibn Sayd, que historia este período del siglo XIII, escribe que «los sultanes y las tropas adoptan las trajes de sus vecinos cristianos; sus armas son iguales, y sus capas, tanto las de escarlata como las otras. Y son idénticas sus bandera, sus sillas de montar y su manera de hacer la guerra con escudos y lanzas largas. No conocen las mazas ni los arcos de los árabes, y emplean los de los cristianos». Y el imprescindible Ibn al-Jatib añade que «cada uno llevaba un emblema que distinguía sus armas y un blasón por el que era conocido»: igual que sus antagonistas.

La fase media, que ocupa gran parte del siglo XIV, es para mí la más luminosa. En ella reinan Yusuf I y su hijo Mohammed V. No sé si es que yo ascendí, o es que Castilla descendió a mi nivel. Intrigas, pasiones, ambiciones, cambios dinásticos, deposiciones y recuperaciones del trono en mi reino y en el suyo; las relaciones de vasallaje se transforman en relaciones de amistad. Quizá es que el Renacimiento está llamando a la puerta, y se le oye mejor que más tarde cuando el estruendo de la artillería llene el aire. Ibn Jaldun lo percibe así: «Cuando las circunstancias se transforman del todo, parece que el universo se altera también radicalmente y que el mundo va a cambiar de naturaleza; se diría que es un universo reciente, una creación que recomienza, un mundo nuevo». Ahora queda más en evidencia que nunca que un pueblo no es más que su cultura. Desde el siglo XII se había perdido la hegemonía cultural –y cualquier otra, en consecuencia–, porque la cultura es el ama de la casa y su definidora: la religión, la economía y la política no son sino sus siervas. Mi reino se hundía, pero una especie de recuperación de la lucidez precedió a la agonía. Mohammed V usó una diplomacia brillante y declaró una guerra santa en connivencia con los africanos, a quienes controlaba y dirigía. Su padre y él concluyeron la tarea de la Alhambra; con materiales efímeros, sí, porque tenían la conciencia de su propia precariedad, y porque cada rey ha de construir su propio palacio y el tiempo de su reinado era una incógnita, y porque, como nunca, el aquí y el ahora eran lo único valedero. Ellos no fueron los constructores de las catedrales que trabajaban ciegos, anónimos y felices, para la eternidad. Ellos y sus poetas dejaron sus nombres y sus versos en los quebradizos estucos mil veces retocados y repuestos: como mi corazón.

Y por fin, la última fase: el siglo XV. Como el moribundo que se niega a tomar más pócimas y vuelve el rostro contra el muro, se revistió mi reino de una última dignidad exterior, y se africanizó. Los últimos emires, habitando en la Alhambra, olían más fuerte a África y añoraban la libertad beduina. Mi último rey no será don Aboabdille, sino *Muley Boabdil*, y su padre Abu-l-Hassan será *Muley Hazen*. Las tropas van vestidas como a su religión le corresponde: armaduras sencillas, cascos dorados, sillas árabes, escudos de cuero para la montura, lanzas ligeras... Fue como un retorno a la alegría infantil: yo me revestí de las más gaya y gozosa policromía. No podría contarlo: había que verlo. Nada más opuesto a mí en ese momento que cualquier ciudad castellana. Los alminares, los muros exteriores de los templos, los zócalos, combinaban colores de una asombrosa intrepidez, y la cerámica se mezclaba con la escayola decorada y con una pintura irreprimible. Yo, inconsciente, pero como si tuviese plena consciencia de ello, me dediqué con más fervor que nunca a convertirme en el paraíso prohibido de los cristianos, a ser su tentación más honda, a exhibirme y contonearme para resultar más atractiva que nunca ante sus ojos. Esta es la situación que resume el hermoso romance de Abenamar que responde a la pregunta del rey don Juan II:

«¿Qué castillos son aquéllos?
¡Altos son y relucían!»
«El Alhambra era, señor,
y la otra la mezquita;
los otros los Alixares,
labrados a maravilla:
el moro que los labraba
cien doblas ganaba al día,
y el día que no los labra
otras tantas se perdía.
El otro el Generalife,
huerta que par no tenía;
el otro Torres Bermejas,
castillo de gran valía.»
Allí habló el rey don Juan,
bien oiréis lo que dezía:
«Si tu quisieses, Granada,
contigo me casaría;
darte he yo en arras y dote
a Córdoba y a Sevilla.»
«Casada soy, rey don Juan,
casada soy, que no viuda;
el moro que a mí me tiene,
muy grande bien me quería.»

Pero la realidad de las bodas conmigo no fue tan próxima.

Hablara allí el rey don Juan,
estas palabras dezía:
«Échenme acá mis lombardas
doña Sancha y doña Elvira;
tiraremos a lo alto,

lo bajo ello se daría».
El combate era tan fuerte
que grande temor ponía.

El cortejo sangriento se alargó; duró diez años. Una manera de romanticismo, anterior en tres siglos al romanticismo, se cebó en mí. Desde el principio se propuso mi toma como una empresa ideal y novelesca, donde los caballeros tenían la oportunidad de la fama y de la riqueza; donde los rivales eran educados y altivos, y las mujeres enamoradizas y bellas. Todo el amor udrí y el amor provenzal galopan empalagosamente, sobre los más hermosos caballos árabes, por la Vega. Salvo la de Troya, no existe guerra que haya sido tratada más poéticamente: la diferencia es que en ésta no hubo dioses porque el Dios musulmán le había vuelto la espalda a sus creyentes. Es como una petición de mano transformada en exigencia, como el rapto de una doncella a sus ogros guardianes. Hay muertos, pero poetizados; hay sufrimientos, pero redimidos por la literatura; hay derrotas, pero suavizadas al achacárselas a una sola persona: la persona que carga, como un chivo emisario, con las culpas de todos. Mi último emir, el que cierra la puerta y se aleja sin ruido para que todo siga como está, como se le ha prometido y firmado que ha de seguir. Es mentira, pero se le prometió, y él preferirá creerlo a presenciar cómo caen destrozados los frágiles palacios, las gallardas torres de tierra roja, el infinito y precario puzzle maravilloso de la Alhambra.

En la página anterior, interior del Salón de Comares.

Uno de los lemas nazaríes: No hay más vencedor que Dios.

LA DINASTÍA NAZARÍ

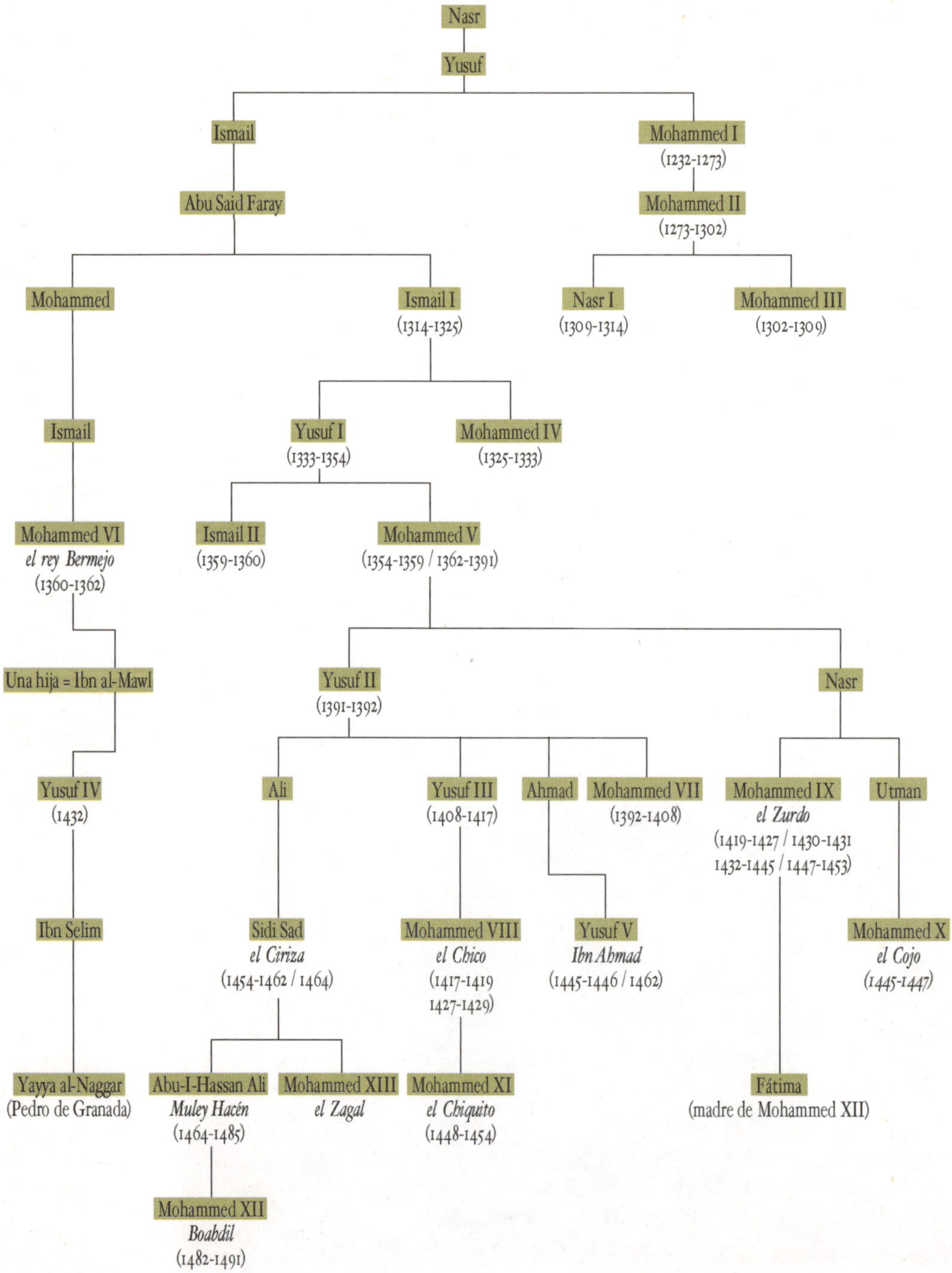

Segunda Parte

HISTORIA DE LA DINASTÍA

Creo que lo dicho hasta ahora hace necesario contar, aunque sea con la máxima brevedad, la historia de la Dinastía Nazarí, que me dio vida y muerte.

En el primer tercio del siglo XIII, tenían los andaluces dos enemigos de muy distinto orden: los cristianos –que arreciaban los ataques, pero que se encontraban fuera– y los almohades –que se debilitaban, pero que se encontraban dentro–. Los segundos se hacían más y más peligrosos por su ortodoxia, siempre perjudicial, y sus pretensiones de pureza religiosa, a la que los andaluces ni estuvieron acostumbrados nunca ni llegarían nunca a acostumbrarse.

Todas las ciudades de una cierta entidad, aun disgregadas e inconexas como se hallaban ya, se sublevaron cada una por su lado. (Desde la caída de los Omeyas ahí residía el mal, si no fue él el que originó tal caída, y hasta mi final lo continuó siendo.) Las ciudades buscaban y elegían caudillos fuertes, que las supieran defender y les otorgaran la seguridad y el estilo de vida previos a la invasión almohade. Dos caudillos se repartían el predominio sobre los andaluces por su impetuosidad y su carisma: uno, de la familia Hud, era el señor de casi todo el territorio; otro, de la familia de los Mardanis, se había alzado contra él y dominaba Valencia. El primero se decía descendiente de los antiguos reyes de Zaragoza e izó con su mano la bandera negra de los Abasíes de Bagdad, aquellos que, sublevados contra la dinastía Omeya de Damasco, la extirparon de allí. Los hombres siempre pretenden apoyarse en alguien más sólido que ellos, que termina estorbándoles cuando se juzgan –en general, demasiado pronto– bastante sólidos por sí mismos. Como es frecuente entre los andaluces, la ascensión de Ibn Hud fue rápida: era guapo y gallardo, bizarro y vigoroso; caldeaba los ánimos. Conquistó con demasiada prisa –o mejor, se le entregaron– las ciudades de la mayor parte de Andalucía. (Pocas enfermedades tan contagiosas como la esperanza. Quizá la desesperación es una de ellas.) Pero los andaluces, carentes de iniciativa, no estaban todavía preparados sino para obedecer, y obedecer a alguien tangible, presente o muy bien representado; sin embargo, una organización que inspire confianza y sujeción no se improvisa. De ahí que el edificio con tanta premura construido, con premura también se derrocara. Alfonso IX de León y su hijo Fernando III, al que llamaron *el Santo*, triunfaron en Mérida y Jerez; el resto de las ciudades sometidas a Ibn Hud, desilusionadas e incapaces de fortalecerse por sí mismas, no buscaban ya sino el medio de salir de su égida, que era ferozmente rígida. Pensaban, como suelen los pueblos cuando piensan, que lo único que habían conseguido era cambiar de tiranía, por lo cual se dispusieron a descubrir otro tirano nuevo. La oportunidad se la brindó, antes de lo previsto, un adalid osado y ambicioso que buscaba asimismo su oportunidad. Las ciudades andaluzas, como en una subasta de mercado, se ofrecían entonces al mejor postor...

Todo empezó la tarde templada de un viernes de Ramadán en Arjona, no lejos de Jaén. Aún no había comenzado a anochecer sobre las colinas, y los olivos y las vides apenas se estremecían bajo un aire muy leve. Al salir de la oración –la mezquita no era muy grande–, nadie se fue a comer su sopa aquel día. Permanecieron, entusiastas y hambrientos, proclamando a voz en cuello sultán a un hombre que los miraba con ojos de león y los dejaba obrar aparentando desdén. No era guapo, ni alto, ni gallardo; era rudo, sabía mandar con autoridad y, lo que es más importante, sabía ser obedecido; sobre todo, llevaba en sus manos como un don la medida de sus posibilidades. Su nombre era muy simple: Mohammed Ibn Yusuf. Se decía –luego los halagadores lo dijeron por él– de la familia de los Nasr y de los al-Ahmar; sus descendientes se llamarían Nazaríes o Alamares. Todos los que habían comprobado la incapacidad de Ibn Hud para protegerlos requirieron al nuevo caudillo, ya conocido por su genio belicoso y por su pésimo genio personal. Por eso le apodaron enseguida *el señor de los invasores* –lo que no era poco en aquellos años–, que lo definía a él como dominante y a los almohades como extranjeros. Jaén y después Córdoba le abrieron sus puertas; pero ninguna de las dos fue capaz de soportar mucho tiempo la dureza de su disciplina. Córdoba volvió a Ibn Hud, que la oprimió más que antes. En vista de semejante lección, Sevilla prefirió declararse independiente de los almohades y de Ibn Hud, y así continuó, de la ceca a La Meca, hasta su doloroso final, que no tardó. Yo aprendí la lección de mis hermanas.

El Nazarí tenía muy claro su propósito, y se propuso una ética y un destino de acuerdo con él. Obró como todo el que emprende una carrera larga y complicada hacia una meta que puede ser la propia glorificación o la salvación de un pueblo, si es que son separables y no conducen la una a la otra. Mohammed se alió con los almohades frente a Ibn Hud que, acorralado, pactó con los cristianos una tregua y un costoso tributo de mil dinares diarios. Las cuestiones personales, como sucede siempre con los caudillos, se generalizaron (la viceversa también puede afirmarse: las corrientes colectivas encuentran siempre un caudillo): Ibn Hud fue vencido en Aznalfarache y Mohammed entró aclamado en Sevilla. Su triunfo fue muy breve: el amor de Sevilla por la vida es vehemente y no se sacrifica; después de un mes, asustada por las exigencias de Mohammed y por la crueldad con que se vengó de los traidores, retornó bajo la espada de Ibn Hud. Parecía que el primer Nazarí había comido más de lo que su estómago de entonces podía digerir: su estrella vacilaba. No sé si como astuta táctica o como recurso extremo, decidió hacerse vasallo de Ibn Hud, cuyo platillo pesaba más en la balanza andaluza del momento; a cambio recibió el reino de Jaén, con Arjona y Porcuna.

Mientras, Fernando *el Santo* se había lanzado a la conquista de Córdoba. Para ello siguió dos sugerencias: la del camino de agua del Guadalquivir, y su impresión personal de que el río, si se era prudente al tomarlo, conducía hasta su desembocadura. El Guadalquivir verdaderamente no ha sido nunca una defensa, sino un cauce de comunicación; no una barrera, sino un lazo. Lo malo y lo bueno que ha visitado Andalucía desde el Norte ha bajado por él; no sé si ha sido mejor o peor que lo que le vino a Andalucía desde el Sur... Ahora estoy en la obligación de decir algo que quizá escandalice; prefiero decirlo en dos palabras: el Fundador de la Dinastía Nazarí ayudó a Fernando III en la conquista de Córdoba. Las crónicas musulmanas se abstienen de mencionarlo; el pacto se llevó muy en secreto para evitar alteraciones y posteriores inconvenientes. Tras la caída de Córdoba se firmaron unas paces en que el Fundador se alió con el rey cristiano frente a los musulmanes, que eran, por descontado, los de Ibn Hud, el cual continuaba malcontentando a todos y perdiendo terreno. Con estos hábiles manejos, Mohammed se aseguró en Granada un fértil apoyo, y Jaén se le entregó de grado nuevamente. Su bandera roja –ya para siempre–, frente a la negra de su contrincante, enamoró a los andaluces. En Almería, tras una conjura a la que no podría afirmarse que era ajeno el Nazarí, murió asesinado Ibn Hud, precisamente a manos de un protegido suyo. Desde hacía tiempo, el Fundador era dueño de Baza y de Guadix; ahora se hizo con Almería, la antigua y prestigiosa capital de los

Banu Sumadich –rica, codiciosa, artesanal y marinera–, en cuya alcazaba fue proclamado. Y Málaga, agotada por las veleidades y deseosa de estabilidad, se le ofreció enseguida también. Mi reino, pues, iba alcanzando unas fronteras no muy diferentes de las que luego tuvo, pero mucho más amplias que las que llegó, por desgracia, a tener. Entre tanto, los cristianos aclaraban sus posturas; ni la historia de los musulmanes tiene sentido separada de la de ellos, ni es sólo entre los musulmanes donde ocurren deserciones y traiciones. Jaime I de Aragón y Fernando III de Castilla eran los que se repartían la Cristiandad como nos había sucedido a nosotros con nuestros dos campeones. Valencia, con Peñíscola y Játiva y Alcira, la conquistó el aragonés; Murcia estaba aún gobernada por el hijo de Ibn Hud; un sevillano fugitivo de los almohades, Ibn Mahfuz, se apoderó de la rojiza Niebla; Jerez, un reducido reino, era de Abu Halid... Así las cosas, los castellanos sintieron por primera vez pasión por mí: una pasión devastadora y larga, que tardó dos siglos y medio en tener cumplimiento. Para conseguir mi amor –no, mejor sólo para conseguirme– aspiraron antes a Jaén. Previéndolo –con un golpe de sorpresa, puesto que estaban distraídos en escaramuzas con Murcia– Mohammed I los atacó en Andújar y en Martos; allí derrotó al infante Rodrigo, hermano del rey de Castilla. Sin embargo, recuperados, respondieron con violencia, y Nuño González, que después había de ser gran amigo nuestro y que vivió largo tiempo conmigo, cercó Arjona y la conquistó en menos de dos meses. Precisamente Arjona, la cuna de la Dinastía que, como un niño, apenas empezaba a soltarse de los brazos maternos. Y, por si no bastase tal respuesta, resolvió el rey Fernando vengarse sobre Jaén. El Fundador la defendía; la cercó el castellano por hambre; cortó los pasos que la unen a mi Vega, y se sentó a esperar rezando. Durante siete meses resistió el Nazarí; luego, temerosos de las fieras condiciones que se le habían impuesto a Murcia, se rindió. En su descargo debo decir que desde dentro fue también traicionado: los cristianos, instruidos por sus espías, atraparon más de mil quinientas acémilas con provisiones, lo que imposibilitó el abastecimiento. En la tortuosa historia de la Dinastía no ha sido difícil comprar ayudas con dinero: comparados los amigos y los enemigos, siempre han sido más constantes los segundos. Aquella paz se concluyó por veinte años; pero las condiciones del piadoso rey *Santo* fueron tan despiadadas que no las transcribió ningún documento; acaso, a juicio de quienes las firmaban, tampoco era discreto transcribirlas: los documentos se

En la página siguiente, cúpula de la Sala de las Dos Hermanas.

hacen para mejor exigir su cumplimiento, pero hay ocasiones, en que aun antes de firmarlos, se tiene la intención de no cumplirlos. En marzo de 1246 entraron entre cánticos los cristianos en Jaén. Era mediodía cuando se pronunció en su mezquita la última oración; por la tarde se había convertido en catedral. Otra ciudad inexpugnable fue expugnada, lo que acaece en cuanto los atacantes son suficientemente poderosos en número y en armas. En vista de quien la conquistó, la tierra de Jaén cambió de nombre: se llamó el Santo Reino.

Esta desgracia no hizo sino ratificar lo que ya estaba escrito: después de la batalla de las Navas de Tolosa, en 1212, los goznes de las puertas andaluzas rechinaron para empezar a abrirse. El único reino musulmán que subsistía –el mío– sólo podría seguir subsistiendo si pronunciaba su propia sentencia de muerte: el vasallaje. Lo pensamos un momento para no volverlo a pensar nunca: antes o después, fatídicamente nos esperaba el fin; vivíamos de prestado, con un alquiler demasiado alto para nuestros bolsillos, y cuanto hiciéramos sería porque se nos consintiera; si un día los cristianos se ponían de acuerdo, no nos quedaría otro recurso que hacer el equipaje. Éramos *los tolerados*, y la tolerancia, con altibajos y guerras menudas, fue el signo que marcó a la Dinastía; más aún, los cristianos permitieron que mi reino creciera por la comodidad de tener un único enemigo que se ocupase de acabar con los otros. La prueba de lo que digo es que ya entonces, en los primeros tiempos nazaríes, lo mismo que se actúa en un coto de caza, Jaime I y su yerno Alfonso X, el hijo de *el Santo*, se repartieron lo que llaman la reconquista. Para ellos fue un asunto de familia: trazaron una raya en el reino de Murcia, desde Játiva a Enguera, y se distribuyeron los vedados. Desde esa hora se consintió luchar a mis musulmanes como si fuesen los verdaderos propietarios del reino; los cristianos, de cuando en cuando, han bajado a ensanchar sus territorios, a fortalecerse con nuestro dinero, a educar a su hijos, a tratar de refinarse imitando nuestras costumbres. Han dejado a mis musulmanes cultivarles la tierra, y pagarles los tributos, con lo que obtenían. Nos han dejado mentirnos y soñar; pero vivíamos en precario, y un dueño más osado o menos comprensivo podría ponernos los muebles en lo ancho de la calle... Muchas mañanas, desdichadas o felices, de repente, he pensado: ya se han divertido lo suficiente con nosotros; ya han cazado y corrido bastante; ya están hartos de cazar y correr; van a cambiar de tono... Quizá todo esto se ve sólo con la perspectiva que da el lentísimo paso de los siglos; pero, aunque mis hijos lo hubiesen visto entonces como yo lo veo, ¿qué puede hacer un pueblo sino seguir de pie un día y otro día, sino intentar seguir de pie mientras la vida dure?

Mohammed el Fundador llegó a mí; me hizo su capital; quiso ordenar mi reino. Sabía que eso es una lenta tarea. Yo también lo sé ahora: un campo se conquista en una sola mañana de suerte; luego hay que sembrarlo y aguardar la cosecha contando con el sol y con la lluvia, y las heladas y el pedrisco, y los incendios y las inundaciones. El primer Mohammed, para ello, necesitó tranquilidad y paz, y tuvo que pagarlas; necesitó mucha obediencia, y tuvo que imponerla. Por fortuna los escarmientos le formaron un pueblo dispuesto a obedecer. Supo emplear la amenaza cristiana como arma: no era inventada, pero él la empleó bien. Instauró con rigor el orden público, que después de las guerras queda tan malparado. Acogió a los exiliados de las ciudades vecinas; abrió mis puertas y los instaló en las faldas del Albayzín para tenerlos, enfrente de la Sabika, bien visibles y bien vigilados, porque multiplicaban los brazos de su pueblo, pero también el avispero. A bandadas venían de Murcia y de Valencia; lloraban por sus vidas arrasadas y anhelaban reconstruirlas. Solía ser gente trabajadora –más que la que aquí había–, que se arrobaba ante mi belleza. Yo he visto llegar después a muchos de ellos: con toscos almazares secan sus lágrimas; en una cesta al brazo acarrean sus recuerdos, y en un burrito, sus mujeres mezcladas con aperos; tras él, una recua de hijos silenciosos. Los vencidos, sean del bando que sean, tienen siempre los mismos ojos húmedos. El Fundador fue sobre todo riguroso en el cobro de impuestos; éstos y los botines eran su única fuente de ingresos: no podía descuidarlos. Exigía su pago a los ciudadanos como el precio de la seguridad que les vendía; era una inamovible condición para ser defendidos. Con el fin de recuperar los impuestos impagados correspondientes a plazos anteriores, detuvo y torturó a los recaudadores hasta que confesaron nombres, cómplices y escriños. El recaudador mayor de Almería, por ejemplo, Abu-l-Mohammed Arus, murió a consecuencia de esas torturas. La decisión tomada era irrevocable: administrar mi reino minuciosa y férreamente, como quien administra una finca privada, con el mismo derecho absoluto y el mismo amor e idéntica responsabilidad. Un mediodía subió hasta la fortaleza de los reyes Ziríes, los que habían terminado de tan mala manera; miró hacia abajo y dijo: «Ésta será mi casa». A la espera de días mejores, durmió en una tosca tarima en lo que hoy es Torre del Homenaje. De allí

nacieron todos los palacios de la Alhambra. Entre sus blancas y severas bóvedas, bajo sus cúpulas primitivas, alimentó su destino y se alimentó con su pasión de mando, tan poco nutritiva para quien no la siente. Fue construyendo el reino en torno suyo, a su medida, como quien se hace un traje. Y, en cuanto al exterior, para precaverse contra su propio soberano, el de Castilla, con la remota espectativa de sacudírselo a la primera posibilidad, se inclinó hacia sus hermanos musulmanes del Magreb, es decir, puso la fe por encima de la vecindad. Creyó en la religión, pero sin fanatismo, salvo que el fanatismo le beneficiara; la entendió y la usó como algo pertinente y razonable de lo que se ha de echar mano cuando conviene. Porque la religión, si no es un oficio amoroso interior, es un flameante espejismo, una llamada de socorro, o un grito de guerra.

El rey Fernando III puso su siguiente blanco en Sevilla. Asediarla y penetrarla requirió sus fuerzas íntegras; se le aproximó por tierra y por agua; hasta el almirante vasco Bonifaz bajó del Norte. Era un bocado que merecía la pena. El Fundador Mohammed formaba entonces parte de esas «fuerzas íntegras» de *el Santo*; lo ayudó en la conquista de Sevilla. La religión, por consiguiente, en este caso pasó a un segundo plano: había otras presiones más urgentes. En otro Ramadán (se conoce que los cristianos son dados a aprovecharse de los ayunos musulmanes), tras seis meses de sitio –era diciembre de 1248–, se rindió la ciudad de la Giralda. Cuando el Fundador volvió a mis brazos, lo aclamaron mis ciudadanos: «¡Vencedor! ¡Vencedor!»; pero él, sabiendo muy bien lo que decía, contestaba una vez y otra: «No hay más vencedor que Dios». Y ese resumen de su pecado fue en adelante el lema de la Dinastía.

Pero, receloso del poder de Castilla, el Nazarí situó otra vez la religión en primer plano: se obligó con un pleito homenaje al califa de Bagdad. Sumisión por sumisión, eligió someterse al grande más lejano. La relación no duró mucho; en cuanto vio que los almohades recuperaban su firmeza en el Norte de África, volvió a ellos sus ojos y sus homenajes, y se unió al sultán de Marraquesh, al-Rashid. Pero se le murió enseguida, y no dudó un momento en dirigirse a los emires de Berbería y Túnez, que eran los enemigos de al-Rashid. Para los débiles, y aun para los que comienzan a dejar de serlo, los gestos de sometimiento son los más eficaces, y es a la eficacia, no a las hazañas ni a la epopeya, a lo que han de aspirar. Para ser cabeza de ratón es bueno practicar siendo primero cola de león, y tener una idea exacta de la propia valía: más exacta cuanto más pequeña.

En la página anterior, Torres Bermejas desde la Torre de la Vela.

Como era de prever, aquellos veinte años de la tregua de Jaén no llegaron al cabo, aunque duraron mucho; lo que tardó el Fundador en pisar firme dentro de mí y oír el eco de sus pasos. A los dieciocho años se reanudaron las hostilidades. Unos aseguran que fue por el apoyo que prestó el Fundador a los mudéjares sevillanos que pretendían asesinar a Alfonso X; otros, que fue por una emboscada tendida por los cristianos para asesinar al Fundador. Cuando los contendientes se estiman preparados cualquier pretexto es bueno; quizá unos y otros tienen aquí razón: la ruptura se produjo por ambas causas, si bien se ignora cuál de las dos se realizó antes, o si ambas se simultanearon. El caso es que Mohammed I antepuso otra vez la religión: solicitó socorro a los Mariníes de Marruecos, que habían sustituido definitivamente a los almohades. Ellos le enviaron los primeros Voluntarios de la Fe, y se declaró una guerra santa. En el nombre de Dios fueron protegidos –y, por supuesto, antes alborotados– los mudéjares de Jerez y de Murcia, que se hallaban en las últimas. Los años de relativa paz habían reforzado a Mohammed: él era ahora en exclusiva el emir *requerido.* Utrera y Lebrija, a ejemplo de los otros y por sugerencias del emir, también se sublevaron contra los cristianos. Andalucía echó a arder igual que una almenara; el Fundador, robustecido y hábil, fue quien prendió la mecha; numerosos pueblos de la frontera se colocaron bajo su custodia. La granada se redondeaba grano a grano.

No fue por mucho tiempo. Suegro y yerno cristianos sitiaron y redujeron Murcia; la redujeron en todos los sentidos, en los peores sentidos, y el yerno, Alfonso X, me osó atacar a mí. Sin éxito, pero lo osó y fue bastante; en Jerez y en Medina Sidonia, sí lo tuvo. La granada, antes de granar del todo empezó a desgranarse y a ceñirse a sus lógicos límites. Porque, además, a Mohammed, que en otras circunstancias habría reaccionado de modo más tajante, se le planteó un gravísimo problema; tanto, que afectaba a la misma existencia y continuidad de la monarquía. Mohammed se había introducido en la política con Abu-l-Hasan Ali Ibn Asquilula: compatriota, compañero y cognado suyo. Los dos eran tagríes, formaban parte de una cofradía de guerreros de carácter religioso más o menos místico, cuyo jefe era Ibn al-Ahmar que, hasta después de ser proclamado emir, se vestía de forma burda con sandalias y ropas remendadas. Su cognado Ali era su brazo fuerte, por su formación intelectual y militar, como lo reconoció Ibn al-Ahmar al tomar el poder y entregarle el mando del ejército de Granada, con el título de arráez. Sus hijos Abu

Ishaq Ibrahim y Abu Mohammed Abd Allah se casaron con las hijas del Fundador, con lo que se dobló el vínculo familiar para reforzar las promesas de que heredarían el reino. A la muerte de Ali Asquilula, Mohammed nombró para sucederle al frente del ejército a Abu Ishaq, el hijo mayor y gobernador de Comares. Cuando murió el gobernador de Málaga, el Nazarí Ismail, hermano del Fundador, nombró para sustituirlo al Asquilula menor. Fue ese mismo año cuando se rompió el equilibrio: primero, porque Mohammed decidió nombrar herederos del reino a sus propios hijos; segundo, porque, al venir los guerreros Mariníes, le acusaron los Asquilula de darles lo que tenía que darle a los suyos. Y, sintiéndose relegados, se proclamaron independientes en Málaga y Guadix y pidieron ayuda a Alfonso X. Este rey se sintió encantado de utilizar la vieja táctica cristiana del *divide y vencerás*. La práctica de sembrar la discordia ha sido el arma más asequible contra mis musulmanes y la más fructífera; una vez puesta en sus manos, ellos mismos se encargan de que les haga el mayor daño. Aunque también es cierto que ellos sólo han dejado de utilizarla contra los cristianos cuando no han tenido absolutamente ninguna posibilidad de hacerlo. En el caso de los Banu Asquilula sí la tuvieron: el hijo mayor de Mohammed I, el que le sucedería, consiguió separar a sus parientes y a Alfonso X; firmó una paz con éste en Alcalá de Benzaide, ahora Alcalá la Real. Fue una paz cara: doscientos mil maravedíes al año, la renuncia a Jerez y a Murcia (ésta y Sevilla eran los ojos del rey), y el plazo de un año para que los Asquilula se subordinasen. Una paz cara, pero ventajosa siempre que sus condiciones se cumplieran; sin embargo, la última, que era para lo que se firmaba, no se cumplió. Alfonso, poco dado a guardar su palabra, escrita o no, se encogió de hombros; según él se trataba de asuntos familiares. Pero se encogió de hombros justo hasta que estuvieron a punto de encogerle la cabeza los Ricos Hombres de Castilla,

Detalle de la decoración que rodea el patio de los Arrayanes, en la que se transcriben textos del poeta Ibn Zamrak.

hartos de sus prepotencias. Los capitaneaba aquel Nuño González de Lara, tan opuesto a nosotros; ahora proporcionó ayuda a Mohammed contra los Asquilula, aunque resultó inútil. Por eso, Mohammed, medroso de las represalias de Castilla por aliarse con los rebeldes, eligió pactar con los Asquilula más o menos directamente; un marroquí, de los devotos que se dedican a la guerra santa con más o menos buena fe, al-Tahurti, fue el intermediario. De nuevo convenía acudir a la religión, elevar el corazón y el brazo al Dios común, y firmar el acuerdo entre parabienes y azoras. Nada más llegar a ese pacto, que pacificaba de momento a los Asquilula, Mohammed I echó mano –esta vez sí para siempre– de la religión; echó mano del cielo por no saber echar pie a tierra del caballo que lo llevaba a una algara de castigo cerca de Ronda. El caballo era un pura raza, nervioso y negro como el cuervo; se desbocó; el emir, que montaba como nadie en el mundo, no acertó a desmontar. Murió después de la oración del mediodía, el 12 de febrero de 1273, con más de setenta años. Mi reino, entre tiras y aflojas, estaba allí; dice Ibn Jaldun que ocupaba desde Ronda hasta Elvira, con una extensión de diez jornadas de marcha de Este a Oeste, y con una anchura de dos jornadas del mar al Norte.

Mohammed II fue emir a los treinta y ocho años. Se le llamó *el Faquí* porque era el más ilustrado de la familia: había tenido tiempo de ilustrarse. Fue un devoto estudioso del Corán y, en general, de todas las leyes, y artífice de mi prosperidad cultural, pues me convirtió en un hervidero de literatos y poetas. Perteneciente a la segunda generación, se consideró más emir, aunque menos caudillo que su padre, y dedicó parte de su tiempo a cultivar el intelecto y el lujo. Fue el que regaló la almunia de Darabenaz, camino de la Zubia, a Nuño González de Lara.

Como administrador, dotó al emirato de instituciones que agilizaron los pesados procedimientos omeyas aún subsistentes; instauró el visirato, al mando de un visir-primer ministro, y una cancillería que se ocupaba de la redacción de la correspondencia y de los apuntes oficiales, así como de los panegíricos en loor de la Dinastía con motivo de fiestas, bodas, nacimientos, viajes y alardes. Esa cancillería, que para sus funciones empleó siempre un papel carmesí, consiguió reunir a lo largo de dos siglos nombres inolvidables, que honraron o deshonraron el *diwan*. Como arráeces consecutivos de él se sucedieron nada menos que Ibn al-Ubayd, destituido por bebedor (siempre me he preguntado hasta qué punto bebería para que se le

sancionara con tal severidad); Ibn al-Hakim, de Ronda, que murió trágicamente durante el reinado posterior, en el que asumió los poderes del emir; Ibn al-Yayyah, el primer poeta de la Alhambra, que sembró muchos estucos de ponderaciones; Ibn al-Jatib, su discípulo, dudoso como todos los que exceden el tamaño más frecuente, e Ibn Zamrak, discípulo del anterior, y tercer poeta de la Alhambra, al cual no sé si calificar siquiera de dudoso.

Mohammed *el Faquí* se encontró con los Ricos Hombres de Castilla rebelados y con sus parientes los Asquilula rebelados; decidió lo mejor: poner a los unos contra los otros. Para ello, prometió a los primeros no firmar por separado la paz con su rey; firmarla fue exactamente lo que hizo. Previendo que antes o después los nobles volverían a su natural obediencia, negoció con Alfonso para que dejara en sus manos a los Asquilula que fueron la obsesión –o una

Mirador de Lindaraja.

de las obsesiones– de mis Nazaríes durante mucho tiempo, quizá porque no hay peor cuña que la de la misma madera. Sin embargo, *el Sabio* engañó al *Faquí*: fingió que transigía, porque lo asediaban dificultades de política exterior con los Anjou y con el Papa, y su mujer la reina Violante prometió intervenir ante los Asquilula en favor del *Faquí*. A cambio, éste, para paliar las incesantes penurias de Castilla, se comprometía a darle trescientos mil maravedíes al año –que era dar– y a romper con los Ricos Hombres. Pero, una vez ejecutado el compromiso, el castellano le pidió que otorgase a los Asquilula una tregua de dos años. El emir, justamente irritado, consiguió reducir el plazo a un año, y, tragándose la ira, juró en su fuero interno vengarse de Castilla. Lo intentó mediante un giro de su política exterior: siguiendo el ejemplo de su difunto padre –si es que éste, al servirse a la vez de una cosa y de la contraria no daba ejemplos ambidextros–, miró hacia África. Pero no sólo por una laudable imitación filial, ni siquiera para conseguir vengarse, sino –justo es decirlo– porque el gobernador de Algeciras se había declarado independiente y separaba así el emirato del Estrecho, cosa imposible de sobrellevar y que constituía otra obsesión de mis Nazaríes. *El Faquí* envió una embajada a Abu Yusuf, el sultán marroquí: en ella le comunicaba, con exageradas tintas, las persecuciones de los andaluces y la perentoriedad de otra guerra santa. Tuvo la relativa habilidad de un buen jugador: inflamó el celo religioso de los magrebíes, pero también, aunque no era su propósito, su codicia por las riquezas andaluzas, y, lo que es peor, el ansia de poder africana que, en dos oleadas anteriores y con igual pretexto religioso había mandado ya las plagas de los almorávides y de los almohades. Por suerte o por desgracia –cuestión que en política sólo al final se sabe– los Asquilula habían tenido la misma idea que *el Faquí*: también enviaron una embajada a Abu Yusuf: el fiel de la balanza familiar quedaba en manos extranjeras. Ensoberbecido el marroquí, delegó en su hijo Abu Zayya; éste, antes de tomar partido por ninguna de las dos ramas, o tomando partido contra las dos, vino, ocupó Algeciras y atacó la Málaga asquilula. Pero en Málaga, por fin, los asquilula escarmentados lograron rechazarlo; para luego, sin la menor transición –que es lo que más sorprende a quien no conoce a mis musulmanes– proponerle entrar a su servicio con todas sus fantasías ecuestres y todas sus posesiones. Engreído por tal comportamiento, Abu Yusuf convocó en la Algeciras conquistada una reunión en la que tanto el emir como sus parientes expusieran sus razones. Compareció *el Faquí*, y entre los dos sultanes se produjo tal tirantez que el mío se volvió a mí sin despedirse, airado y traicionado por todos, según él sin haber dado pábulo. A partir de ahí los Asquilula colaboraron con el marroquí en sus incursiones por Córdoba y Jaén, por Porcuna y Arjona (otra vez esos nombres), de donde ellos y mis emires surgieron. La derrota que infligen a los castellanos de Écija y Sevilla conduce a una tregua general, tramada por hombres de religión tanto cristiana cuanto musulmana. Una tregua a la que no es ajeno el emir de Granada, aislado a raíz de su disgusto: un disgusto que supo posponer ante el propio interés.

Lo cierto es que los Asquilula, varones ya de la tercera generación, tenían en Málaga una situación difícil, y procuraron salvarla nada menos que entregándosela al sultán marroquí para que la sostuviera. Qué arriesgado es designar a un lobo custodio de un rebaño. El marroquí, fascinado por el clima, residió en Málaga unos meses, nombró gobernador a un tío suyo, Omar Ben Mahalli, y se volvió a Marruecos. Mohammed II, algo alarmado, pero exagerando su alarma, insistía en la similitud de la visita mariní con las invasiones almorávide y almohade. Olvidaba que, en buena parte, el trance se debía a su intervención; a pesar de ello, consiguió revivir el pavor que produjeron aquellos dos errores históricos en que mis andaluces fueron por lana y volvieron trasquilados. Tanto se asustó –como un niño que primero inventa el fantasma y luego grita–, o tanto hizo ver que se asustaba –como quien bebe vino para justificar lo que sabe que hará una vez bebido–, que se entregó, un poco a tontas y a locas, a pactar con quien pudo. Pactó con el príncipe de Tremecén, para que impidiese el paso por su reino a Abu Yusuf cuando determinara venir a al-Andalus; pactó con Pedro III de Aragón, para que permaneciese neutral y continuasen las brillantes relaciones comerciales de los granadinos con los valencianos; pactó con Alfonso X, para que atacase Algeciras, e, interrumpidas con ello las comunicaciones entre Marruecos y la Península, pudiese el emir recuperar Málaga.

Y, aunque parezca imposible, así se hizo. El infante don Pedro de Castilla embistió contra Algeciras, y alguien convenció al tío del sultán Mariní, el gobernador de Málaga, de que sería inútil resistir y de que ganaría más cambiándola por Salobreña y Almuñécar. Después de muchos años, Málaga retornaba a integrarse en mi reino. Conseguido esto, consideró *el Faquí* que el cerco de Algeciras no le interesaba lo bastante, y se vengó de Alfonso cambiando de enemigo: qué larga es la memoria de una llaga. Pactó, pues, con Abu Yusuf, que le prometió la entrega de Algeciras en cuanto fuese levantado el sitio. Para ello, el granadino aportó su poder contra Castilla. Pero, levantado por fin el sitio, el marroquí le exigió otra vez Málaga a cambio de Algeciras: donde las dan las toman. *El Faquí* se airó más aún que en la primera tirantez, y se negó al trato; el marroquí firmó una alianza con Castilla, regresó al Magreb y dejó a su hijo Abu Zayya en guerra con mi reino. Con eso se vio *el Faquí* combatido por un triple enemigo: los Asquilula, el sultán de Marruecos, y el rey de Castilla, que no le perdonaba la fea jugarreta de Algeciras. Invadieron mi reino, por el Norte, don Sancho, el aspirante al trono; por el Sur, el rey junto con los Asquilula de Guadix y Comares, ese nido de águilas en el que, desde Málaga, se habían refugiado. Pero *el Faquí* llevaba en su ejército la guardia mariní, o sea, los *Voluntarios de la Fe*, y cuantos príncipes Mariníes se hallaban en desacuerdo con su rey. Ellos valientemente lo reforzaron y rechazaron los asaltos; no sabía *el Faquí* qué caros le costarían a mi reino tales mercenarios y tales descontentos. De África nunca cruzó nada a al-Andalus que le trajera buenas consecuencias. Pero, de momento, se apoderó de Comares sobornando a la guarnición.

Al siguiente año –Dios es el Excelso, aunque al parecer tampoco cumple sus alianzas– comenzaron las tribulaciones de *el Sabio*, hijo de *el Santo*. En efecto, su segundo hijo, Sancho, se rebeló ante la preferencia de su padre por don Fernando de la Cerda, hijo a su vez del amado primogénito muerto. Las Cortes de Valladolid reconocieron a don Sancho su derecho, y con esto echó a andar: reunió bajo su autoridad al reino entero, menos Sevilla y Murcia. Alfonso se escudó en el tratado con Abu Yusuf –razón tienen al decir que ancha es Castilla–, y don Sancho negoció con *el Faquí*, al igual que Pedro de Aragón, cuyas desavenencias con el Papa y con Francia así se lo aconsejaban. Apaciguadas de este modo las fronteras del Norte, quiso *el Faquí* recuperar Almuñécar y Salobreña, entregadas en su momento a Omar al-Mahalli a cambio de Málaga. Convencido ya el que iba a mediar en la maniobra –su hermano Talha, que residía, como tantos otros príncipes, en la Alhambra– con la promesa, no más que la promesa, creo yo, de Almuñécar, Omar se resistió y pactó con Abu Yusuf. El marroquí envió una flota en su socorro que tomó Coín y Fuengirola. (Siempre me he cuestionado cómo eran capaces de distinguir sus ciudades de las de sus contrarios con tan constantes mudanzas, y cómo esas ciudades distinguían quiénes eran sus

En la página siguiente,
Salón de los Baños Reales.

dueños.) Pero la flota se detuvo ante Málaga. Y, mientras en concierto con don Alfonso, el magrebí atacaba los territorios fieles a don Sancho, desde Córdoba a Madrid a través de Toledo, *el Faquí* se apoderó de Salobreña por sorpresa. Dios oportunamente se llevó, ignoro si con Él, a *el Sabio* –es verdad que lo era–, y don Sancho fue coronado con su prudente esposa María de Molina. Su alianza con el Nazarí persistió tras la coronación, cosa notable. Cuando el panorama parecía inclinado al sosiego, *el Faquí*, aprovechando el retorno de Abu Yusuf al Magreb –lo único que a él le interesaba, o eso decía, era Málaga– atacó a los Asquilula de Guadix y Comares. Comares lo consiguió sin dificultad, pero Guadix se negó a someterse. Y a ayudarle contra él se opusieron sus aliados de Castilla y Aragón, que tenían suficiente con sus propias discordias como para aumentarlas con otras tan claramente domésticas. A *el Faquí* no le quedó otro recurso que acudir, sin el menor reparo, al sultán de Marruecos. Por cuarta vez éste desembarcó en la Península y guerreó todo el verano contra Sancho *el Bravo*. Hasta que, acogotado por él, solicitó una tregua, y se comprometió a no inmiscuirse más en las desavenencias musulmanas, que eran precisamente lo último que lo había traído desde África. A la vista de este compromiso, Mohammed *el Faquí* entabló negociaciones con Pedro de Aragón y los infantes de la Cerda para ir contra don Sancho. Sin embargo, la ayuda prometida por sus nuevos aliados no llegó, y el Nazarí tuvo que conquistar Fuengirola, solo y sin auxilios, a Abu Zayya, el hijo del sultán africano. De tal victoria se envaneció toda su vida.

Abu Yusuf vivió muy poco más. Su sucesor, Abu Yaqub, absorbido por el gobierno de Marruecos, firmó la paz con Mohammed II en Marbella; allí renunció a sus posesiones españolas, salvo Algeciras, Tarifa y Guadix, que continuaba bajo el gobierno de los Asquilula. Un año después sucedió algo que nadie ha comprendido: cuando estaba bien asegurada su posesión de Guadix, después de haber pasado en esa lucha toda su vida, Abu Mohammed Ibn Abi Ishaq Asquilula tomó a toda su familia y a los guerreros que aún le quedaban, y emigró para siempre a Marruecos. Todos los cronistas se preguntan por qué.

Los Banu Asquilula tenían tanto derecho a mi trono como los Nazaríes, pues ambos habían conseguido mi reino por la fuerza de las armas, con la legitimidad del «defensor del Islam», no por ningún derecho de sangre quraysí, y la alianza cognática tenía tanta fuerza en el clan Nazarí como la agnática –dos Nazaríes subieron al trono *por línea femenina*–; sus alianzas con Castilla tampoco les desautorizaban ante los Nazaríes, pues éstos tampoco tenían inconveniente en realizar vasallajes de conveniencia; su nombre romance (de *escallola* –*scandula*–, especie de trigo) no habría sido obstáculo para ello: los cronistas posteriores lo habrían traducido –*Banu Hubayb*– y habrían destacado su sangre *tuyibi*. Tal vez el apelativo Nazarí de al-Ahmar, *el Rojo*, fuese la traducción de algún *ruyyuelo* en romance.

Los Banu Asquilula, en fin, no fueron la última dinastía musulmana de al-Andalus, porque se enfrentaron con la *inteligencia* religiosa, con los alfaquíes: protegieron a un falso profeta malagueño, Ibrahim al-Fasari, lo que originó que los alfaquíes huyeran de Málaga y dieron lugar a que cuando nombraron cadí a Mohammed Ibn Mohammed Ibn Hisam, éste se negara a aceptar el cargo si no era refrendado por el sultán. En la confrontación entre Mohammed II Ibn Nasr y Abu Mohammed Ibn Asquilula, no ganó ni la habilidad ni la fuerza, que eran parejas en los dos primos: tal vez ganase el primero porque llevaba el sobrenombre, bien merecido, de *el Faquí*.

El incansable Mohammed II, que desconfiaba del nuevo sultán, se aproximó a Sancho *el Bravo* para llevarle a romper la tregua con Marruecos. Pero Alfonso III, nuevo rey de Aragón, propendía a reconciliarse con Castilla, lo que daba temblores a *el Faquí*. De ahí que intrigara a dos manos con ambos reyes, y les sugiriera la idea de distribuirse unas zonas de influencia en Berbería para distraerlos de mí. Y consiguió, sin estar presente, la firma del tratado de Monteagudo, que declaró como la más alta aspiración de los cristianos la lucha contra los magrebíes. Pero no contento con eso, renegoció aparte con el castellano. Su acuerdo, rigurosamente secreto, estuvo en los archivos de la Alhambra; en él, Sancho se obligaba a combatir a los Mariníes de Tarifa –puerta de España a nuevas invasiones– y, una vez conquistada y entregada a *el Faquí*, éste se obligaba a indemnizarle con seis castillos nazaríes. Las capitulaciones advertían que la entrega se haría después de la conquista, bajo un tratado fingido consecutivo a ella, y que la ayuda del Nazarí al castellano había de permanecer oculta para no enemistarme con Marruecos. Rizando el rizo, que es lo que entusiasmaba a Mohammed, éste urdió una coalición contra el sultán, en la que entraba, junto a Castilla y Aragón, el monarca de Tremecén. Abu Yaqub, alertado, declaró la guerra. Sancho atacó Tarifa; mis granadinos, las fortalezas que me eran próximas; los tremecinos, Marruecos; los aragoneses impedían por mar que los magrebíes auxiliasen a sus compatriotas de Tarifa. Y Tarifa, por fin, es conquistada. Pero Sancho –de puta a putañero– no sólo se negó a entregársela a *el Faquí* que puso en marcha el mecanismo, sino que no devolvió la seis plazas fuertes que se le habían dado en garantía. Sin entender tal negativa como un castigo a sus intemperantes maquinaciones, *el Faquí* volvió a mirar con naturalidad hacia el sultán de Marruecos y, a pesar de todas las propuestas castellanas, rechazó la reconciliación con Sancho porque –¡decía él!– lo había engañado y no cumplía su palabra. Fue en persona a Tánger, y emocionó a Abu Yaqub con arengas religiosas; declararon la guerra; y atacaron juntos a Tarifa, salvada por Alonso Pérez de Guzmán, al que por eso llamaron *el Bueno*. Abu Yaqub acusó del fracaso a *el Faquí* y a su hijo, que mandaba la armada, pero que no se movió de Málaga. (Algunas razones había para ello: por Vera, en la región murciana, los castellanos embestían para distraer fuerzas.) Abu Yaqub, decepcionado, timado y agotado, como antes su padre, se negó a intervenir nunca más en el zigzag y en el desequilibrado equilibrio de la Península, y retornó a su África, abdicando de todas las plazas mariníes de aquí. (No es preciso decir que a cambio de grandísimas ventajas comerciales y de dinero, porque su agotamiento y su desilusión no llegaban tan lejos.)

Gozoso y descargado, Mohammed II ocupó Algeciras, recién abandonada; pero hacerse con Ronda le costó mucho más. Gobernada por los Banu al-Hakim, se había declarado independiente tras la derrota de Tarifa, al no ver su seguridad garantizada. (Una subordinación sin tal garantía carecía de sentido.) Ante la legendaria inexpugnabilidad de Ronda, *el Faquí* se valió de una artimaña: sobornó a un secretario de los Banu al-Hakim e inició unas conversaciones que llegaron a buen término, con cuatro requisitos: ningún pariente del sultán Nazarí se instalaría en las proximidades de Ronda –por temor, de una parte, al nepotismo, y de otra, a la llamada de la sangre al trono–; los *Voluntarios de la Fe* tendrían prohibido alojarse en ella bajo ningún pretexto; se la eximiría de los impuestos atrasados y se eliminaría cualquier represalia contra los independentistas.

En tanto que *el Faquí* redondeaba sus fronteras, en Castilla había muerto *el Bravo*. Le sucedió –lo que faltaba– un niño de nueve años, Fernando IV. Sus tutores eran su madre, María de Molina y el infante don Enrique. *El Faquí* oyó sonar la hora de su desquite. Arremetió por la frontera septentrional de mi reino, y, derrota tras derrota, despedazó a los castellanos Guadalquivir arriba. (Quien afirmó que,

En la página siguiente, Sala de las Camas, en los Baños Reales.

tomado el río, podría llegarse hasta su desembocadura, olvidó que también era cierto el camino contrario.) Se apoderó de veintidós castillos, y se dirigió en fervorosa levadura contra Castilla. Cada cual con su interés y por su lado, lo jaleaban todos: Aragón, el enemigo tradicional; los nobles descontentos y ambiciosos, para esquilmar a una monarquía débil; los infantes de la Cerda, más tozudos que nunca en su deseo del trono; y, por si eran pocos, Portugal. Pero *el Faquí*, en la cúspide, exigió tanto a los de la Cerda –Alcalá, Vejer, Tarifa y Castiel– que no se logró la coalición. Aprovechando la duda, el infante don Enrique ofrece la paz a mi reino, y Tarifa como compensación. Qué glorioso momento éste de partir y repartir el banquete; de fomentar las inmigraciones de los mudéjares, no las emigraciones como luego. Sin embargo, Mohammed pide más. Para presionar reanudó sus correrías, y atenazó a Castilla con Aragón desde Murcia. El infante aragonés don Pedro y los de la Cerda galoparon Castilla adentro. Mis granadinos batieron a don Enrique y a Guzmán *el Bueno*, y alcanzaron los alrededores de Sevilla. Mohammed, allí, entró en tratos con Castilla, pero dio largas a sus solicitudes de tregua. Por su cuenta conquistó Alcaudete y Martos y hasta los arrabales de Jaén; alcanzó con ello el ápice de su poder. Y, de repente, por razones misteriosas, cesó en sus ofensivas. Alguien ha asegurado que por amistad con el infante castellano don Juan; sin embargo, yo no lo creo: las amistades personales no las utilizó nunca este Mohammed para perder. Quizá se reiniciaron de nuevo las conversaciones de la confederación, que volverían a fracasar; o quizá no era oro todo lo que relucía, y su fuerza efectiva no daba para más. Esto ocurría en 1300. En 1301, Fernando IV, ya coronado, atacó Aragón y Murcia. Aragón había de obtener, más que nunca, el apoyo de mis musulmanes; los de la Cerda se plegaron a las peticiones que antes juzgaran excesivas. Acaso provocar esta circunstancia, para lo que era necesario no debilitar más a Castilla, sí fue la causa de la extraña reacción de *el Faquí*. El resultado fue que le cedieron Tarifa, Alcalá de los Gazules, Medina Sidonia y Vejer, y, con tal de que no pactara con Castilla, los aragoneses consintieron y autorizaron su expansión; pero *el Faquí* no se fiaba ni de Aragón, ni de Castilla, ni de nadie. Ni de él mismo debía haberse fiado: porque, en los preparativos contra todos, le sorprendió la muerte. Ella es la única que con nadie transige y a la que no se engaña. El 8 de abril de 1302 Mohammed II *el Faquí* falleció envenenado no se sabe por quién –y mejor es así: cualquiera pudo ser–. Su epitafio asevera que trazó con claridad indudable los confines del reino; que aniquiló las sediciones que amenazaban con desmembrarlo, y que marcó el orden y la alternancia de los turnos en el complicado damero de la Península.

Su hijo mayor también se llamaba Mohammed. Fue el tercero. Propendió, desde el principio a confraternizar con el Magreb. Abu Yaqub se encontraba sitiando Tremecén, y el nuevo sultán Nazarí le envió una embajada de amistad y un cuerpo de arqueros andaluces expertos en asedios. Por inercia, prosiguió la lucha contra Castilla, se apoderó de Bézmar y de alguna otra plaza de Jaén, y envió correcto y previo aviso a Jaime II de Aragón, a pesar de considerar, como sus antepasados, poco interesante la alianza con los aragoneses. Sin embargo, en 1303 firmó una inesperada tregua con Castilla. En su virtud, cada uno conservaba lo conquistado; mi reino admitía la presencia castellana en el Bajo Guadalquivir, y se comprometía al pago del tributo acordado por *el Faquí* con Sancho *el Bravo*. (Era evidente la importancia que, para combatir el desastre de sus finanzas, daba Fernando IV al dinero.) Esa tregua irritó a Marruecos –su sultán nos devolvió el cuerpo de arqueros– y asustó a Aragón, que se apresuró a firmar otra de un año con mi reino. En apariencia, el tercer Mohammed pretendía una neutralidad total: entre otras decisiones, licenció a seis mil mercenarios. Todos los jugadores del tablero se preguntaban qué sucedía, por qué el sultán Nazarí quería la paz; cuando la anormalidad se erige en regla, nada empavorece tanto como la normalidad. Jaime II, amedrentado por tal actitud pacífica, se volvió hacia Castilla; firmaron la paz de Ágreda, que arregló sus diferencias en Levante, y en la que mi reino aparecía expresamente una vez más como ligado por vasallaje a Fernando IV.

¿Cuál era la causa de ese intento de paz? Una muy simple: el emir se había quedado ciego. Sin ruido, iba a retirarse de la política, cuyo ejercicio, como a casi todos los Nazaríes, le apasionaba. Dejaría de comparecer en público; dejaría de admirar y cuidar los hermosos palacios que estaba construyendo; dejaría de leer los libros en los que consumía sus insomnios. Yo siento por Mohammed III un particular afecto; fue hombre de continuas vigilias y un lector implacable, que trabajó junto a gruesos cirios en los que estaban marcadas señales para informarle del trascurso de las horas. Mohammed III tenía a su lado al arráez Ibn al-Hakim, que lo sustituiría sin que el cambio apenas se percibiese.

Mohammed III había mirado con insistencia, cuanto un ciego puede mirar, a Ceuta. Por entonces ya hacía diez años que no se hallaba bien sujeta por el sultán de Marruecos, a pesar de sus relaciones de vasallaje: Ceuta alimentaba veleidades de independencia, que el gobernador de Málaga contribuía a incrementar. La corte nazarí intrigó alrededor de los Banu al-Azafi ceutíes, primero a su favor y luego contra ellos. En 1306 Utman, cómplice nuestro, se sublevó contra el sultán que llevaba ya ocho años en el sitio de Tremecén, y él mismo se proclamó sultán. Mis hijos fueron en su ayuda y atacaron los puertos del Magreb central para dividir las fuerzas de Abu Yaqub. Algún traidor, de los muchos que rodean a un rey, lo mató. Le sucedió su nieto Abu Tabid, que levantó el sitio de Tremecén, se enfrentó a Utman y fundó la ciudad de Tetuán, para tener una base de operaciones contra Ceuta. Desde Tánger, exigió a Mohammed el Nazarí su rendición; pero murió misteriosamente antes de recibir la ambigua respuesta. Entretanto, Mohammed, a través de su ministro, había tomado el título de *Señor de Ceuta* y, en consecuencia, el más anhelado de *Señor del Estrecho.*

Yo brillé entonces como capital cultural, literaria e ilustrada, con los rutilantes príncipes Azafi a mi cabeza. Pero ¿cómo podría estarse quieto un Nazarí? En vista de su afortunada posición –dueño del Norte de Marruecos–, trató Mohammed III de iniciar otra guerra santa contra todos los cristianos de la Península. Esa decisión aterró a Aragón, un reino marinero, que procuró aliarse con Marruecos. Sin embargo, el nuevo sultán murió enseguida, y, a su sucesor, Abul-Rabi, Mohammed le ofreció, adelantándose a Aragón, la paz; en prueba de ella, llamó a Utman, el contrincante del sultán. En estas circunstancias, Aragón, desconfiado y solo, intentó una triple alianza contra mis hijos, con la intención, como de costumbre, puesta en Almería y en su predominio sobre el Mediterráneo. En Alcalá firmó un tratado con Castilla que perfeccionaba el de Almizra, de sesenta y cinco años atrás, entre Fernando *el Santo* y Jaime *el Conquistador*; en él se repartieron el campo de la mal llamada reconquista. Se fijó la fecha de junio de 1309 para que comenzaran simultáneamente las ofensivas: Aragón, contra Almería; Castilla, contra Algeciras y Gibraltar. Mi reino había de ser repartido, correspondiendo a Aragón el sexto que Almería representaba, y el resto a Castilla, compensándola con ello de la pérdida de la parte del reino murciano que había cedido Alfonso de la Cerda.

Mis musulmanes se inquietaron. Las incursiones del maestre de Calatrava fueron respondidas con la expropiación de sus bienes a los comerciantes aragoneses del reino. La noticia de la guerra produjo en

mis habitantes un enorme entusiasmo y empezaron los preparativos para la nueva guerra santa. Se abandonó el llano, se buscaron los lugares de más difícil acceso y se fortificaron los lugares habitados. Pero los peligros y los inconvenientes, eran también muchos. Por un lado, Mohammed III había vaciado los almacenes llenos de víveres que su padre Mohammed II tenía siempre repletos, en previsión de posibles ataques cristianos a mi Vega; y, sin ellos, era muy difícil la resistencia. Por otro lado, las guerras de África habían agotado lo mejor de las tropas, y las discordias políticas habían alejado de mí a un crecido número de musulmanes de la alta clase social. Para colmo de inconvenientes, una lucha intestina agravó la situación: varios miembros de la familia Nazarí se conjuraron para sacar partido precisamente de ella. El día de la fiesta de la Ruptura del Ayuno, el 14 de marzo de 1309, en el mismo momento en que concluía el Ramadán, los conjurados asesinaron al ministro Ibn al-Hakim, persiguieron y mataron a todos sus secuaces, y obligaron al emir ciego a abdicar en su hermano Nasr, buen conocedor de astronomía, que fabricaba con sus propias manos

Jardín de El Partal.

maravillosos instrumentos para avanzar en esa ciencia. Tras la abdicación, el ciego se retiró a Almuñécar; frente a los largos reinados de sus dos predecesores, sólo reinó siete años; siempre fue conocido entre nosotros como Mohammed *el Desterrado*; construyó, aparte de su palacio, la mezquita de la Alhambra, y declaró bienes de manos muertas los baños anejos a ella.

Su hermano Nasr llegaba en un momento crítico. Por primera vez, Castilla y Aragón se aprestaban juntos en contra mía; galeras catalanas patrullaban por el Estrecho; Jaime II cercaba Ceuta en connivencia con el sultán Mariní. Nasr aspiraba a toda costa a romper su aislamiento y la triple alianza. Por un azar benéfico, la estrictamente pactada ofensiva cristiano-magrebí se retrasó, y eso le dio tiempo a tratar con el sultán, mientras Fernando IV se apoderaba de Gibraltar. Mi emir casó a una hermana suya con el sultán africano, y le entregó como dote, en pago de su neutralidad, Algeciras y Ronda para que, al ver en peligro sus territorios peninsulares, le enviara apoyo militar. Abu-l-Rabi, agradecido, casó a su hermana con mi sultán, y justificó mal o bien su comportamiento al rey de Aragón, al que más que nada le ataban jugosos lazos comerciales, que, para ganancia de los dos, los siguieron atando cualesquiera que fuesen sus ideas y sus comportamientos.

La unión de los cristianos, que nunca fue sincera, era muy quebradiza para bien de mi reino. Fernando IV se desanimó: necesitaba dinero con urgencia; se hacían pocos progresos; se prolongaba la resistencia de Algeciras sitiada; murió Guzmán *el Bueno* en la sierra de Gaucín, y muchos nobles lo abandonaron siguiendo al infante don Juan y a su propio tío don Juan Manuel. Mi emir, frente a tal desaliento, le ofrecía, aparte de la restitución de Quesada y de Bézmar, reconocerle como soberano y, lo que era más inmediato y fructífero, un tributo de once mil doblones anuales. Se firmó la paz en mayo de 1310. E inmediatamente después Fernando IV la violó: asaltó Tempul y conquistó Alcaudete; pero, emplazado a morir por los Carvajales –a quienes condenó y ejecutó injustamente–, reventó en Jaén. Las agresiones cesaron. Con la impenetrable uniformidad con que la Historia se desenvuelve a veces, el poder real atravesaba una fase de debilitamiento, más acá y más allá de las fronteras.

Así, en noviembre del mismo año, después de sobrepasar las urgencias y las crisis, después de eliminar a los altos personajes de la corte que conspiraban para derrocarlo y traer al *Desterrado*, Nasr sufrió un extraño ataque, casi de seguro no provocado, que lo puso a

Detalle del oratorio que se alza en El Partal.

las puertas de la muerte. Para sustituirlo, trajeron a Mohammed, el ciego, de Almuñécar; pero el emir mejoró, y, por salvar su vida, *el Desterrado* dio a entender que sólo había venido a interesarse por su salud. Quiso volverse a su destierro; se lo impidieron; le rogaron que permaneciera, a la fuerza, en la Alhambra. Una mañana apareció ahogado en una alberca; es fácil acabar con un ciego: el accidente fue casi de seguro provocado. El emir Nasr se hizo, desde entonces, si cabe, más impopular: ¿quién sabe por qué razones un pueblo quiere, o deja de querer, o reclama al mismo que rechazó? El sultán Mariní había devuelto Algeciras y Ronda; Aragón había fracasado en sus retos; Castilla se mantenía inactiva de momento; sin embargo, la impopularidad del emir no menguaba entre mis hijos. Por fin, aquel Utman que se había sublevado contra su sultán Mariní por instigación de Mohammed III, y que habitaba aquí desde entonces, acaudilló un motín contra Nasr. Lo hizo en favor de un primo suyo, Abu-l-Walid Ismail, hijo del arráez de Málaga y nieto de Ismail, el hermano del Fundador. Nasr apeló aprisa al infante de Castilla don Pedro, hermano del difunto Fernando IV y tutor de su heredero Alfonso XI; pero su intervención fue inútil: no logró sino aumentar la cólera de mi reino. Ismail tomó Loja y Málaga, y venció a las tropas reales no lejos de Archidona, mientras mis granadinos, por ingratitud o por ese inexplicable deseo de cambio que asalta de repente a la plebe, se sublevaban, y los vecinos del Albayzín le abrían de par en par la Puerta de Elvira. Pronto entró a caballo Ismail en la Alhambra, la más alta presea para todas las apetencias, y autorizó a Nasr a reinar –lo cual no dejaba de ser un eufemismo– en Guadix. (La Historia se repite hasta el hastío, y en ella muchos nombres de ciudades se repiten también. Con Almería y Salobreña y Almuñécar, Guadix es lugar de alzamientos, de proclamaciones y también de destierros.) Nasr obedeció: con la escasa milicia magrebí que le permaneció fiel, rodeado de un lujo innecesario y de una corte minúscula y ficticia, representó un papel un poco ridículo en Guadix.

Con Ismail se inauguró la segunda rama de la Dinastía. Acaso a primera vista tuviera un mayor rigor moral y religioso que la primera, lo cual no es decir mucho. Los sultanes no iban a ser ya astrónomos ni en general poetas: no les iba a quedar tiempo; conquistarían al frente de sus tropas las ciudades y las fortalezas. Sobre los dos pilares de la religión se fundamentaría el reino: la *unicidad* de Dios y la *espada* de Dios. Se haría invariablemente la guerra contra los cristianos, y se legislaría lo más útil sobre los judíos y sobre una más estricta decencia de las costumbres. A pesar de todo, quizá no sea esto lo que caracterizó a esa segunda rama, sino la forma en que murieron sus sultanes. Hasta entonces predominaron el veneno y el agua; desde entonces sólo hubo sangre, mucha sangre.

La característica de Ismail fue la firmeza con que sostuvo las fronteras. Nasr, desde Guadix, buscó congraciarse con los tutores de Alfonso XI, sus tíos los infantes don Pedro y don Juan. Ellos, por su parte, se regocijaban al ver divididos a mis musulmanes. Junto a Guadix hubo una batalla de trámite, cuya victoria atribuyeron los cronistas al bando al que cada cual pertenecía. (Como sucede siempre. ¿Quién avala a un cronista? En ocasiones eligen a un chivo emisario, y se transmiten el error de uno en otro como quien transmite una opulenta herencia. Y la Historia así se satisface, porque es más sencillo para ella no contradecirse a sí misma, y no alterar el desordenado orden que alguien, para librarse de acusaciones muy probablemente, estableció.) Gracias a los marroquíes, que eran su única base exterior, los Nazaríes tomaron ventaja en el Estrecho, su vía natural de salida, que siempre padeció para ellos violencia.

Los castellanos, siguiendo su no interrumpida tradición, precisaban recursos económicos. Don Juan, señor de Vizcaya, obtuvo del papado los diezmos para una cruzada, y, entretanto, conquistaron Tíscar y entraron en mi Vega. A Aragón le convenía comercialmente, para que fuesen respetados su tráfico y sus súbditos, la paz con los Nazaríes; pero las incursiones de éstos en Murcia, por Orihuela, lo soliviantaron. De ahí que estuviese en peligro el equilibrio cuando el rey aragonés atendió a dos embajadas: una, desde Guadix, de Nasr, y otra, de Castilla. Las dos ofrecían la misma posibilidad: una nueva triple alianza, que sería respetada por Tremecén. Aragón pesó los pros y los contras. Solicitó (como Castilla, de la que siempre se colgaba y a la que gustaba de imitar o de contrariar), subsidios papales para otra cruzada; pero se denegaron. Por otra parte, menos interesado que Castilla en el interior, temía las consecuencias monetarias de ampliar la lucha entre la Cristiandad y el Islam: eso le perjudicaría, y le apartaría de sus aspiraciones a Cerdeña. Por todo lo cual, de un modo no muy religioso, pero sí circunspecto, abandonó la llamada reconquista, a pesar de que las algaras andaluzas llegaban ya, en su contra, a Cartagena.

Aun sin Aragón, los tutores de Alfonso XI me sitiaron. Ismail pidió a gritos auxilios de Marruecos; pero Abu Said Utman, tío abuelo de Abu-l-Rabi y sucesor suyo, no era partidario ni de las guerras santas en general, ni, desde la peripecia de Ceuta, de ayudar a mi reino en particular. Opuso como excusa que no se le había enviado para su guerra personal el concreto individuo que había solicitado: Abi-l-Ula, mítico e invencible caudillo de los Zenetes, rodeado en mi territorio de una aura legendaria. Era una necedad, pero tampoco se precisa más para negar una ayuda. A pesar de ello, contra todo lo predecible, la batalla de la Vega la ganó Ismail. En ella murieron los dos infantes tutores, y el alborozo enloqueció a los poetas oficiales de la corte a pesar de que se dijo que los dos infantes murieron de muerte natural: don Juan de apoplejía y don Pedro, de sed y de calor. El cuerpo de don Juan quedó en poder de mis habitantes, y, reclamado por su hijo *el Tuerto*, se lo devolvió el sultán en un féretro forrado en paño de oro. El cadáver de don Pedro fue colgado, relleno de algodón, ante una puerta de la Alhambra. Según al-Umari, allí permanecía en 1337, e Ibn al-Jatib cuenta que, cincuenta años después, el cadáver estaba enterrado debajo de un montón de piedras próximo a los palacios: él mismo lo hizo desenterrar y encontró un esqueleto con una lanza atravesándole la calavera.

Ahí están, y eso queda, los versos heroicos de Ibn al-Yayyah:

> Para llevarlos a la perdición los condujo
> hacia un ejército de leones, cerca de la ciudadela del sultán,
> hasta que, cuando asentaron sus reales en lo más bajo de la Vega,
> cayó sobre ellos la noche como un lobo...
> Los ejércitos de los cristianos todos
> yacen sobre sus costados, caídos de bruces.
> Pedro, el perverso, está paralizado para siempre;
> no necesita ya la protección de la cruz
> después de su vida regalada en su reino,
> entre tronos y coronas...
> Hoy su tumba es el fondo del infierno,
> la tumba del maldito cerdo infiel,
> y, muerto a sus espaldas, está sediento Juan,
> porque el día de hoy le ha dado a beber agua hirviendo.
> Hoy ha amanecido su país
> con las casas vacías de moradores.
> No tienen jefe que los una tras la huída;
> ha perecido el ganado tras la matanza de los rabadanes.
> Nuestros corazones han sido ensanchados por Dios,
> que forzó y destrozó a Pedro y a Juan en la batalla.

Diez años después del sitio de Almería, de nuevo la mal llamada reconquista se detenía jadeando. Castilla tenía suficiente con la muerte de los tutores, y con la tutela recogida otra vez por la abuela María de Molina hasta que murió, y con la polémica que por la tutela emprendieron los infantes don Juan Manuel, don Felipe y don Juan *el Tuerto*. Jaime II de Aragón, harto de sus fracasos militares y diplomáticos desde 1292, renovó treguas. De modo que Ismail, remontado, con la pujanza de sus guardias mariníes, recobró Baza y Orce y Galera y Huéscar, donde se utilizó por vez primera una especie de cañón, al que aludió Ibn al-Jatib, explicando el manejo del arma y el terror que sembró entre los enemigos. Y recuperó pacíficamente Guadix a la muerte de Nasr, con lo que concluía la guerra civil y la división del reino. Y celebró tanto su fortuna que osó correr alguna algara –aunque creo que sin ánimo de conquista– hasta la severa Córdoba.

Pero, a la vuelta de una expedición contra Martos, se trabó en una discusión con su primo Mohammed Ibn Ismail, el señor de Algeciras. Y éste, alentado por el fabuloso Abi-l-Ula que mandaba sus magrebíes, lo hizo asesinar ante las mismísimas puertas de la Alhambra mientras administraba justicia en una audiencia. Los poetas que antes lo cantaron lo lloraron entonces:

> Vino la muerte cuando el polvo de la guerra
> aún le manchaba los pliegues de la ropa,
> y aparecía seguro contra los humos del infierno...
> Aquél que cree que el mundo es miel de abeja
> verá, cuando lo pruebe, que es veneno de serpiente.
> Aquí el que ríe llorará; se entristecerá quien esté alegre;
> descenderá quien vive en lo alto, y aquél que ve quedará ciego.

De los cuatro hijos que dejaba no le sucedió el primogénito, Yusuf, sino Mohammed, ya el cuarto de su nombre. Era muy menor de edad, y representaba el peligro que a la monarquía de mis Nazaríes la han hecho correr los sultanes niños, sometidos a las influencias de ministros desaprensivos que era para lo que fue elegido. En este caso, el que gobernaba era el visir Ibn al-Mahruk. Equivocándose, se manifestó como enemigo del terrible Abi-l-Ula. Después de un titubeo, cuyas consecuencias sufrió mi reino, el joven sultán optó por el guerrero y, sin más explicaciones, mandó asesinar a su visir en su propio palacio. A esa sangre siguieron otras muchas.

En la página anterior, Torre de la Cautiva.

Abi-l-Ula, que había servido y luego traicionado al padre del sultán, recuperó el mando de sus zenetes y su gran predominio. A pesar de todo, desde ese momento Mohammed gobernó en su propio nombre, si bien dentro de los límites que se le permitía.

Fue muy aficionado a la caza, particularmente con sacres; tenía su palacio tapizado con pieles de ciervos y jabalíes; decoró con escenas venatorias sus salones y sus bóvedas, y fue gran experto en caballos, buen jinete y amante de carreras y torneos. Dada su juventud se dedicó a gozar de aquello que le atraía, y no tomó la delantera en las guerras contra los cristianos. Gozó de una ventaja: en todos los tronos de la Península se sentaban reyes casi de su misma edad y de su misma inexperiencia: Alfonso XI, en Castilla, no alcanzó la mayoría hasta 1325, como Alfonso IV de Portugal; otro Alfonso, el cuarto también de Aragón, no reinó hasta 1327; Felipe d'Evreux, en Navarra, hasta 1328.

El castellano, sin embargo, sacando rendimiento como siempre de las discordias interiores de mis musulmanes, atacó por tierra, desde Olvera a Ayamonte, y por mar, con el almirante Jofre Tenorio a la cabeza. Mohammed IV se apresuró a reclamar el concurso marroquí. Un concurso que tuvo, como es frecuente, una mala secuela: ante la eventualidad de la nueva invasión africana, Castilla y Aragón se coaligaron, y firmaron los tratados de Ágreda y Tarazona. A través de ellos, el aragonés miraba, con su proverbial complacencia, hacia Almería, que siempre constituyó el delirio de ese reino. Pues bien, uno de los más risibles proyectos de la llamada reconquista (y por eso lo cuento, pese a su moderación) fue el de esta cruzada contra los Nazaríes. El novato Alfonso aragonés intentó persuadir a Felipe d'Evreux, a Juan de Luxemburgo, rey de Bohemia, y a Felipe de Valois con sus caballeros franceses. Aragón siempre fue propenso a traspasar las fronteras, y a hacer causa común con los extranjeros, o mejor, a incorporarlos a su propia causa, como si dentro de la casa no hubiese ya sobrados enemigos. Nunca cayó en la cuenta de que a los de fuera, aún más que a los peninsulares, los guiaban siempre sus propios intereses materiales, muy distantes de los de aquí, y que pocas veces coincidían con los religiosos. En cuanto el aragonés se resistió a entregar al navarro las plazas de defensa que exigía, fracasó la cruzada por el lado de las ayudas extranjeras. Irresoluto el de Aragón, se dirigió entonces a la Santa Sede en solicitud de privilegios económicos; no se le concedieron suficientes, y, en consecuencia –no sintiéndose devorado por el ardor divino–, se echó atrás. Muy poco después, olvidada la gran ofensiva católica, firmó una tregua con mis musulmanes.

Entretanto, Alfonso el castellano luchaba solo y no mal, a pesar de que Gibraltar cayó en poder de los marroquíes, a quienes en este caso acompañaban tanto los Nazaríes cuanto los genoveses (porque los italianos, por tradición y por utilidad, siempre han preferido mis musulmanes a los cristianos). Sin embargo, los Banu-l-Ula , es decir, la familia del célebre general, no vieron con buenos ojos la alianza con Abu-l-Hasan, el nuevo sultán Mariní, ya que ellos eran, en definitiva, exiliados de su reino, y aquí controlaban de hecho el ejército granadino. Conspiraron, pues, contra mi sultán y, en un viaje de regreso desde Gibraltar, alguien anónimo, por cuenta de ellos, lo cosió a puñaladas. Reinó apenas ocho años; se hallaba, al morir, recién salido de la pubertad. Fue enterrado en Málaga, después de la proclamación de su hermano mayor, Yusuf, quizá mi sultán más amado.

Lo primero que Yusuf hizo (no por sí mismo, sino bajo la tutoría de su abuela Fatima, ya que él apenas podía decidir, a pesar de sus quince años, otra cosa que sus comidas), fue vengar al rey muerto. La venganza consistió en expulsar del reino a los Banu-l-Ula, que eran precisamente quienes lo habían traído. Nombró, en su sustitución, *Señor de los Extranjeros*, o sea, de los zenetes, a Yayyah Ibn Omar Ibn Rahn, de creciente estrella. Después ratificó treguas y firmó paces, despreocupando a los cristianos con la certeza de que, durante cuatro años –entonces ése era un largo plazo, porque las luchas se medían por semanas– no traería más africanos que los imprescindibles relevos para el mantenimiento de las guarniciones mariníes.

Yusuf era un muchacho instruido y refinado. Coleccionaba alhajas y se sentía atraído por las piedras preciosas, que miraba y acariciaba en cuanto se lo permitían sus tareas de administración, y aun durante ellas. (A un emir africano, al desembarcar en Salobreña, le regaló unas babuchas consteladas de pedrería que –no se sabe la razón, aunque es presumible– retornaron a sus manos.) Asesorado por Ridwan, su primer ministro –un converso que, de niño, fue apresado en Guadalajara–, y por secretarios como el arráez de su *diwan* Ibn al-Jatib, impulsó las construcciones en mi término, embelleciéndome de modo prodigioso. Aparte de su propio palacio, engrandeció el dejado por su padre, y agregó a la muralla de la Alhambra la Puerta de la Explanada, para facilitar su comunicación con la ciudad baja, y me regaló la madraza, donde mis jóvenes po-

dían recibir estudios universitarios y donde la cultura disfrutó de una sede para albergarse y procrear.

Pero dos constantes persistían: una, la sempiterna pugna por el Estrecho, que podía favorecer o impedir los socorros africanos; otra, el hecho de que, en la Península y fuera de ella, a lo único a lo que todos se dedicaban en las paces era a fortalecerse para las guerras y a acrecentar sus flotas, si se exceptuaba el tiempo que ocupaban en procurarse aliados. Abu-l-Hassan los buscó en su vecino Túnez, y Alfonso XI, en la armada catalana. En 1340, los Mariníes derrotaron en Algeciras a Jofre Tenorio, y los zenetes sitiaron Tarifa. Los poetas alentaron a su emir:

> Levanta las banderas con la excelsa diestra
> para que sobre ti se eleve tu primera victoria.
> Que el maldito Alfonso sepa
> que será abatido por tierra, y que no se apresure.
> La bienandanza de Yusuf hará sus días funestos:
> lo que ha ocurrido en el pasado volverá a ocurrir en el futuro.
> Desde el día de tu coronación se prepara la guerra contra él
> con un asolador fuego, en el que se asará...
> En la mano de Yusuf destellea la espada de su padre
> que realizó hazañas portentosas.
> Una espada teñida con la sangre de los reyes cristianos,
> desenvainada ya y dispuesta a la matanza.

Sin embargo, a despecho de los poetas, conseguida por Alfonso XI la ayuda de su suegro el rey de Portugal, el 30 de octubre tuvo efecto la desastrosa derrota del río Salado que siguió a la batalla llamada *de los cuatro reyes*. Ibn al-Jatib, que perdió a su padre y a su hermano en ella, explica brevemente la causa de la derrota de mis hijos, con las siguientes palabras: «El ejército del rey Alfonso de Portugal se enfrentaba con nuestro ejército andaluz. Lo habíamos atacado con brío y estábamos a punto de vencerlo, cuando intervino el ejército de reserva, colocado detrás, entre los dos reyes, para reforzar el primer flanco del ejército cristiano que fuera derrotado. Así, esa reserva acudió en apoyo de nuestro enemigo, le fortaleció y fue la causa de su victoria». En otro relato Ibn al-Jatib explica de otro modo esta derrota: con la salida audaz de las fuerzas sitiadas en Tarifa y su participación en la lucha contra mis musulmanes, operación que facilitó a la caballería castellana la entrada en Tarifa y su

The Fortress of the Alhambra, por David Roberts.

conquista. Sea como quiera, en ella lograron una santa muerte en el martirio infinidad de valerosos hijos míos. ¿Qué tenían que hacer los poetas aquí? ¿Qué podrían cantar?

> Nuestras esperanzas se han vuelto del revés,
> mientras que los cristianos han conseguido cuanto se proponían.

Consiguieron, entre otras cosas, su gran desquite por la derrota de la Vega: una represalia que proyectó su sombra sobre la mayor parte de las familias del reino. ¿Quién no perdió algo allí? Tal fracaso apartó finalmente a los Mariníes de las tierras de España. Hinchado por su éxito, Alfonso XI sitió Algeciras. Allí mis musulmanes usaron por primera vez la pólvora, hasta entonces empleada sólo en fuegos de artificio, como elemento de combate; la diversión más delicada hubo que ponerla desde entonces a la orden de la guerra. Para mayor congoja de mis hijos, los aragoneses, pese a la tregua de cinco años pactada con Pedro *el Ceremonioso*, sin respetar la ceremonia, se juntaron al castellano: ellos acudían como moscas siempre que, a costa de otro, tenían en perspectiva una ganancia. El sitio de Algeciras llegó a hacerse famoso en toda Europa. Numerosos caballeros ingleses y alemanes acudieron a tomar parte en él y algunos de ellos murieron en el combate. Mi emir y el sultán de Marruecos intentaron salvar la plaza sin lucha y entrar en negociaciones de paz con Alfonso XI, pero, rechazadas sus proposiciones, se decidieron a probar la suerte de las armas. Tras dos años de cerco, después de la batalla del río Palmones, se rindió Algeciras. Alfonso concedió a Yusuf una tregua de diez años; pasados sólo cinco, sitió Gibraltar, y se movieron en numerosas escaramuzas uno y otro bando. Pero la vida y los designios de los hombres quedan siempre truncados por el azote del Omnipotente: la peste negra hizo su entrada en el campo de batalla sin distinguir amigos ni enemigos.

Desde que, en 1334 había brotado, aciaga, en el Asia Central, no cesó de aproximarse a Europa. Al reino entró a través de Almería, por un pueblo llamado al-Hawam, al extremo oriental, y ganó pronto las aldeas de alrededor, certera e irrefrenable, fomentada por la indigencia, transportada a cuestas por mendigos errantes. Desde septiembre del 48 hasta el invierno del 49 fue sañuda y violenta: diezmó las tropas, los alientos, las ilusiones y las voluntades. Sólo una cosa buena hizo: llevarse a Alfonso XI. Su hijo Pedro I –agradecido por la orden de Yusuf de no perturbar a los caballeros que conducían a Sevilla el cadáver del rey castellano– firmó una tregua seria. Ante el látigo de la peste, que por igual sacudía a todos, cambió la política exterior. Y hasta Pedro *el Ceremonioso* emprendió unas tolerables relaciones con mi emir, aunque distantes, por considerarlo lo que de verdad era: vasallo de Castilla.

Quiso Yusuf, a lo largo de su reinado, establecer convenios con los mamelucos egipcios; pero, como sus antecesores, sin lucimiento: se hallaban demasiado lejos y tenían, ellos también, demasiados problemas. Por lo que hace a los Mariníes, la amistad se enfrió, porque Yusuf recibió en la Alhambra a los hermanos rebeldes del sultán y, con el sostén de Pedro de Castilla, se negó a devolverlos. Abu-l-Fadl y Abu Salim permanecieron conmigo para ser testigos, antes que de cualquier otra cosa, de la muerte del sultán Nazarí. Porque también el día de la Ruptura del Ayuno, el 19 de octubre de 1353 –el cielo estaba despejado, y el sol había dejado paso a un vientecillo que comenzaba a refrescar la noche–, cuando se realizaba la última prosternación en el oratorio público al aire libre y yo estaba a punto de arder con la fiesta, un criado negro del emir, repentinamente enloquecido, lo apuñaló. Tres borbotones de sangre enrojecieron el mármol blanco del pavimento que rodeaba el *mihrab*.

Le sucedió su hijo Mohammed, el quinto de ese nombre. Contaba dieciséis años. Iba a traernos días de resplandor. Al inicio de su reinado siguieron en el poder quienes estaban: Ridwan, como primer ministro y custodio de los jóvenes príncipes (quizá por no cumplir bien este cometido tuvo un mal fin), Ibn al-Jatib, como visir, e Ibn Rahn, como cabeza de los zenetes. Renovó las treguas y los tributos con Pedro de Castilla; pero su relación con el Pedro aragonés se deterioró, porque el Nazarí y el castellano apoyaron al infante don Fernando, hermano del aragonés, que se había rebelado en Valencia. De ahí que naves mallorquinas atacaran las costas de mi reino; el sultán opuso las treguas firmadas por su padre con Pedro *el Ceremonioso*, treguas que, según él, no quebrantaba una sencilla ayuda a los rebeldes. Quizá tenía razón.

En cuanto a Marruecos, al que convenía atender y que estaba en guardia desde el reinado anterior, envió Mohammed una embajada presidida por el hábil Ibn al-Jatib, que fue bien recibida por el sultán Abu Amin, encandilado con la posibilidad de introducirse o conquistar la deseable Andalucía: qué monótonos son los hombres, los reyes sobre todo. Para provocar una ocasión de irrumpir, aconsejó a Mohammed V que rompiese con Castilla; pero Mohammed,

En la página siguiente, vista de la Torre de Comares; al fondo, el Generalife.

cauteloso, siguió pagando los tributos. En vista de ello, Abu Amin firmó con Aragón una paz bastante sibilina, que habría podido tener fatales consecuencias de haberse llevado a efecto. Sin embargo, Abu Amin murió y, tras incontables episodios, le sucedió Salim, el que vivía en la Alhambra. Con él concluyó Mohammed –para eso era para lo que fue acogido– la pretendida paz. En cambio, Aragón y Castilla rompieron entre sí por razones ya históricas. Había que elegir; Mohammed eligió Castilla, y la auxilió con galeras y bases navales –Málaga, por ejemplo–, preparando su propio festín con la invasión de Murcia. En ese preciso momento fue cuando lo destronaron. Como suele suceder, en Ramadán. Corría el 1359.

La conjura fue promovida por dos príncipes de la sangre: la familia no es jamás, entre mis musulmanes, la mejor garantía. El primero, su hermanastro Ismail, hijo de una esclava ambiciosa, cristiana renegada, Maryam, cuya hija era esposa del segundo conjurado: Abu Abdallah Mohammed, hijo de un primo de Yusuf. Fue Maryam la que urdió todo. Un centenar de conspiradores escalaron los muros de la Alhambra, mientras el sultán se alojaba en el Generalife porque era el mes de Agosto. Cogieron desprevenida a la guardia, la ataron y, con antorchas en las manos, se dirigieron a la casa de Ridwan, que era custodio de los príncipes, y lo asesinaron, proclamando a golpe de tambor a Ismail en el Salón de Comares. Mohammed pudo huir a uña de caballo; se refugió en Guadix. A él se unieron la gente de su alcazaba e Ibn Rahn y sus zenetes. Pedro de Castilla, a pesar de sus buenas intenciones, no pudo socorrerlo porque se hallaba maniatado por luchas, fraternales también, contra Enrique de Trastámara, su hermano bastardo. Había alguna razón más: de mi reino recibía voluntarios, que más que nunca necesitaba seguir recibiendo, y además no deseaba poner en peligro sus comunicaciones por mar. La amistad entre reyes no llega nunca hasta la últimas consecuencias; por lo tanto, reconoció al usurpador.

¿Qué actitud tomó Marruecos? El predicador Ibn Marzuk, de Fez, amigo de Ibn al-Jatib, aconsejó al sultán Abu Salim que asilara a Mohammed cuando éste lo solicitó desde Guadix. Abu Salim consideró práctico el consejo: así mantenía en jaque a Ismail, recién entronizado, y a los príncipes Mariníes que habitaban en la Alhambra y que aspiraban, como él mismo antes, a sustituirlo en el trono de Marruecos; pero, para cubrir cualquier riesgo, preguntó previamente a Ismail si no era contrario a la partida del destronado. La más refinada diplomacia es la que procura, en último término, el beneficio propio. A Marruecos fue Mohammed con Ibn al-Jatib, con Ibn Zamrak –luego su secretario personal–, y con su guardia de renegados cristianos.

El usurpador Ismail era corpulento y no inculto; había aprendido –como muchos príncipes Nazaríes– el griego; su maestro fue un liberto de origen cristiano llamado Abbad. Pero no tenía personalidad, era afeminado e impotente. Se peinaba con trenzas –mezclados los cabellos con hilos de oro y plata– que le llegaban hasta la cintura. No era siquiera un personaje decorativo; no podía durar, y no duró. Por una maniobra del otro conjurado, él y sus visires fueron degollados una de las primeras noches del otoño; la sangre corrió sobre el patio del palacio y salpicó los zócalos. Subió al trono un nuevo Mohammed, el sexto, a quien apodaban *el Bermejo* porque teñía su pelo con alheña y con cártamo. Tenía mal aspecto; era excitable, recorrido por tics nerviosos, desaliñado, grosero y pederasta. Sus ojos, menudos y brillantes, taladraban a su interlocutor cuando se decidía a mirarlo, que no era siempre. Hizo un quiebro en la política exterior: pactó con Pedro de Aragón, y rehusó pagar tributo al de Castilla. Pedro se erigió desde entonces en defensor de Mohammed V, y entró en mi Vega, llegando cerca de mí hasta Pinos. En Marruecos, Mohammed recibió la carta de un astrólogo, Ahmad al-Ansari, que había pronosticado al *Bermejo* su ascenso al trono aconsejándole además el día conveniente para el golpe; ahora vaticinaba el retorno del rey depuesto, y adivinaba a la vez que él mismo, el adivino, sería castigado. Así fue; no se necesitaba consultar las estrellas para preverlo.

Unos meses más tarde, el sultán *Bermejo* derrotó a Pedro de Castilla junto a Guadix. Encolerizado éste, apoyó la vuelta a Andalucía del destronado Mohammed, que se instaló en Ronda, entonces aún mariní, y formó su gobierno con un visir Aben Comisa, de la misma familia del que fue luego último visir de la Dinastía (aunque no tan traidor como éste: en otro caso no habría su ralea durado más de un siglo), e Ibn Rahn como jefe militar. En 1362 llevó a cabo, con Pedro I, una operación conjunta contra *el Bermejo*. Acorralado éste, con las ciudades en contra suya (porque cambiaban de dueño una y otra vez sin ganar nada, y porque se hallaban empobrecidas por guerras que no entendían y las perjudicaban), huyó del reino, se refugió en Castilla, y extrañamente pidió auxilio al rey Pedro, a quien unos llaman *el Cruel* y otros *el Justiciero* según sus experiencias. Compareció ante él en los campos de Tablada, próxi-

mos a Sevilla, montado en un asno y vestido de rojo. El rey, no sé si más cruel que justiciero, o viceversa, lo mató con su propia mano, y apresó a su séquito, entre el que se encontraba aquel Utman Abi-l-Ula, que tanto había maquinado y desde hacía tanto.

Restaurado Mohammed V, trató de detener la llamada reconquista y de prevenir una eventual intervención mariní, peligros ambos que lo atenazaban por el Norte y por el Sur. Su política exterior se fundó en la amistad con Castilla, y eso marcó sus relaciones con Aragón, que era partidario del Trastámara, cuya presencia repetía en Castilla las luchas de mi reino. (Hay que reconocer que las peleas familiares no han sido nunca una exclusiva de mis granadinos.) Puesto que Castilla contaba con Inglaterra y con Navarra, Aragón propuso a los musulmanes una coalición; pero tanto Marruecos como mi sultán permanecieron fieles a Pedro I: no en vano en la Cristiandad se le reprochó siempre su amistad con los moros. Basado en ella, Mohammed fingió una cruzada cristiana contra su sultanato, y convocó una guerra santa, a la que acudieron Tremecén y el sultán de Fez. Andalucía se enfrentó contra Enrique de Trastámara; pero se produjo una espinosa situación: el Trastámara fortificó las fronteras y se adueñó de numerosas plazas; por mar, los aragoneses atacaron a mis barcos y costas, y, en Almería, sitio habitual de levantamientos, se suscitó una revuelta, que, al no verse secundada, se extinguió. En tal coyuntura, viéndose con el agua al cuello, cambió Mohammed de postura y reconoció al Trastámara como rey de Castilla. No hizo sino pagar a Pedro en su misma moneda. Contra lo predecible, éste reaccionó y restableció su autoridad en la mayor parte de Castilla; Mohammed volvió a reconocerlo. En su nombre tomó, o quién sabe, Priego, Úbeda y Baeza, y acarició Córdoba, aunque sin conquistarla. Pero en 1369 la fortuna tomó el partido de Enrique: en los campos de Montiel mató a su hermano el rey. Ante el confuso estado de Castilla, Mohammed consolidó sus fronteras y conquistó posiciones estratégicas próximas a Ronda, otras entre Jaén y Córdoba, y Algeciras. Según él, se trataba de auxiliar a los últimos legitimistas de Carmona, donde residían los hijos naturales de Pedro y de su amante María de Padilla. Por eso, asimismo según él, se batió en los alrededores sevillanos, y regresó a mí cargado con un riquísimo botín. Lo cierto es que aquí reconoció una vez más al Trastámara –ya Enrique II– y acordó con él una tregua de ocho años, que junto a las firmadas con Aragón y con el Magreb, le permitió una paz considerable. No total, por

En la página anterior, detalle del retablo de San Esteban, que representa probablemente a dos soldados granadinos. Museu Nacional d'Art Catalunya, Barcelona.

supuesto: siempre había, aun en la más apacible de las épocas, incursiones, algaras, rencillas, apresamientos, robos y venganzas de vecinos. Tales efervescencias son consustanciales a la frontera.

La no querida ruptura con Marruecos se vincula a Ibn al-Jatib. Éste se consideraba más y más desfavorecido, y, receloso de una represalia contra él, en un viaje de inspección a Gibraltar, huyó al reino africano. Mohammed, barruntando una traición, reclamó su entrega o su muerte. El sultán marroquí le respondió que había podido matarlo o juzgarlo por la herejía sufí –tal era la acusación– mientras vivió aquí. (Lo cierto es que el sufismo, como todo lo que se sale de las normas estrictas y probables, siempre ha corrido riesgos. Entonces había, si bien se mira, un triángulo relativamente equilátero formado por la Dinastía, el alfaquismo –fundado en la conservadora doctrina maliquí– y el sufismo. Pero cualquier tensión podía romper la cuerda, se entiende que por el lado más frágil: el sufismo. Si la política lo consideraba oportuno, cualquier texto o actitud sufíes eran susceptibles de convertirse en un demérito, e incluso en un delito de lesa majestad y hasta de lesa patria. Los místicos no suelen ser compañeros manejables. A pesar de esto, lo que no sé de cierto es si Ibn al-Jatib era o no un sufí verdadero.) El caso es que, en Fez, Ibn Zamrak, el discípulo predilecto de Ibn al-Jatib, es quien consiguió que se le asesinara en su propia casa y luego se le quemase. (No intervino la ley; supongo que tampoco la fe. Todo fue una cuestión de venganzas subrepticias y de ambiciones turbias; o sea, lo de siempre.)

Mohammed, harto del predominio de la milicia mariní –los Voluntarios de la Fe– y de su participación en las conspiraciones, influida más o menos directamente por la monarquía africana, suprimió el puesto de general, que había de estar en manos de un príncipe de la familia de los Banu Marines, y lo trasladó a su propia familia. Tras este gesto trascendental, valiéndose de su posición en Ronda, ocupó Gibraltar, y, encarado con África, fomentó las aspiraciones de los pretendientes contra el sultán marroquí, hasta conseguir la proclamación de Abu-l-Abbas, un hijo de Abu Salim, el huésped largo tiempo de la Alhambra.

Sus nexos con los mamelucos egipcios fueron cordiales, aunque insulsos. Se cruzaban pequeñas embajadas con obsequios, pero los lucrativos tratados comerciales seguían en manos de Aragón y Castilla. Para mejor atarles las manos a éstos, los que estrechó fueron los lazos con Tremecén y Túnez. Así logró tranquilizar el Sur. El Norte

Detalle de la taca que se abre entre la Sala de la Barca y el Salón de Embajadores.

se había tranquilizado solo, porque a Enrique II y a su hijo Juan I los absorbió afirmarse en el trono y entretener a sus nobles levantiscos a fuerza de mercedes y de empresas atlánticas, más expansivas que las religiosas. De ahí que se fijasen en esos años con bastante exactitud las lindes de mi reino: al Este, Vera y los Vélez; al Norte, las sierras de Segura, Lucena, Parapanda y las Yeguas; al Oeste, las de Grazalema y Ubrique. Persistieron los vaivenes imprescindibles en toda frontera, pero puntualizados y amainados. Lo cual permitió al sultán Nazarí rematar sus construcciones, sus palacios y mi hermoseamiento.

Circunstancias de diversa índole explican el florecimiento que alcancé durante los dos reinados de Mohammed V. En primer lugar, la situación política por la que en aquel tiempo atravesaban las otras potencias peninsulares, contribuyó poderosamente a que el monarca Nazarí constituyera un factor importante en el juego político peninsular. A partir de la muerte de Alfonso XI, Castilla difirió la realización de lo que hasta entonces había sido la máxima aspiración de su política exterior: consumar la mal llamada reconquista. Pedro I y sus sucesores abandonaron esa empresa para entregarse activamente a la guerra civil, secuela de la lucha dinástica, que, durante muchos lustros, absorbió por completo las energías castellanas. Inútiles fueron las recomendaciones que el Papa hizo, repetidas veces, a los monarcas cristianos peninsulares, aconsejándoles, por medio de sus legados, relegar a un segundo término las luchas intestinas, para dedicar toda su actividad bélica a la guerra contra nosotros. Consecuentemente, esa empresa de la mal llamada reconquista, iniciada inmediatamente después de la supuesta invasión, quedó bruscamente interrumpida –con la excepción del regente Fernando de Antequera– y no hubo de ser reanudada hasta siglo y medio más tarde o, hablando en puridad, hasta que los Reyes Católicos la renovaron con avasallador empuje y lograron, a fines del siglo XV, que aquel ideal cristalizara al fin en la realidad.

Otros factores influyeron también poderosamente a favor de Mohammed V. Así, su largo reinado, que le permitió dedicarse intensamente a realizaciones políticas de carácter interno y externo, y su gran personalidad, que le atrajo la devoción de sus súbditos. Los historiadores detallaron minuciosamente la figura y las nobles cualidades de este príncipe: alcanzó el trono en plena juventud, apenas adolescente; era de hermosa presencia, liberal y franco; sensible al infortunio, hasta el punto de derramar lágrimas cuando escuchaba narraciones de desgracias y lástimas; justo, aunque benévolo; y severo, pero no desalmado. Poseía inteligente sagacidad y le adornaban una noble magnanimidad y un afán generoso. Piadoso, se sintió atraído por la guerra santa y participó en ella. Gustaba de jugar a la jineta y de intervenir en torneos, aun en los que se celebraban fuera de mi perímetro. De natural modestia, paseaba por mis calles, montando a caballo, sin presunción, ataviado con vestidos correctos, pero no lujosos, y no se hacía seguir de gran cortejo. Estas virtudes, que el pueblo sabía apreciar, no le ganaron sólo la confianza, sino también el amor y el respeto de mis hijos. Yo nunca terminaré de agradecerle haber alhajado la Alhambra con el patio que tiene en su centro la fuente con leones, y las viviendas de su entorno.

El reinado del sucesor del gran Mohammed se desenvolvió en la paz promovida por su padre. Duró apenas un año: Yusuf, el segundo de este nombre, murió prematuramente; nadie pudo certificar que fuese por causas naturales. Lo primero que hizo fue encarcelar en Almería a Ibn Zamrak, el secretario de su padre; pero un poco antes de morir lo repuso en su cargo. Fue dominado por Jalid, un liberto de Mohammed V, que decidió asesinar, en evitación de complicaciones, a los tres hermanos de su sultán: Sad, Mohammed y Nasr; pero al parecer no era del todo desinteresado: él estaba poseído por las mismas apetencias contra las que luchaba: conspiró con un médico judío, Yayya Ben al-Said, para derrocar al sultán. Enterado Yusuf II de su ingratitud, lo mató con su propia mano a sablazos, al pie mismo del trono, al iniciar la reverencia; al médico lo mandó degollar en la cárcel. El escaso plazo de gobierno restante, lo ejerció solo: ¿a quién puede extrañar?

Su hijo menor, Mohammed, en complicidad con los altos dignatarios, desposeyó al mayor, Yusuf, a quien correspondía reinar, y lo encarceló en Salobreña. En realidad lo envió allí para ser decapitado, pero su guardián –fervoroso aficionado en su soledad al ajedrez– se jugó la vida del preso a una partida, y el príncipe ganó. Mohammed VII tomó por visir al que era caíd de los arsenales de su padre, lo cual sugería una cierta vocación marinera que no fue confirmada. Destituyó de nuevo a Ibn Zamrak, que no cesó de enviarle llorosas peticiones.

¿Han de padecer sed mis hijos, siendo tú la nube
que desprende sobre todos las gracias de la lluvia?
¿Se han de oscurecer mis días, siendo tú la estrella
que con su luz ilumina la religión y el mundo?

En la página siguiente, Patio de la Acequia en el Generalife.

Surgía en ellas, relampagueante, algún reproche basado en los servicios a sus antecesores:

> No cedí en el ofrecimiento de alabanzas, como almizcle espolvoreado,
> que el viento transportaba esparciendo su aroma.
> Tanto se queja el siervo que, por vida tuya, gloria de los reyes,
> hasta él siente sonrojo.

Consiguió, en efecto, que un año después se le repusiera en su cargo. Pero el historiador Ibn al-Ahmar, que era también hermano del sultán y relató los hechos de su reinado, dice que el ministro era orgulloso, insolente, muy despegado de las cuestiones económicas, de carácter rudo, incompetente e intrigante. Por otra parte, la vejez de Ibn Zamrak y su larga permanencia en el puesto habían suscitado lógicas antipatías contra él; un nuevo tiempo exige nuevos oficiales, y había en las antesalas demasiada gente que aspiraba a sustituirlo. No es raro que una noche los esbirros del sultán asaltaran la casa del ministro, que leía el Corán entre sus hijos y criados, y los degollaran a todos en presencia de las mujeres de la familia. En el fondo, la mano de Dios es inescrutable, pero de infalible memoria; quizá por la misma causa que Ibn Zamrak eliminó a ibn al-Jatib fue eliminado él. Un pragmático ha dicho: «De vez en cuando es preciso matar a un secretario o a un ministro; no hay necesidad de publicar la causa: todos sabrán por qué».

Mohammed VII sacó partido de las alteraciones que, como toda minoría, provocaba en Castilla la de Enrique III. Hizo incursiones, por Murcia, en Lorca y Caravaca; pero al retirarse fue derrotado en la garganta de Nogalete por Alfonso Yáñez Fajardo *el Fuerte*, que llegó a ser un mito entre mis musulmanes. (Para los hombres es confortable la existencia de mitos; de ahí que cada época exija alguno sobre el que descansar. Y les es útil, además, echar la culpa de una derrota a la irresistible suerte de alguien.) En esos últimos años del siglo XIV se realizaron contra mis musulmanes expediciones de corta duración y no en tan corto número. Una de las más importantes fue la del maestre de Alcántara, al que el de Santiago probó a disuadir antes de que muriese en la frontera. Enrique III recibió a la vez la noticia de la ruptura de la tregua, sin su consentimiento, y la de la muerte de su maestre. Espoleados mis granadinos por la belicosidad de su rey, tocaron casi Cartagena. Mientras, como era costumbre, continuaban incólumes los vínculos comerciales, e incluso mejoraban. Es algo que sólo sorprenderá a un no avezado a destiempos y contratiempos; el comercio se deja influir por la política muchísimo menos que la religión, y por la religión no se deja influir en absoluto.

En 1404 Enrique III –de salud delicada, por lo que lo llamaron *el Doliente*–, creyó llegada la hora de reiniciar la guerra: su economía no era desastrosa, se había reconciliado con el Papa, funcionaban las treguas con Inglaterra (se casó con su prima Catalina de Lancaster, nieta de don Pedro I; y con ese matrimonio se anudaron las dos sangres: la del asesinado y la del asesino). Comunicó caballerosamente su proyecto de volver a la ofensiva a los reyes Martín I de Aragón y Carlos III de Navarra. A pesar de ello, no recibió un buen pago. El primero tenía un pacto de comercio muy fuerte con mis granadinos; lo único que hizo fue pedir que se le reservase la libertad de acción, llegada la ruptura, y prometer su no intervención. Del segundo, lo único que consiguió el castellano fue que mandara un emisario para avisar a Mohammed de los preparativos (emisario que, por cierto, cayó, en Alcalá la Real, en manos de un fronterizo cordobés del tronco de los Aguilar, que advirtió a su vez al rey de Castilla). En cualquier caso, el emisario holgaba: los espías andaluces tenían bien informado a su sultán. Esta política de amistades y enemistades mutuas e interminables conducía a que todos estuviesen informados de todo.

Mis hijos, con la vieja tesis de que quien da primero da dos veces, se anticiparon al rey Enrique: tanto por Murcia, donde toparon con una gran resistencia en Vera y Lorca, como por el Sur, donde se apoderaron de Ayamonte. Antes de que abiertamente se declararan las hostilidades, se intentó negociar, pero sin éxito; se acordó sólo una ambigua tregua. Mi Nazarí, sospechando que la iban a violar los cristianos, la violó en la primavera siguiente por Écija y Medina Sidonia, por Bézmar y Benamejí al mismo tiempo. A la vista de tan nutrido ataque, Enrique III mandó a los maestres concentrar sus tropas en la frontera. Pero, simulador perfecto, Mohammed se hizo de nuevas y manifestó unas inmejorables intenciones; con la excusa de un canje de prisioneros, mandó a Said al-Amin, de familia adicta y de fidelidad comprobada (si es que la fidelidad puede darse por comprobada nunca), a pactar con el maestre de Santiago. Todo el verano transcurrió en dimes y diretes; hasta octubre, en que se acordó una tregua de dos años, con libertad de comercio y jueces mixtos que intervinieran en las cuestiones fronterizas. La realidad, sin embargo, era muy otra: todo fue una maniobra dilatoria del sultán para mejor organizarse y rearmarse. En efecto, cuando se vio dispuesto, irrumpió por Quesada y por Baeza. Pedro Manrique, el gobernador de León, resistió; pero a la altura de los Collejares, en las cercanías de Quesada, fue diezmada la nobleza de Castilla. Calificando de traidora tal sangría, Enrique III decidió vengarse. Convocó Cortes en noviembre; se reunieron en diciembre en Toledo con escasa fortuna: *el Doliente* murió mientras se celebraba el día de la navidad de su redentor. La regencia del niño Juan II la tomaron sobre sí su madre, Catalina de Lancaster, y su tío el infante don Fernando, para mi destino de infeliz memoria.

Digo esto, porque aquellas Cortes concedieron subsidios para una lucha a muerte. Esta vez se reanudaba la mal llamada reconquista, fomentada por el infante como un ideal de ilusionada galanía, al que se lanzaron, sedientos de gloria y aburridos de Castilla, los hidalgos cristianos. El siglo XV se abrió con un crecimiento de la población y de la economía originado por una de las pausas impuestas por la Historia. La campaña aprobada por las Cortes iba a durar de 1407 a 1410. Comenzó –aún era invierno– por Murcia en Oriente, donde conquistaron Huércal, aunque tuvieron que abandonarla, y por Pruna en Occidente, que sí fue retenida. El propósito de la regencia era conquistar Ronda, con lo que perseguía desmantelar las defensas de mi reino; pero hasta que no estuvo dominado el Estrecho, al final del verano, no se alcanzó la frontera. Allí nos tomaron Zahara y Setenil –donde fue herido don Fernando el regente–, Cañete y Ayamonte y algunas otras plazas occidentales; pero con tanto costo de hombres y de medios que pensaron que no les compensaba. Ya en otoño, las deserciones se multiplicaron, y cundió el desánimo. En noviembre, el retorno a Sevilla saldó con un fracaso la campaña: demasiado gasto para tan poco fruto. Sobre todo, si se agrega que en octubre contraatacaron mis granadinos hasta las murallas de Jaén, y conquistaron Alcaudete, que vigilaba la ruta de Alcalá la Real, cerrándola. Abonado por estas circunstancias, el sultán solicitó una tregua a don Fernando, y las Cortes castellanas le obligaron a concederla por siete meses: de abril a noviembre de 1408. En mitad de ella, Mohammed, que la pidió para fortalecer el reino, se debilitó tanto en su propia persona que murió; siempre se ha asegurado que de muerte natural. Su sucesor, sin embargo, fue su hermano mayor, Yusuf, al que él había encerrado en Salobreña.

Yusuf III –que fue poeta, aunque no maravilloso– obtuvo, en plazos sucesivos, la prórroga de la tregua hasta abril de 1410. Por des-

Estela funeraria de Yusuf I. Museo Nacional de Arte Hispanomusulmán, Granada.

contado, en ella hubo algaras, y productivos ataques musulmanes. Aquel ideal castellano de la guerra como acción caballeresca se equiparaba entre mis musulmanes con la vistosa y paralela confirmación de una familia: la de los Abencerrajes. Sus brillos se ensayaron en esas furtivas pendencias de frontera, aunque no fueron en un principio gente belicosa, desde aquel sillero de caballos –al-Sarrag– que les dio el nombre y el origen. A fines del siglo IX hubo en Málaga un Allah Mohammed, poeta no despreciable, y, en el XIII, un gramático, Abu-l-Husayn Abencerraje. A principios del XIV moraba aquí otro Mohammed Ibn Ibrahim, dedicado al estudio de la Botánica. Y fue a mediados del mismo siglo cuando apareció, por fin, un guerrero al mando de la alcazaba de Ronda: Mohammed Abencerraje. Con él entraron en la historia de las conquistas y de la política, juzgados desde entonces mal o bien, según como les fuera a sus acompañantes de andanzas o a quienes los miraron desde enfrente.

Llegado el día de renovar las treguas, el infante don Fernando, que había preparado con minuciosidad y resentimiento otra expedición, rehusó renovarlas. Su objetivo esta vez era Antequera: una ciudad entre la Vega y los montes, sólida y feraz, pródiga y decisiva. Comenzó el sitio el 26 de abril con cinco campamentos alrededor para evitar hasta el más mínimo envío de refuerzos. El adelantado Perafán de Rivera trajo desde Sevilla, con el fin de caldear al ejército, la espada de Fernando *el Santo*; una perentoria decisión parecía tomada. Los hermanos de Yusuf, Ali y Ahmed, trataron de romper el cerco desde Archidona, pero fueron derrotados en la Boca del Asno, no lejos de Antequera. El infante era rico y se jugaba el prestigio en la campaña; empleó la artillería y una maquinaria bélica desacostumbrada. En el asalto del 17 de junio, los sitiados quemaron las torres de combate, pero fueron sustituidas sin demora. El sultán intentó comprar la retirada, y no lo consiguió; intentó entonces una tregua de dos años, y el infante ni siquiera dio respuesta. El 16 de septiembre un grupo de cristianos, en un descuido de los cercados, asaltó una torre en desuso de la muralla; por ella entró el desastre: capituló Antequera. Su guarnición se refugió en el castillo durante ocho días más. La rendición se firmó con respeto de vidas, de haciendas y de la libertad de exilarse a mi perímetro; por mí fueron recibidos en el arrabal que desde entonces se llamó la Antequeruela. Al día siguiente la Gran Mezquita se consagró al Salvador de los cristianos, y los estandartes de San Isidro de León tremolaron en la soberbia torre que había enorgullecido a mis hijos. El llanto mojó todos sus rostros.

Como descanso y para subrayar su júbilo, consintieron los cristianos en pactar una tregua; pero lo que se firmó, más que nada, fue un parte de desalojo. La vulnerabilidad de mi reino nazarí quedaba de nuevo –y ya definitivamente– al descubierto; cuanto se decía en contrario era patriotería, o racismo, o arengas para entusiasmar a un pueblo abochornado. La realidad era tan evidente que hacía daño a la vista.

La tregua de 1410 continuó, mal que bien, hasta 1428. Yusuf III edificó su palacio, más mesurado que los contiguos, como un símbolo de las circunstancias.

Durante el asedio de Antequera, que ratificó el decaimiento de mis musulmanes, había sucedido un hecho relevante, que acercaría Aragón y Castilla. Martín I de Aragón murió unos meses después que su único heredero; quedó vacante el trono. Tras muchos enredos y trapisondas, se adjudicó el día 28 de junio de 1412. Y se adjudicó, por dinero, al infante don Fernando, que ya se hacía llamar *el de Antequera*. Era tío del rey castellano, Trastámara por tanto, y marido de una infanta de la Cerda, Rica Hembra de Castilla. En él coincidían demasiadas cosas –entre otras, ser un magnífico administrador– para no convertirlo en temible. Prorrogó, porque le convenía, las treguas con Yusuf; pero, ya en el trono aragonés, rehusó incluir en ellas la libertad de comercio. Es decir, sus treguas no fueron sino darse un respiro. Su propósito era obvio; desarraigar de al-Andalus el Islam. Hasta entonces nadie había osado plantearlo de manera tan drástica. Afortunadamente murió en abril de 1416. Las treguas que siguieron las firmó su cuñada Catalina de Lancaster. Los obsequios y dádivas que los sultanes enviaban a la reina tenían ya carácter de tributo.

Yusuf murió en noviembre de 1417. Le sucedió su hijo mayor, sólo de ocho años, Mohammed *el Chico*, octavo de su nombre. Ostentaba el poder su visir Ali al-Amin; pero, frente a esa familia, ya los Abencerrajes empezaron a desempeñar un papel principal. Una guerra civil ensangrentó y debilitó el reino: se sublevaron los Abencerrajes de Guadix y de Illora, donde militarmente gobernaban; propusieron como candidato –y luego impusieron como sultán– a un nieto de Mohammed V: Mohammed Ibn Nasr. (Aquel golpe de Estado inició una discordia interna entre linajes que no cesó hasta la desaparición del Emirato.) Los Abencerrajes se caracterizaron siempre por su habilidad para sacarse de la manga, cuando nadie lo esperaba, un aspirante al trono. Este era cauto y de ambición refrenada (refrenada, sobre todo, por los Abencerrajes). Se coronó en 1419. Mataron a Ali al-Amin, y el sultán depuesto huyó.

El nuevo, noveno, Mohammed se apodó *el Zurdo*, porque lo era. En las épocas de paz proliferan siempre las sublevaciones y los destronamientos: no se sabe qué es, en definitiva, peor, si ellos o la guerra. Hasta 1427 gobernó este sultán de una forma encubridiza y sensata, y pagó por las treguas trece mil doblones de oro al año.

Pero en 1427, Mohammed *el Chico* volvió por sus legítimos derechos. Sus partidarios eran, entre otros, los Benegas, otro linaje ilustre entre mis musulmanes, y no muy limpio tampoco, ni de origen ni de comportamiento, o, al menos, discutible en una y otra cosa. Perdonó a los Abencerrajes porque los necesitaba, e imaginó que así se pondrían de su parte. Mandó a otro al-Amin –familia de embajadores– a negociar con Juan II una prolongación de la tregua. Sin embargo, inaugurando así unas relaciones al margen del trono que duraron hasta el final del emirato, la familia Abencerraje envió también a su miembro Yusuf a Castilla con trescientos seguidores. Eran los finales de 1428. La legación, algo más que privada, era opuesta al sultán reinante, y logró vincular a Juan II al bando de Mohammed *el Zurdo* que se había refugiado en Túnez. El sultán de aquel país le proporcionó quinientos hombres que, unidos a sus adeptos de la Península, conquistaron Almería, Guadix y, por fin, a mí misma.

Detalle del mosaico que cubre el suelo del Salón de Embajadores.

Juan II, en aquel momento y siempre, como todos sus antecesores y sucesores, jugó según su conveniencia, sin atenerse a juramento ni alianza algunos. En diciembre de 1429 *el Zurdo* encierra –nunca entendí bien por qué sólo lo encerró– a *el Chico* en Salobreña junto a su hermano menor Abu-l-Hasan Ali, el otro hijo de Yusuf III, que ciertamente en nada había participado. Juan II como precio de su ayuda –hipotética y, si existió, ineficaz–, exigió varias fortalezas y la ratificación de su soberanía, cosa que el sultán, por razones de extenuación, concedió. Poco después, en abril de 1430, le envió una embajada, con su visir Ibrahim Abd al-Barr al frente, para firmar una tregua y ofrecerle a cambio apoyo en su guerra contra Aragón y Navarra. No obstante, el proyecto de Juan II –y por eso había actuado antes como lo hizo– era promover una lucha intestina que minara mi reino. En esta ocasión había previsto patrocinar a Mohammed *el Chico*; de ahí que despidiera al visir con buenas maneras y prometiese de inmediato otra embajada suya. A quien envió fue a Luis González de Luna, escribano de cámara; sus proposiciones eran tan elaboradas como inaceptables: un crecidísimo tributo, la liberación de todos los cristianos del reino, y la sumisión a la obediencia castellana; en contraprestación, una tregua de un año sólo. *El Zurdo* rechazó, altivo e indignado, la propuesta. Probablemente era lo que Juan II deseaba: su proyecto estaba ya cuajado. Amparados con una bula de cruzada del Papa Martín V, Juan II y su valido don Álvaro de Luna resolvieron ir contra *la morisma* –esa era su expresión– con una contundencia idéntica a la de don Fernando *el de Antequera*. Para ellos corrían buenos tiempos: las Cortes, en Palencia, les dieron amplios subsidios; gracias al condestable Luna se solucionaron los conflictos con Aragón; y, por medio de embajadas, se garantizó la no intervención de Túnez y Marruecos. Por acá y por allá se deshilvanaron las marcas, se quebrantaron los confines y se desencadenaron las hostilidades. Una noche de tormenta, el 12 de marzo de 1431, el mariscal Pedro García de Herrera, guiado por los espías de turno, tomó al asalto y por sorpresa una ciudad fundamental: Jimena de la Frontera. Advertido del doble juego del de Castilla, Mohammed IX *el Zurdo* mandó matar en Salobreña a Mohammed VIII *el Chico*. Al morir sin sucesores, eso permitió que los infantes Sad y Yusuf pudieran alegar, cosa que ambos hicieron, como primos suyos y nietos como él de yusuf II, derechos legítimos. Pero en mayo, aquella primera expedición castellana se había multiplicado; Álvaro de Luna entró por Alcalá la Real, la vía más usual, a mi Vega, la devastó y se

En la página siguiente, detalle de la pintura que cubre la bóveda de la Sala de los Reyes, con retratos de personalidades nazaríes.

retiró luego a Antequera y a Écija. Entretanto, las galeras castellanas fondearon en el Estrecho para impedir posibles auxilios africanos; en los sultanes magrebíes jamás confiaron los cristianos, y es lo cierto que mis musulmanes tampoco.

Según supo el sultán Nazarí por sus escuchas, el plan había sido tramado escrupulosamente en medio del campo el día 11 de marzo. Juan II había de levantar sus tropas en Córdoba; el grueso del ejército se dirigiría contra Málaga para aislarme así de las fuerzas del litoral de Almería. No obstante, un triunfo diplomático del rey Juan hizo innecesaria tal estrategia: a finales de mayo Ridwan Benegas, el visir del sultán recién decapitado, se presentó en Córdoba con algunos dignatarios, y propuso sentar en el trono a un sustituto, Yusuf Ibn Mawl, cuñado del propio visir y nieto de Mohammed *el Bermejo*, aquél a quien Pedro I mató encima de un burro. Juan II se frotó las manos al malquistar de nuevo a una mitad y a otra de mi reino por medio de aquel milagroso aspirante, a quien llamaba Abenalbao, porque no sabía decir mejor su nombre. Abandonó Córdoba en junio, y entró en territorio Nazarí. Quemó, taló, destrozó alquerías, dispersó aldeas hasta llegar a Pinos, de la que se apoderó. Y a Pinos fueron, a rendirle pleitesía, Abenalbao y Ridwan Benegas y todos sus secuaces. El día 28 emplazaron sus reales en mi Vega, cerca de Elvira, ante mis mismísimas puertas; el instante era crucial. El primero de julio se riñó la gran batalla de la Higueruela. Para tan gran batalla el nombre es muy modesto: se lo dio un árbol que ni siquiera tenía frutos. Por fortuna para mis hijos, también los resultados fueron modestos. Las tropas Nazaríes las acaudillaba Mohammed *el Cojo*, sobrino del sultán y su yerno. Trató de obtener del emisario González de Luna –que se había quedado a vivir en mi seno, como hacían todos los castellanos a la menor oportunidad– una paz razonable; no fue posible. Los vencidos huyeron acosados hasta mis murallas; los cristianos no cesaron en su persecución sino bajo el tiro de los alabarderos que las defendían. Pero las consecuencias estratégicas de tan sonado triunfo fueron nulas; la Providencia de Dios nos cubrió, a mí y a mis hijos, con su sombra. Fue lo que los griegos denominaban una victoria pírrica: nadie se benefició de ella; sólo las granjas y las almunias abandonadas se arrasaron. Inopinadamente, el Consejo Real de Castilla ordenó la retirada: faltaban provisiones y el descontento se propagó por las mesnadas, poco hechas a las dificultades de la vida en campaña. La cruzada se convirtió en un fracaso a medias. Pero tal protección divina quizá no duró lo bastante: pronto se invirtieron los términos.

Montefrío se alzó a favor del pretendiente Abenalbao; lo sostuvieron el adelantado mayor don Diego Gómez de Rivera y el maestre de Calatrava don Luis de Guzmán. Los adeptos de Mohammed IX se erizaron; pasaban a manos enemigas, poco a poco, pueblo a pueblo, las marcas fronterizas: Cambil, Illora, Casarabonela, Ardales, Turón, Iznájar, Archidona, Loja por fin, donde murió el jefe de la familia Abencerraje, Yusuf; en mis casas escasearon los víveres, y el Albayzín, revoltoso como siempre, se alzó. Ante tal horizonte, Mohammed *el Zurdo* dejó la Alhambra en una noche helada, y se refugió en Almería, burladero habitual, con una escolta de unos quinientos hombres. Desde Illora, Ridwan Benegas y cerca de un millar de caballeros, si es que pueden llamarse caballeros los traidores y si es que pueden llamarse traidores quienes eligen a un sultán, derrotaron a los pocos fieles que quedaban. Ocuparon mi ciudad baja, y la Sabika y después ya la Alhambra, el cogollo de la soberanía.

Coronaron a Yusuf Abenalbao, que era el cuarto Yusuf, el 1 de febrero de 1432. El día 27 ratificó el humillante e indigno acuerdo que había firmado en septiembre en Ardales para arrogarse el apoyo castellano: veinte mil doblones anuales a guisa de tributo; liberación de todos los cautivos cristianos en el mes siguiente a su coronación; obligación de cumplir un servicio militar con Castilla; obligación de dificultar la conversión de los cristianos que cayeran cautivos (tenían una notable tendencia a convertirse e integrarse), y obligación de asistir a las Cortes castellanas como vasallo, ya por sí mismo si se convocaban al Sur de Toledo, ya mediante su hijo en otro caso. El sometimiento difícilmente podía ser mayor; porque, además, todos los personajes que constituían la corte del sultán estaban comprados por Castilla. ¿Es necesario decir que, a veces con estremecedora precisión, se repite la Historia?

Abu Faris, el sultán de Túnez, intervino a favor de Mohammed IX, que no se daba por vencido. Mandó, en el nombre de ambos, a un genovés para que negociara con Juan II en Valladolid. Al castellano le traía sin cuidado quién fuese el sultán: prefería que, de modo inamovible, no lo fuese nadie, y así seguir él alimentando la discordia. Mohammed, desde Almería pasó a Málaga, donde era muy querido, y mantuvo el fuego de la sedición entre mis habitantes, que a Yusuf, por el contrario, lo odiaban como un esclavo que era de Castilla. Al *Zurdo* lo reconocieron Setenil, Gibraltar y Ronda. Su sobrino *el Cojo* le abrió mis puertas en febrero de 1432: sólo una pequeña parte del Albayzín y de la Alhambra permanecían con Yusuf. Éste llamó con urgencia al adelantado mayor de Castilla, pero sus tropas fueron vencidas en mi Vega por *el Cojo*, que así se vengó de su derrota de la Higueruela. El maestre de Calatrava también fue vencido. La realidad era que ningún cristiano ponía toda la carne en el asador, porque su idea no era otra que la de quitar y poner sultanes hasta acabar con los repuestos. Y en abril de 1432, apenas tres meses después de su destronamiento, volvió Mohammed IX a sentarse en el trono por tercera vez.

Se sentó con toda la fuerza que tenía y la que la represalia le agregaba. Siempre que pudo, que era casi siempre, atacó a los cristianos con denuedo y con notable éxito. Perdió, por ejemplo, Xiquena y Benzalema en Murcia; pero ganó Alora y Écija. Perdió Huéscar (tomada por Rodrigo Manrique, hijo del adelantado don Pedro, y padre de un tal Jorge, autor de unas sentidas coplas, escritas cuando se quedó huérfano, que he tenido la ventura de oír); pero ganó Guadix, Huelma y Ubrique. No obstante 1436 fue un mal año: el adelantado de Murcia Alonso Yáñez Fajardo conquistó los Vélez, y Rodrigo Manrique, Galera y Castilleja. Y mientras el conde de Niebla, don Enrique Alfonso de Guzmán, fracasó en su intento de apoderarse de Gibraltar por tierra, don Iñigo López de Mendoza, que luego sería marqués de Santillana y era ya un buen poeta, se apoderó de Huelma. El resultado fue que en 1439 se había reducido el reino y ajustado sus fronteras; que los incendios y las algaras perjudicaban la economía de mis hijos; que el condestable Luna recuperó su prestigio a costa de ellos, y a costa de evitar empresas de más envergadura que la de torturarlos. Pero ya no era el amo el condestable; los nobles de Castilla y los infantes de Aragón, tan prepotentes en ellas, se le oponían. Conservando sus señoríos aragoneses, don Juan y don Enrique querían además el gobierno castellano; de ahí que, gracias a que por doquiera surgían disputas, mezquindades y avideces, se negoció una tregua de tres años, y, tras ella, otra por otros tres. Arriba y abajo de las fronteras, los avatares se reflejan, a lo largo de la Historia, igual que en un espejo, y las disidencias cristianas se equiparan a las de mis musulmanes. Durante 1445 resurgen las guerras en mi interior; el gobierno absoluto de Mohammed IX despertó otra competencia: la de su sobrino Mohammed *el Cojo*, entonces gobernador de Almería, que había venido, desde años atrás, engrosando su ambición. Con un súbito golpe, se apoderó de mí y sustituyó a su tío. Pero los Abencerrajes, que le eran muy contrarios, se refugiaron en Montefrío y consagraron a otro aspirante inesperado: un nieto de Mohammed V, primo de Mohammed VIII *el Chico*, a cuya muerte reclamó sus derechos, Yusuf Ibn Ahmad. Este había recibido, al igual que muchos de mis príncipes, por motivos de exilio, una cuidadosa educación en Castilla. Don Álvaro de Luna, triunfante de los nobles en Olmedo, lo apoyaba para tener un sultán a su gusto. Yusuf V destronó a *el Cojo* a mediados de 1445, pero duró muy pocos meses: al condestable Luna le sobraba con mantenerse él como para mantener a nadie más. Le sucedió de nuevo Mohammed X *el Cojo* a principios del siguiente año. Y a éste, a fines del año siguiente, lo suplantó su tío Mohammed *el Zurdo*, que reinó ya por cuarta vez.

En ésta, se ocupó de sostener la frontera, y más aún de sostenerse él; atacó la región murciana, desvalida por la muerte del gran Yáñez Fajardo, y recuperó lo allí perdido. Los límites orientales seguían como los dejara Fernando *el de Antequera*. *El Zurdo* aprovechó las discordias de Castilla para adquirir tierras y medios: corrió hasta Jaén, y llegó a cinco leguas de Sevilla; puso fuego a Cieza; tocó los límites de Valencia; venció a los destacamentos de tres gobernadores, a los alcaides de Castellar y de Antequera, al gobernador del marquesado de Villena. Tanto, que Juan II solicitó una tregua; Mohammed se la concedió porque Yusuf V, el del breve reinado, se insolentaba en Málaga (a pesar de quererlo a él tanto en esa ciudad), y también porque deseaba cubrir las apariencias y solventar el problema de su propia sucesión. Lo hizo asociando a ella a otro Mohammed –XI–, a quien llamaban *el Chiquito*, que era su yerno e hijo de aquel Mohammed *el Chico* destronado ya hacía treinta años, pero que aún contaba con una cierta facción, asimilar la cual era prudente.

Aludiré a un suceso significativo. En 1452 mandó a Abd al-Barr, jefe de los mercenarios, al reino de Murcia con no más de doscientos caballeros y seiscientos infantes. Triunfaron en Murcia y Orihuela; pero a la vuelta, en Lorca, tropezaron con Pedro Fajardo, hijo del famoso Yáñez, que los venció en la batalla de los Alporchones. Fue una derrota sin pena ni gloria; pero los trovadores cristianos se la apropiaron y la exaltaron hasta la epopeya. En aquella época nadie como los poetas para inmortalizar bien una victoria bien una derrota: dependía de los que se les pagara; o quizá de algo más, no estoy segura.

Juan II otorgó a Mohammed IX una tregua de cinco años. Pero no los disfrutó quien los había ganado a pulso: a principios del año 1454 murió Mohammed *el Zurdo* de muerte natural: sólo ella podía acabar con él, tan contrastado en las resurrecciones. Mohammed XI *el Chiquito* sucedió a su suegro. Pero los Abencerrajes no lo querían;

Espada de Boabdil. Museo del Ejército, Madrid.

Detalle del artesonado de la Madraza.

de nuevo le opusieron otro candidato, educado también por destierro en la corte de Juan II. Era Abu Nasr Sad, primo también de Mohammed VIII, legitimista por tanto, llamado Sidi Sad o *Ciriza*, por los castellanos.

Para entonces, Álvaro de Luna ya había sido ejecutado en Valladolid: no eran mis musulmanes los únicos que, desde lo más alto, echaban a lo más bajo las cabezas. El turno de la insensatamente llamada reconquista le correspondía a Enrique IV. Antes de que muriera su padre Juan II, Sidi Sad le había mandado emisarios solicitándole su intervención en las peleas por el trono de mi reino. Al frente de ellos, Abu-l-Hassan Ali, su hijo y padre de mi último sultán, fue retenido en Segovia como rehén no se sabe de qué. Lo acompañaba una lucida escolta de ciento cuarenta caballeros y treinta infantes, a la que se agregaron por el camino otros adictos a Sidi Sad: trescientos hombres en total, que fueron instalados en Arévalo, probablemente para impedir que defendieran los derechos de nadie. Porque, en la primavera de 1455, había en el reino nazarí tres reyes compartiendo el poder: el rey *Chiquito* (al que seguían los de Málaga, los de Almería, los de Guadix y los míos); Sidi Sad (que residía en Archidona, gobernaba en Ronda –cuya guarnición africana le era fiel–, y contaba en Almería con algunos dignatarios); y Mohammed *el Cojo* (que se resistía a retirarse, y tenía Illora y Moclín con sus castillos, y también Gibraltar). Usufructuario del descabalo, Enrique IV se lanzó a la cruzada contra el reino.

En su primera entrada de cuatro días quemó las tierras de Moclín e Illora, y prohibió la guerra de escaramuzas, porque, audaz y ostentosamente, para deslumbrar a sus cortesanos, quiso concentrarse en ataques a las fuerzas vitales. En la segunda entrada, que duró dos semanas, taló Alora y Archidona, en el camino hacia Málaga, donde resistían Abd al-Barr y Aben Comisa; en sus alrededores se entrevistó con Abu-l-Hassan, con el que se entendió bien, y se comprometió a no robar cosechas ni asaltar las plazas favorables a Sidi Sad, su padre. En la tercera entrada abordó mi Vega por Alcalá la Real; durante tres semanas entregó al pillaje las granjas y los pueblos del trayecto pero, en contra de lo que se había propuesto al principio, se resistió a comprometerse en una gran batalla. La fogosa nobleza castellana murmuró y se quejó, aunque yo creo que de dientes para afuera, frente a la nueva táctica de su rey, consistente ahora en extenuarnos con acechanzas y agresiones menudas en una campaña pertinaz y sin gloria. Cuando se retiró, dejó al gobernador de Alcalá la misión de firmar una tregua con Mohammed XI *el Chiquito*, representado por Abd al-Barr; las condiciones eran tan onerosas y fuera de lugar que parecían propuestas para publicarse en Castilla: reconocimiento de vasallaje a través de pesados tributos, libertad de dos mil cristianos en cuatro años, cesión de lo conquistado desde la muerte de Juan II, y obligación de un servicio militar a Castilla. Ante tal política de jactancia y bravuconería, las cosas se dejaron como estaban.

Sidi Sad me conquistó secundado por mis habitantes; dentro ya, prosiguió las negociaciones con el mariscal Diego Fernández de Córdoba, conde de Cabra. Era un buen amigo suyo y, en ocasiones, compañero de armas; el hecho era habitual todavía en aquel momento casi fraterno de la llamada reconquista, en el que se peleaba como una cansina costumbre secular, y en el que, como todo lo inevitable, el estado de guerra se había incorporado a mis ciudadanos y a sus vidas. Pero las tensiones de la situación –más las interiores que las exteriores– preocupaban a Sidi Sad; un grupo nutrido de partidarios de *el Chiquito*, ya anciano, lo llamó para introducirlo en mi interior. Él se puso en marcha a través de la sierra; Abu-l-Hassan, que nunca se anduvo con chiquitas, le tendió una emboscada, lo condujo a la Alhambra, lo convidó a cenar en el Palacio de los Leones, y lo degolló con su propia espada. Al mismo tiempo mandó asfixiar a todos sus hijos con las servilletas de la cena. No tardaría mucho en tomar por esposa a su mujer, en quien tuvo a Boabdil.

Entonces se verificó la cuarta entrada de Enrique IV. Pretextó para ello que Sidi Sad había roto la tregua tácita (como si tal figura existiese, cuando hasta las expresas y bien ratificadas se rompían). Tomó el castillo de Solera, conquistó Estepona, sembró mi Vega de estropicios. Camino de Gibraltar, consiguió que los defensores de Fuengirola se refugiasen en el castillo y los cercó. Cerca ya de la Roca, salió a su encuentro el visir Aben Comisa al frente de una tropilla, le rindió homenaje y –sorprendentemente, porque Aben Comisa siempre estuvo lleno de recursos– lo invitó a cazar leones en África. (Parece que la caza era la única afición de ese rey, si se exceptúan los hombres.) Como era de esperar, las tribus del Rif, es probable que ni siquiera avisadas, lo recibieron tan mal que regresó a Tarifa y después a Sevilla. Entretanto, Sidi Sad, dedicado a las escaramuzas, había hecho un avance hasta Jaén. En agosto mi Vega fue otra vez devastada, y en octubre, al volverse las tornas, Sidi Sad se vio empujado a aceptar una tregua de cinco meses, mediante el pago de cinco mil doblones de oro y la libertad de seiscientos cautivos. La

llamada reconquista desapareció como ideal político para convertirse en un negocio que resultaba, según los casos y quien lo emprendiera, ruinoso o saneado.

En los primeros días de 1457, Enrique IV convirtió Jaén en una plaza de armas, e hizo su quinta entrada. Conquistó Illora, Huéscar y Loja; pero hubo de retirarse ante la abulia de sus tropas y la propia. Mientras, en Castilla, la oposición de los nobles trasladó a un segundo plano la guerra contra mí; hasta Fajardo *el Bravo* se rebeló. Los Nazaríes llegaron de nuevo hasta las puertas de Jaén. El rey delegó en el conde de Cabra la firma de una tregua hasta el 61.

El verano del 62 se abrió con alguna ventaja para los castellanos. Pero Abu-l-Hassan triunfó en la batalla del Madroño, no lejos de Estepa, sobre Ponce de León, el hijo del conde de Arcos que luego sería marqués de Cádiz, y sobre Luis Pernía, gobernador de Osuna. El condestable del Santo Reino, Miguel Lucas de Iranzo, atacó el castillo de Arenas y fue derrotado en él; pero en julio puso a sangre y fuego Aldeyra y La Calahorra, y regresó a Jaén cargado de prisione-

Detalle de la pintura de la batalla de Higueruela. Monasterio de El Escorial.

ros y riquezas, no sin antes haber tenido un duro encuentro con Aliatar, futuro suegro de Boabdil, a quien le unía bastante amistad y un respeto recíproco. El duque de Medina Sidonia y el conde de Arcos, mediante la traición de un renegado, se apoderaron de Gibraltar, y don Pedro Girón, maestre de Calatrava, de Archidona. Tales pérdidas significaron un grave revés moral. Decepcionados y exasperados, los Abencerrajes trataron de sacar a la luz otro de sus pasmosos pretendientes. Sidi Sad, en mi interior, tomó las medidas oportunas para librarse de su férula: ejecutó a los dos miembros más relevantes de la familia y a Mufarrahj, su visir. Los destacados Abencerrajes que habitaban en la Alhambra huyeron a Málaga y se rebelaron allí; sin tiempo para improvisar otro aspirante al trono, se proclamaron súbditos de Yusuf V, primo de Mohammed VIII y de Sad, al que Castilla abonó entonces como había abonado en tiempos del condestable Luna. Se apoderaron de Málaga, de la zona oriental del reino y de mí misma con arterías, sobornos y extorsiones. La posición de Sad empeoraba por momentos; se vio obligado a firmar una tregua, costara lo que costara, de noviembre a mayo, con enrique IV, para zanjar el peligro interior. Fue en noviembre de 1463 cuando, por fin, fueron expulsados sangrientamente los Abencerrajes de mi seno. Y en diciembre, para confirmación de Sad, falleció Yusuf V.

Su sexta entrada la hizo Enrique IV en febrero de 1464. Se acercó con el frío desde Écija, buscando imponer nuevas cargas y negociaciones que mejoraran su tesorería. En Jaén firmó con Sad una tregua de un año en la que se respetaba la libertad de comercio. Pero en agosto Abu-l-Hassan se alió con los Abencerrajes –indignados por las concesiones de Sad a los cristianos, o fingiéndose indignados– e intentó revivir gloriosas épocas que quizá siempre estuvieron muertas; destronó a Sad, su padre, y lo envió cautivo a Salobreña (o quizá a la fortaleza de Moclín, nunca lo he sabido de cierto). Sin embargo, los Abencerrajes se opusieron enseguida a Abu-l-Hassan, y levantaron la bandera de su hermano Abu Abdallah, el futuro *Zagal*, del que no solicitaron ni el consentimiento; era su táctica probada. A veces me pregunto si, en realidad, no habrían estado de continuo en los últimos años sólo de parte de los cristianos, suscitando o fomentando las banderías que desustanciaban a mis hijos, y aspirando a su propio proyecto, sinuoso y desconocido para el reino, en el que los demás, u obraron como dóciles piezas, o fueron eliminados.

Pero el momento de mayor y último peligro para mi reino comenzó con la terminación de la guerra castellana entre Isabel y

Juana *la Beltraneja* en 1480. La autoridad monárquica había quedado fortificada; Isabel y Fernando se erigieron en brazo armado de la Cristiandad en el Mediterráneo –los turcos acababan de ocupar Otranto– y el rey de Aragón contaba con la colaboración de Castilla en su política internacional, colaboración que no le sería dada hasta la culminación de la llamada reconquista. Se dice que el comienzo de las hostilidades fue la toma de Zahara por los fronteros musulmanes en 1481; sin embargo, la guerra estaba decidida meses atrás. Fue con tal seguridad con la que los nobles de la Baja Andalucía penetraron y tomaron por sorpresa Alhama, sólo a cinco leguas de Granada, en febrero de 1482. Así comenzó la guerra –que ya iba a durar hasta el final– exactamente cuando concluían las últimas treguas. El prestigio de Abu-l-Hassan quedó minado con su impotencia para recuperar Alhama, y el bloque de los Abencerrajes dio otro golpe de Estado al liberar de su cautividad en la Alhambra a Boabdil –Mohammed XII– y proclamarlo emir, mientras Abu-l-Hassan, su padre, y su tío Mohammed se refugiaban en Málaga. Estos dos consiguieron un resonante triunfo en la Ajarquía malagueña, donde el tío del nuevo emir recibió el sobrenombre de *el Zagal*, *el Valiente*. Boabdil, al intentar un triunfo semejante, fue hecho prisionero cerca de Lucena, en abril de 1483, con lo que su padre recuperó el control de mi reino.

El rey Fernando se planteó si liberar a Boabdil –a quien mis granadinos llamaban ya *el Zogoibi*, *el Desventuradillo*–, presentándolo a los ojos de los míos como emir de la paz, o conservarlo preso. Acabó por firmar una tregua de corte tradicional y darle la libertad, tratando de enfrentar a pacifistas y belicistas; pero los alfaquíes y las gentes de las ciudades ya se habían decidido por la resistencia y la hostilidad hacia Castilla, a favor de Abu-l-Hassan. El rey de Aragón pensaba que con Alhama, la tregua y un emir vasallo había probado su ardor antiislámico y pensó en ocuparse de sus asuntos internacionales; éstos, no obstante, eran irrealizables sin la ayuda de Castilla, y Castilla se ratificó en la prosecución de la reconquista. Con todo, su estrategia había de cambiar: doscientos cincuenta años de talas, cabalgadas y escalos de castillos demostraban que no era esa la forma de adquirir plazas importantes; la guerra en torno a mí debía dejar de ser un ideal prestigioso, semejante a una cacería; por tanto, convenía robustecer la fuerza monárquica y aumentar los medios militares, sobre todo si se pensaba que los turcos hostigaban ya Nápoles. Todas estas circunstancias consolidaron la guerra en 1484. Las maniobras diplomáticas no cesaban, pero pasaron a un segundo plano hasta que al año siguiente fracasaron por completo cuando Boabdil, que había ocupado Almería, fue expulsado del reino por su tío *el Zagal* y hubo de huir a tierras castellanas. *El Zagal*, consciente de la situación, ejerció una dictadura militar primero en nombre de su hermano y luego, cuando los alfaquíes lo proclamaron emir con el nombre de Mohammed XIII, en el propio. Abu-l-Hassan no tardó en morir.

Las campañas de 1485 a 1487 significaron para mí un golpe de gracia. Fueron tres sus objetivos: Ronda y su serranía, foco el más activo de la guerra fronteriza; Málaga y su costa, que eran el corazón económico del país; y la Vega, cuya toma me dejaría desprovista e inerme. En efecto, en 1485 cayeron Cártama y Coín, en el camino de Málaga; pero la fuerte defensa de ésta hecha por *Zagal* desvió hacia Ronda las tropas de los cristianos, y la caída de ésta trajo la de toda su serranía y la franja costera desde el Estrecho hasta las proximidades de Málaga. Entre tanto, Boabdil volvió al Este del emirato y se instaló en el arrabal del Albayzín. Pero comprendiendo que la división favorecía a Castilla, reconoció al *Zagal* el título de emir, y se repartieron el reino. Los monarcas cristianos consideraron caducado todo acuerdo desde el momento en que Boabdil se había aliado –es una forma de decir– con su tío; Fernando rindió Loja (gobernada por Boabdil, que cayó de nuevo preso), Illora, Moclín, Montefrío y Colomera, privándome así de mi principal fuente de abastecimiento agrícola y de mi comunicación con los puertos malagueños. El cerco se estrechaba. Boabdil, antes de ser liberado de nuevo, renovó su vasallaje y recibió la promesa de ser nombrado duque de los territorios de Guadix, Baza, Vera y los Vélez, siempre que los recuperara antes de ocho meses. Así los reyes de Castilla lucharían contra *el Zagal* como único emir, aunque ellos no lo no reconocían, y reconocían sin embargo en el Este de mi reino la existencia de un señorío más o menos autónomo. Pero Boabdil volvió en septiembre al Albayzín y fue apoyado como emir por los alcaides castellanos de mi Vega contra su tío *el Zagal*, que dominaba la mitad mía donde está la Alhambra. Fueron días sangrientos que prefiero olvidar. Boabdil ofreció a sus seguidores la licencia de comercio franco que Castilla le había otorgado, por lo que los mercaderes de Málaga se declararon partidarios suyos. Cuando los castellanos sitiaron Vélez-Málaga, *el Zagal* marchó en auxilio de ella, y mientras Vélez caía, Boabdil se apoderaba de mis dos mitades. Las nuevas condiciones de su tratado con Castilla eran que a su señorío futuro se le adicionarían los lugares del Valle del Almanzora, el Zenete y la mitad oriental de la Alpujarra, y, hasta su entrega en propiedad, él retendría el título de emir y a mí como capital dada en rehenes.

Teóricamente desde la mitad de 1487 yo estaba perdida, pero no así del todo en la realidad. *El Zagal* se retiró a Almería y puso en estado de guerra el Este de mi reino. No obstante, el asedio numantino de Málaga, que duró tres terribles meses y medio, y su dolorosísima caída, que convirtió en esclavos a los sobrevivientes de la ciudad, confirmaron mis más negros temores.

La campaña de 1488 se inició desde la frontera de Murcia con la conquista de Vera, Mojácar, el Valle del Almanzora, los Vélez, Tabernas y Níjar, y no porque fuesen parte del futuro señorío de Boabdil, sino porque el general Yayya al-Naggar, nieto de Yusuf IV, y pariente y cuñado de *el Zagal*, trataba de entregar Almería traidoramente, a cambio de recibir el ducado de Gandía. *El Zagal*, consciente de ello, la puso en estado de defensa; pero todo a mi alrededor se tambaleaba. Para 1489 se hicieron grandes preparativos contra *el Zagal*. La primera ciudad elegida fue Baza, menor que Guadix y que Almería, pero con más importancia estratégica. El asedio fue durísimo, y la resistencia, agotadora de vidas y de bienes. La defendía Yayya al-Naggar, que la rindió, con el consentimiento de *el Zagal*. Poco después éste, desalentado y hundido, vendió a los reyes castellanos todos sus dominios.

En 1490 Fernando e Isabel trataron de llevar a la práctica lo acordado tres años antes con Boabdil; pero surgió el más grave de los obstáculos: mi pueblo, que se negaba a perder su independencia sospechando que, al desaparecer, desaparecería también todo lo que constituía su vida propia. ¿Quién podría decir con certeza si la actitud de Boabdil fue traición a sus súbditos, o realismo de gran político? Sus vacilaciones y el hecho evidente de la superioridad militar de Castilla hacen pensar que pretendía aprovechar la diplomacia para conseguir, en la derrota, las mejores condiciones posibles. Las escaramuzas de este año no fueron sino una compás de espera de los castellanos para recuperarse de su agotamiento. Durante él, *el Zagal* salió del reino hacia Tremecén y, después de un conato de revuelta, fueron expulsados de las ciudades de la parte oriental del reino los mudéjares. En 1491 Castilla se propuso taxativamente mi cerco y mi aislamiento. El campamento de Santa Fe completaba la línea de torres y fortalezas que me asfixiaban, sembrando el hambre y el des-

ánimo dentro de mis murallas. Todo era suyo ya. Ni en 1490 ni en el 91 actuó la artillería. El tiempo era el mejor aliado de Castilla. A él vino a añadirse otro: la depauperación de mis hijos, su desastre, las enemistades de unos con otros, los robos y saqueos interiores. Aún lloro recordando esos últimos meses. Secretamente se iniciaron los tratos para la rendición, que fue firmada a fines de noviembre. En la noche del 1 de enero de 1492 las tropas castellanas ocuparon la Alhambra y mis otras fortalezas. Nadie alzó una mano para oponerse. Para mí y para mi antiguo reino empezaba una época nueva. O eso querían hacerme creer; yo no lo creí nunca. Supe desde el primer momento que las capitulaciones firmadas por los reyes castellanos, en apariencia tan respetuosas para mis hijos y su religión y sus leyes y sus costumbres, habían de ser para ellos un triste e insignificante papel mojado. Y así fue no tardando.

Torre de los Picos según un grabado de Parcerisa, Universidad de Navarra.

Tercera Parte

LA CULTURA Y LA VIDA

INTRODUCCIÓN

La cultura es, a mi entender, el único concepto en que puede fundarse y crecer el de patria. Hablo de una cultura congénita, dentro de la que se nace, entendida como una suma de razas, de lenguas y sus emanaciones, de tradiciones, de comportamientos, de religiones, de ideales, de artes y de sus manifestaciones ya asimiladas, y de una historia, o mejor de una intrahistoria, es decir, la historia verdadera, cuyos cauces son subterráneos y transcurren indiferentes a las formas externas de la convencional. La cultura es para mí el supremo bien de un pueblo –el más íntimo y familiar–, su identidad natural en el proceso que recorre y del que es parte. Una forma de haber sido, una forma de ir siendo, una forma de llegar a ser, nunca concluida del todo; como el amor, que no se termina de hacer nunca; como la vida –que nos tiene a nosotros, no nosotros a ella– nunca agotada, aunque nosotros sucumbamos. La cultura es la masa de la sangre que se recibe y se ha de transmitir; la iniciación a nuestro portentoso y ultrajado mundo; el paciente conjunto de costumbres, de opiniones, de modales, de actitudes constantes; el temperamento, la filiación, el carácter de un pueblo: su explicación y su razón de ser, su origen y su proyecto, su memoria y su profecía.

Sin embargo, suele pensarse que lo que mejor define a un pueblo son sus actividades útiles, sus actividades productivas. Hay quien lo describe analizando la organización de sus haciendas, de su comercio, de sus industrias. No obstante nada de eso expresa con pureza e imparcialidad suficientes su espíritu. Las actividades utilitarias o laborales de un pueblo no dependen de él sólo; no son electivas en estricto sentido, sino impuestas. En cambio, un pueblo sí es él mismo, con libertad y con sinceridad, cuando sueña y crea y vive y se divierte. Quizá el *ludus* defina más que el *fatum*; porque la emoción constituye una zona del hombre más profunda que el razonamiento y la voluntad. Por eso, a mis ojos, la cultura de un pueblo viene fijada más verazmente por su filosofía de la vida y por su forma de vivirla y por su pasión por ella; por su sentido del arte y por su forma de crearlo y por su pasión por él.

Detalle del Patio de los Arrayanes.

De acuerdo con tales ideas, ¿cómo no hablar en primer lugar de la mujer? Con la deformación que produce el seguir opiniones ajenas sin comprobar su exactitud, se ha opinado siempre que la mujer musulmana es un ser gordo, moreno y casi inexistente. Pero al ideal clásico de la morena de hermosa cabellera se añadió la exaltación de la rubia de pelo corto; a la de formas voluptuosas se acompasó la delgada vestida con ropas masculinas. Se tiene la idea de que nadie reaccionó nunca contra la imagen más vulgar, ni –lo que sería peor– contra su situación jurídica y humana. Sin embargo, Averroes en el siglo XII, durante el proceso que se le siguió por los ulemas y alfaquíes ortodoxos, se ratificó en lo escrito por él: Que sus tesis en cuanto a las mujeres no habían sido rebeldes, porque se atenía en ellas a la buena doctrina, considerando simplemente la igualdad de los sexos, y afirmando que se desconocían las habilidades de la mujer en cuanto no se le daba ocasión de ejercerlas al no ser empleada más que para la procreación. «A fuerza de no prepararlas para ninguna virtud humana, llegan a parecerse a vegetales. Una causa de la pobreza de nuestros estados es la pereza y la ineptitud de las mujeres fomentadas por los varones.» «Si son en número el doble que éstos, ¿cómo no atenderlas y respetarlas? ¿Cómo abandonarlas sin permitirles, y eso en casos extremos, más que hilar y tejer?» Averroes confiesa que admira y considera a la mujer. Y no es él el único: el personaje de Boabdil de *El manuscrito carmesí,* continuando una larga saga de predecesores, escribe:

«Por las confabulaciones que se despliegan a mi alrededor, y que no pocas veces me involucran, tengo muchas prevenciones contra la mujer. No he entendido bien nunca a quienes afirman que el hombre posee tanto la naturaleza masculina cuanto la femenina, puesto que ambas componen su totalidad, creada a imagen y semejanza de Dios; la mujer, según ellos, es para el hombre como un espejo de sí mismo, que le da a conocer la parte de su esencia que le está oculta (la facultad del ojo consiste en ver, pero no puede contemplarse a sí mismo). Y menos aún entiendo la consecuencia de que, al ser el hombre en su primigenia integridad el símbolo más perfecto de Dios, y al encontrarse tal integridad en el complemento femenino, la mujer se transforme para el hombre en el símbolo más perfecto de Dios. Hay quien asegura que ahí reside la médula del amor; pero la verdad es que nada más lejano a nuestro concepto de él que el compañerismo entre hombre y mujer: sus ámbitos son tan divergentes que es imposible conju-

Jarrón de las Gacelas, de período nazarí. Museo de Arte Hispanomusulmán, Granada.

garlos. De la mujer es la casa, donde el hombre es un huésped; del hombre es el exterior, donde la mujer no aparece. Oscilamos así entre el harén y la veneración caballeresca –el amor udrí al que mi madre aludió–; en ninguno de los dos extremos existe la mujer: ya por gastada y disponible, ya por ausente. No obstante, de mis lecturas deduzco que el descuido y el menosprecio de la mujer es una secuela de la vida ciudadana, porque en el mundo beduino, donde aparecen los sexos como los dos polos de una esfera, el hombre admira a la mujer, y ella lo respeta como a su señor. Sin embargo, en ningún caso –ni aun es ése– se produce el acercamiento necesario para la convivencia y lo que ella supone. Lo máximo es un hadiz de Tirmidhi, según el cual el Profeta aconsejó: "Recordaos mutuamente tratar con amabilidad a las mujeres, porque ellas son vuestros depósitos, de los que habréis de rendir cuentas. A menos que sean culpables de una manifiesta mala conducta, no les impongáis vuestra sanción. A las culpables, dejadlas solas en su lecho y castigadlas, aunque no con excesiva severidad; a las obedientes, no las tratéis con dureza. Vosotros tenéis ciertos derechos sobre vuestras mujeres, y ellas sobre vosotros: ellas han de llevar vidas castas, e impedir la entrada en vuestro hogar de las personas que desaprobéis; a cambio, vosotros sois responsables de su subsistencia."»

Si se tiene en cuenta que el Islam, para extenderse, se apoya en el sistema educativo, ¿sorprenderá encontrar un cierto desarrollo de la cultura femenina por muy excepcional que nos parezca? De lo que yo conozco, en general, se desprende que la mujer participa en la cultura en el doble sentido de recibir educación y de ser quien la imparte, no sólo dentro de la casa, sino también fuera de ella, como una profesión. El severo y sincero autor de *El collar de la paloma*, Ibn Hazm, confiesa: «Ellas me enseñaron el Corán, me recitaron no pocos versos y me adiestraron en tener buena letra», y se observa que muchas de estas mujeres profesoras o poetisas proceden de familias en las que el padre es a su vez poeta o se ha preocupado especialmente de su preparación. Luego el de Averroes no era un caso insólito. Quizá las causas que mejoraron la condición de la andaluza fueron la práctica desaparición de la poligamia, la influencia de las cortes beréberes del siglo XI, y también la influencia almorávide, en cuya cultura, por remotas reminiscencias de un régimen matriarcal, ocupó siempre la mujer un lugar dominante.

Por descontado que el ámbito andalusí característico de la mujer es la casa. Allí ella se mueve con soltura, a pesar de que en teoría el dominio es del señor, y a pesar de las tareas que éste se reserve esporádicamente, como la de amasar pan o la de cocinar. En este mundo femenino hay una jerarquía por la que una mujer se impone sobre las otras: sea la más antigua, si es que hay varias esposas, sea la madre del marido. En este ámbito el secreto es muy grande como corresponde a la *hurma* u honor, con su componente masculino, activo y de cara al exterior –la vida pública–, y su componente femenino, pasivo e incluido en el círculo de la casa y la vida privada: una vida tan importante que, de medio millar de arabismos en el idioma castellano, más de veinte refiérense a ella.

El aislamiento de la mujer en la casa puede romperse a veces. Los ajimeces y las azoteas son buenos puntos de observación y de relaciones; en los barrios de la *umma* o plebe se quedaban las mujeres a las puertas con la cara cubierta; la entrada en la vivienda estará franca a una serie de gente: «Criados de poca edad, de porte desastrado y rostro zafio» –dice Ibn Hamz–, «personas respetables, ancianas y piadosas. Y las mujeres que tengan uno de los siguientes oficios: curandera, aplicadora de ventosas, vendedora ambulante, corredora, peinadora, plañidera, cantora, echadora de cartas, maestra de canto, mandadera, hilandera y tejedora». No hay que olvidar que, aparte de las especializaciones en música, danza o lengua que podía darse a las esclavas, había mujeres médicas –no ya comadronas– expertas en ginecología; y tampoco que la mujer culta era apreciada y admirada, gozando de un campo de acción bastante amplio, excepto el vinculado a la vida oficial, que es masculino. (No hay que decir el prestigio social alcanzado a través de la influencia familiar cuando la mujer era la esposa favorita del soberano o una distinguida concubina.) Yo sonrío cuando recuerdo que, en los anales domésticos de mi época, no faltan casos de mujeres coléricas, acostumbradas a imponer su voluntad a sus maridos, o su inteligencia, por tener más erudición que ellos en alguna materia. En las capitulaciones matrimoniales se lee que los musulmanes han de amparar a sus esposas –«o tenerlas con bien o dejarlas con bien»– y que el marido espera de la mujer la misma bondad y amabilidad conyugal, aunque le quepa en suerte sobre ella «un grado más»; pero con frecuencia la realidad adjudicaba «el grado más» a la esposa. Tanto, que el germánico Münzer, cuando me visitó, escribía: «Las mozas no pueden repudiar al marido, pero cuando una quiere separarse, usa el recurso de darle terribles desazones hasta ponerle en trance, harto de aguantarla, de ser él quien la repudie». El instinto de argucia y de defensa no es, por supuesto, patrimonio exclusivo de la mujer granadina. La legislación lo supo bien, y estableció diferencias entre el testimonio de la mujer y el del varón, y normas para señalar las cantidades que le corresponden en la herencia, lo que no implica que el legislador la considere inferior en esencia. Avicena ya igualaba en los dos sexos la capacidad para el bien y para el mal; por eso la mujer tiene responsabilidad jurídica, como demuestra su costumbre de acudir a los jueces en solicitud de justicia, y a los abogados, en solicitud de consejo. Y no sólo acompañadas de sus maridos, sino solas, sin que resultase sorprendente. Hay colecciones de anécdotas que resaltan una relativa independencia de la mujer y el perfil de su personalidad, distinta en cada caso. Se acepta como natural que ella no sólo encadena al hombre físicamente sino que puede llevar la voz cantante material e intelectualmente. El marido ideal –se dice– será más el necio rico que el pobre discreto, porque «su dinero pertenecerá a su mujer, y su necedad a él mismo». Claro que en el sexo femenino se presuponen –aunque quizá sea excesivo– belleza e inteligencia, discreción y desenvoltura, por lo que se provocan de continuo situaciones en que aparece como superior al masculino por su espontaneidad, su sensibilidad, su intuición y su capacidad de réplica aguda e improvisada. La casada de mi época nazarí podía visitar santuarios, templos, cementerios y baños públicos, y recibir a los parientes permitidos. La soltera podía entrar en casa de su amante, o citarse con él en jardines, riberas y parajes propicios; asistir a fiestas públicas y a círculos privados, un poco cultos y un poco disipados, incluso hasta indecentes. La libertad variaba, entonces como ahora, según quien la ejercía. Tuve poetisas famosas más por su vida disoluta y su lenguaje crepitante que por su obra en sí, y tuve granadinas que llevaron una vida recoleta e íntima. Abundan los ejemplos: Umm al-Hasan fue poetisa, médica, experta en teología y filología y hábil en dictámenes jurídicos; por el contrario, Nazuhn y Hafsa fueron dos poetisas malhabladas, de terribles costumbres y que habrían resultado escandalosas incluso hoy.

Y es que la apreciación de la honestidad pertenece al acervo individual regulado luego por la sociedad en la que se vive; es decir, viene a ser contemplada primero por la moral personal y luego por la convencional. No otra cosa sucedía en mi Islam. Las capitulaciones matrimoniales distinguieron a las mujeres en categorías físicas –virgen sin previo enlace, desflorada tras previo enlace, o soltera–, y las noches nupciales se clasificaban según la efectiva consumación o el mero contacto. Los motivos prácticos sustituían a los éticos: sólo interesaban los efectos jurídicos de un caso u otro; ni castidad, ni represión: derechos. La ley musulmana es más fácil de quebrantar

En la página siguiente, detalle de un capitel del Patio de los Leones.

porque tiende al formalismo. De una forma visible el pudor era protegido por dos prendas de vestir: las calzas –zaragüelles– de lino o de lana abrochadas por debajo de la cintura cerca del ombligo, y la tela de lino o seda o algodón que cubría a las mujeres de modo que no enseñasen más que los ojos. Pues bien, el Ibn al-Jatib de siempre, a lo largo de sus obras, da sobrados testimonios de que, con una frecuencia casi aterradora, se mezclaban los sexos (por ejemplo, durante las fiestas –y había tantas–, en que circulaban por las calles arrojándose agua de olor, naranjas y limones, flores y dulces, mientras bailarinas y juglares turbaban la paz de las buenas gentes con zambras y guitarras y canciones), caen los velos o se dan por definitivamente caídos (en su código, Yusuf I, para lograr la reverencia en los templos, se ve obligado a prohibir la reunión de gente de distinto sexo y edad, e intenta conservar la costumbre del velo; pero sólo hace alusión a ella al referirse a la «reserva de un lugar apartado para las niñas y doncellas, que concurrirán cubiertas con sus velos y con la debida compostura»), y las pretinas de los zaragüelles se desatan. Porque existe la tradición, pero junto a ella existe la infracción abundantísima. Y la opinión pública tolera el pecado, ya que pecar no es ponerse fuera de la ley: el mismo sultán puede dar la absolución. Añádase a esto el incentivo irresistible que tiene para el árabe, más que para otras razas, la belleza. Con el fin de justificar los mantos deformantes, Mahoma dijo: «El que, mientras ayuna, mira a una mujer hasta el punto de percibir los contornos de su anatomía, rompe el ayuno», y los primeros califas desterraron o desfiguraron a las personas guapas, y los ascetas clamaban: «Apiádate, Dios, de los amantes y da fuerza a sus corazones».

¿Querrá esto decir que la mujer nazarí no era religiosa? Al contrario, lo era mucho. Guardaba la ley con escrupulosidad, daba limosnas, ayunaba puntualmente y era diligentísima en la oración. Lo que además pudiera suceder y hacer era otra cosa; o sea, igual que siempre. Y además se atenía –igual que ahora– a los misterios de un mundo que no se entiende bien y frente al que hay que protegerse con supersticiones, con invocaciones a poderes desconocidos, con recetas que sólo resultan cómicas al que no cree en ellas, y con precauciones inverosímiles. Lo mismo que los romanos consagraron a sus dioses los días de la semana, los Nazaríes les otorgaron distintas predilecciones: cada día tenía su astro, y de ahí su conveniencia para una u otra actividad. Y con la enumeración mensual de los días ocurría lo mismo: por ejemplo, el tres y el seis de febrero eran benditos y tenían influencia benigna (en el seis llegaban las cigüeñas); el ocho, nefasta. La esfera de la *baraka* o bendición y suerte era tan importante como la de la religión para mi granadina islámica: sus quehaceres estaba reglados, ordenados y distribuidos según la secreta tradición de un calendario, que marcaba desde las opiniones hasta la alimentación familiar: en enero, había que comer ajos, carne, grasa o pescado; en abril, carne de capón; en agosto, cosas frías; en septiembre, pescado... Y había que no comer, en enero, sesos; en marzo, cosas saladas; en septiembre, melón y carne de vaca y de cabra. Cuando entraba octubre, por ejemplo, era bueno también amancebarse con muchachas jóvenes y entrar en el baño, pero sin sentarse en él largo tiempo, y tomar purgantes siempre que no fuesen añejos... Por otra parte, la benevolencia se alcanzaba por el contacto con objetos o personas de la *baraka*, es decir con una variedad innumerable de amuletos y de talismanes, y con santones y sus prendas, sus muebles y sus tumbas. O sea, para no hacerme larga, que estábamos como estamos.

LA CASA POR DENTRO: SU DISTRIBUCIÓN, EL MOBILIARIO, LA COMIDA

Y la casa donde la mujer tenía su mejor reino, ¿cómo era? Ya las vimos por fuera; por dentro, el patio era el centro de todas, palaciegas o modestas, salvo cuando la casa dominaba el paisaje. El atrio romano se había interiorizado. Tres frentes del patio los cubrían galerías con columnas de mármol o ladrillo; una alberca y un surtidor, su centro. Bajo las galerías, habitaciones alargadas y poco profundas; la central, con dos alcobas en sus extremos. Sus únicas aberturas eran la entrada y dos ventanitas con celosía de yeso. Al piso superior, reservado a las mujeres, se subía por una estrecha escalera empinada. La ornamentación interior reflejaba la técnica andaluza: el pavimento era de cerámica; los azulejos sustituían a los mármoles policromos de Oriente, y las labores geométricas enriquecían dinteles, zócalos y piletas.

Las salas de recibir y las habitaciones comunes eran utilizadas de noche por los miembros de la familia y el servicio, y las clases más modestas disponían para toda la familia de una sola habitación. Por el contrario, los ricos disfrutaban de casas con jardines, de patios adornados con arriates y césped, incluso de varios cuerpos de edificios separados por parques con árboles frutales. Los sultanes y sus dignatarios contaban con almunias para la estación cálida, o palacios de menor importancia que la Alhambra, como el que edificó

Mohammed II en el Barrio de los Alfareros –el Cuarto Real de Santo Domingo–, o el Alcázar Genil de Yusuf II, o la Daralhorra del Albayzín, o la Darabenaz del Cortijo de la Marquesa, regalada por Mohammed II a Nuño González de Lara, rebelde contra el rey *Sabio*. También mi gente algo más modesta tenía casas en las afueras, que les permitían gozar de la vida campestre; casas de un sólo piso, rodeadas de vergeles y frutales, que vinieron, poco a poco, a transformarse en el cortijo de hoy. De una de ellas hace la descripción Ibn Luyun en su poema agronómico de mediados del siglo XIV:

> Para emplazamiento de una casa entre jardines se debe elegir un altozano que facilite su guarda y vigilancia. Se orienta el edificio al mediodía, a la entrada de la finca, y se instala en lo más alto el pozo y la alberca, o mejor que pozo se abre una acequia que corra entre la umbría. La vivienda debe tener dos puertas, para que quede más protegida y sea mayor el descanso del que la habita.
>
> Junto a la alberca se plantan macizos que se mantengan siempre verdes y alegren la vista. Algo más lejos debe haber cuadros de flores y árboles de hoja perenne. Se rodea la heredad con viñas y en los paseos que la atraviesan se plantan parrales.
>
> El jardín debe quedar ceñido por uno de estos paseos con objeto de separarlo del resto de la heredad. Entre los frutales, además del viñedo, debe haber almeces y otros árboles semejantes, porque sus maderas son útiles.
>
> A cierta distancia de las viñas, lo que quede de finca se destina a tierra de labor y así prosperará lo que en ella se siembre.
>
> En los límites se plantan higueras y otros árboles análogos. Todos los grandes frutales deben plantarse en la parte norte, con el fin de que protejan del viento al resto de la heredad. En el centro de la finca debe haber un pabellón dotado de asientos y que dé vista a todos lados, pero de tal suerte que el que entre en el pabellón no pueda oír lo que hablan los que están dentro de aquél, procurando que el que se dirija al pabellón no pase inadvertido. El pabellón estará rodeado de rosales trepadores, así como de macizos de arrayán y de toda planta propia de un vergel. Será más largo que ancho, para que la vista pueda explayarse en su contemplación.
>
> En la parte baja, se construirá un aposento para huéspedes y amigos, con puerta independiente, y una alberquilla oculta por árboles a las miradas de los de arriba. Si se añade un palomar y una torreta habitable, no habrá más que pedir. Para proteger la finca se cercará con una tapia.
>
> La puerta principal tendrá bancos de piedra y un zaguán proporcionado a la capacidad del edificio. Es fundamental para todo lo que se convierta en jardín la proximidad a la vivienda, porque de esta manera estará bien guardado.

En la página siguiente, jamuga de taracea. Museo Nacional de Arte Hispanomusulmán, Granada.

El mobiliario era, en todo caso, muy sucinto. Las casas más acomodadas adornaban con paños las paredes, y el suelo con alfombras ya de lana, ya de seda, siempre de colores muy vivos; la gente más humilde usaba esteras de esparto o junco. A lo largo de los muros se disponían divanes bajos, y en mesas redondas y bajas se comía. Todos se sentaban sobre cojines en un estrado durante el invierno, directamente sobre la alfombra o la estera en verano. Las camas –*tarima*– se colocaban en las alcobas –*al-qubba*– situadas en los extremos de las salas, y vestidas de colchones, sábanas bordadas, travesaños, almohadas –*al-mihadda*– con una orla de seda o raso entre la gente rica, sobrecamas, mantas de lana o paño. Los niños dormían en cunas con una colchoneta y empapadores de cuero.

Armarios no existían. La vajilla –de barro o cobre, y excepcionalmente de vidrio– se guardaba en baúles de madera de pino o en alacenas, mientras la ropa de la casa y los trajes se guardaban en grandes cofres de madera también. Las provisiones de harina, de aceite o vinagre, de carne acecinada, de miel o frutos secos se guardaba en la despensa dentro de tinajas de barro vidriado. Y en la cocina, además de calabazas con agua, había utensilios de barro cocido, cestos de esparto, ollas y sartenes, y servilletas –*mandil*– con que se cubría el pan al ser llevado al horno público del barrio.

Mientras los palacios se alumbraban con ricos candelabros o arañas, en las casas modestas había velas de cera o sebo y candiles de aceite –*qandil*–. Y la calefacción, en las casas de altura que disponían de termas, era por hipocaustos, pero en general se quemaba carbón de leña en braseros de metal o de barro o de piedra, según las posibilidades, colocados sobre un trípode de hierro.

La base de la alimentación fue el trigo; pero testimonios de los tiempos difíciles precisan que los pobres se alimentaban de un pan hecho de panizo, mijo o centeno. La primera ocupación de la cocinera –dueña o criada–, consistía en amasar lo necesario. El mozo de la tahona pública pasaba por las casas, marcaba con un sello de madera los trozos de masa, y se llevaba la tabla en la que estaban; luego traía el pan ya cocido, quedándose el panadero con unos panecillos como pago.

Las clases no pudientes se alimentaban con sopas espesas de harina, o de otras féculas, a veces mezcladas con carne picada, como la *harisa*; con purés de lentejas, de habas o garbanzos; con sopas de levadura y hierbas –hinojo, ajo, alcaravea–; platos todos estos que se servían en escudillas de loza con cucharas de madera. El cuscús se introdujo durante la dominación almohade, a principios del siglo XIII: es un plato típicamente occidental, que Ibn al-Hazraq, el cadí refugiado en Egipto en el ocaso de su vida –y en el mío– calificó de noble, pese a ser una simple sémola cocida al vapor y regada con caldo. El variadísimo pescado de mar, preferentemente las sardinas y los boquerones, eran muy del gusto de mis andaluces, y eran muy apreciadas también las hortalizas, entre ellas los espárragos trigueros, y una cierta combinación de verduras con verdolaga, espárragos, calabaza, hinojo y pepino todo ello cocido en agua salada y sazonado luego con aceite. El arroz se preparaba, durante acontecimientos familiares, en grandes cazuelas a fuego lento, añadiéndole trozos de los más variados pescados y especias. Según los calendarios que cundían por entonces, a partir del mes de marzo la comida preferida eran los entremeses fríos, encurtidos con salsas picantes y vinagre; en abril se tomaban rábanos, y en mayo aceitunas y diversos pepinos. Mis andaluces gustaban mucho de las alcachofas *–al-jarsuf–* y las berenjenas *–al-badinyan–*, y en verano comían frugalmente: pan, ensalada de lechuga, aceitunas y queso; por la noche, melón y leche acaso. En primavera y verano se preferían las frutas frescas, que venían de la Vega: ciruelas, albaricoques, melocotones, sandías, granadas y membrillos. Las manzanas y las cerezas de mis alrededores eran insuperables, como las naranjas, los limones, las cidras y los plátanos de Almuñécar, y las uvas de Cártama y los higos admirables de Málaga. Pero cuando las había, mis hijos se deleitaban sobre todo con pasas y castañas, con almendras y nueces.

La alimentación de los ricos era mucho menos sencilla. Mientras la carne sólo era comida por las clases inferiores con ocasión de fiestas, las acomodadas la consumían sobre todo en invierno, sola o formando parte de sopas exquisitas. La *muruzyya* era una carne preparada con sal, aceite, cilantro, dos masas de almidón, miel, almendras picadas y nueces verdes maceradas en vinagre. La *tafaya* de carne podía ser verde o blanca según que el cilantro se le pusiese seco o fresco, y su invención se debe a Ziryab, el músico bagdadí, al que tanto le deben la etiqueta y la cocina. Fueron frecuentes las carnes o pescados en escabeche o a la vinagreta, las albóndigas, las salchichas muy picantes y los fritos. Y algo más selecto, las criadillas de tierra y el cordero estofado con comino *–al-kammun–*. Los días de fiesta solían servirse alimentos de origen animal: aves de corral, pollos y pichones, perdices, tórtolas y alondras. En los no pocos libros de cocina que existían se recogen recetas sumamente complicadas, en

Dtalle de una puerta de armario del período nazarí. Museo Nacional de Arte Hispanomusulmán, Granada.

las que se usa el almorí *–al-mury–*, el jengibre, el azafrán *–zafaran–*, la albahaca, la alcaparra, el cártamo *–al-qurtum–*, o el anís *–anysun–*. Los platos de berenjena eran muy numerosos y las tortas de queso blanco y almojábanas *–al-muyanabbat–* se espolvoreaban con canela y se bañaban en miel. Los pasteles eran de innumerable diversidad, como los arropes, las galletas, las tortas, las pastas y los turrones. Las bebidas más corrientes, aparte del vino, eran la leche, el agua aromatizada con esencia de azahar o de rosa, el jugo de limón o de naranja, los jarabes de membrillo, de granada o de manzana, el agua de cebada, y la horchata de chufas, que se bebía en las fiestas. También el té caliente a la menta como estimulante y el sorbete *–sherbert–* preparado con esencia de violeta, rosa o plátano y hielo picado que se traía de Sierra Nevada y se conservaba en hondos agujeros cavados en la tierra.

El convite era una forma de materializar la tradición de la hospitalidad. En él se realizaban las mil y una recetas transmitidas de generación en generación. El que invitaba, lo primero que hacía era mandar una carta a sus invitados dedicándoles versos de elogio y de amistad. La víspera del banquete, toda la casa se dedicaba a la preparación de sopas, platos, postres. Llegado el día y la hora, se recibía en el patio a los comensales y, cuando era la primera vez que pisaban la casa, se les ofrecía un vaso de leche, que simboliza la pureza de sentimientos, y unos dátiles, que simbolizan la ayuda y la *asabiyya* con el amigo. Luego se pasaba al salón principal, lleno de color de suelo a techo y en mesas bajas redondas, ataifores, sobre manteles de piel fina, se servía el banquete. Tras él, se ofrecían electuarios digestivos de anís o de jengibre, y pastillas de goma y especias para perfumar el aliento. Además del murmullo del agua que venía del patio, el aire estaba lleno de aromas y de música de laúdes, de rabeles o de cítaras. Mientras se lavaban las manos los huéspedes, con jofaina y aguamanil de plata, se quemaba el incienso, y se les rociaba con perfumes de rosa, de lavanda o de azahar. Toda esta escuela de refinamiento culminaba en el contenido de las conversaciones, que debían de ser, en torno a la mesa, livianas y sin importancia, porque los temas graves podían dañar la salud y entorpecer la digestión. No es lo mismo que ahora.

EL ASPECTO EXTERIOR DEL GRANADINO: VESTIDO, ASEO, ADORNOS

El vestuario de mis granadinos experimentó, al principio del dominio nazarí, una gran influencia cristiana. Mohammed el Fundador cabalgaba por mis calles vestido con una saya *–saya–* de paño listado, semejante a la que usaban los campesinos castellanos. Ibn Sayd, historiador y contemporáneo suyo, señala que se había abandonado el turbante, tan corriente con los almohades. Ya sólo lo usaban los cadíes y los juristas; los aristócratas y la plebe llevaban *taylasan*, un velo que se enrollaba con elegancia en un hombro o en los dos. El tocado más frecuente era un casquete de lana, rojo o verde, y mis andaluces miraban con curiosidad, incluso con sonrisa, a los viajeros orientales porque en el atuendo tenían más de común con sus vecinos que con sus correligionarios.

Un siglo después adquieren importancia las modas que venían desde el Magreb. Los mantos africanos y los vestidos tunecinos se imponen. En invierno los trajes eran de tela gruesa *–al-malaffa–* cuya calidad variaba en función del rango social de la persona, y durante el verano se usaban los vestidos de lino, de seda, de algodón o de pelo de cabra, predominando los blancos. En cuanto al color del duelo, que con los omeyas fue blanco como reacción contra el negro de los abbasíes de Damasco, tal costumbre desapareció con las taifas. Con los Nazaríes, en el reino de Granada, el color del luto era oscuro, azul o negro.

La forma de los trajes masculinos era, con todo, muy diversa, y eso alegraba mi imagen. Los hombres de alto rango vestían encima de la camisa *–qamis–* una larga blusa recta sin aberturas y con mangas anchas. La adopción del vestido de dos colores vivos, a veces combinados mitad y mitad, era de clara influencia cristiana: en Castilla se generalizó con la moda gótica. Prenda muy frecuente fue el albornoz *–al-burnus–* de fina lana blanca. Las gentes de la *amma* o pueblo se contentaban con un atuendo más modesto: una saya de anchas mangas cuyos faldones se recogían bajo la cintura y unos zaragüelles *–sarawil–* blancos que les llegaban hasta los tobillos.

En los viajes y en la guerra, los hombres calzaban altas botas de cuero; de ordinario, los ricos y los nobles gastaban mucha pedrería en su calzado. Ya conté que Yusuf I, muy aficionado a las joyas, regaló al Mariní Abd al-Haq, con motivo de su desembarco en Salobreña, unas babuchas alhajadas deslumbradoramente. Hombres y mujeres corrientes, en la calle, calzaban zapatos de gruesa suela de corcho *–qurq–*, o zapatos bajos sin talón que dejaban la garganta del pie al descubierto. En la casa y en los baños usaban unas sonoras sandalias de madera con correas.

En cuanto al vestuario femenino, se correspondía con la situación privilegiada que en mi sociedad había adquirido la mujer. Bastará con una cita de Ibn al-Jatib:

> Las mujeres de Granada usan hoy ricos collares, brazaletes, ajorcas y pendientes de oro puro, con mucha pedrería y plata en el calzado. Las damas principales y las de la antigua nobleza lucen una gran variedad de piedras preciosas como rubíes, crisólitos, esmeraldas y perlas de alto precio. Las granadinas son hermosas, distinguiéndose por su regular estatura, lo garboso de su cuerpo, la longitud y espesura de sus cabellos, lo blanco y brillante de sus dientes, lo perfumado de su aliento, la graciosa ligereza de su andar, lo ingenioso de sus palabras y la simpatía de su conversación. Pero, por desgracia, han llegado en nuestros días a tal extremo en el atavío, afeite, y ostentación en el afán por las ricas telas y joyas, y en la vanidad de los trajes y adornos, que ya es un desenfreno.

Y en otra parte corrobora que habían alcanzado «el máximo en el arte de engalanarse, de obtener coloridos armoniosos mediante la superposición de vestidos de distintos colores, rivalizando en el empleo de telas bordadas con hilos de oro y de brocados, y en el uso de adornos provocativos».

¿De qué hablaba el asustado Ibn al-Jatib? En el atuendo femenino había siempre una pieza que servía a la vez de manto, toca y antifaz. Según su tejido o su corte eran *al-haremes*, *al-maifares* o *al-malafas*. A veces se vestían con aljubas vaporosas cuyo cuello y mangas adornaban con franjas doradas; aljubas que eran de seda gris o rosa en las mujeres de la aristocracia, mientras que las del pueblo usaban una saya más parecida a una casaca. A veces se cubrían la cabeza con un curioso turbante, o con un paño ceñido con un cordón grueso. Un pintor de principios del siglo XVI, Christoph Weiditz, dibujó a mis mujeres ataviadas típicamente: pañuelo en la cabeza, chaqueta de tres cuartos y pantalón blanco realzado con plata, pañuelo atadero rojo y verde, y pantorrilleras rojas o azules o verdes realzadas con oro. En los pies, mis musulmanas llevaban a menudo servillas *–sarbil–*, delicadas chancletas de cuero fino y de colores vivos, bordadas de plata, de oro o forradas de seda.

Por lo que hace a las joyas, queda dicha la opinión de Ibn al-Jatib, un poco contradictor de sí mismo, ya que, en otra parte, dice que la

Muchacha morisca, según un dibujo de Christoph Weiditz, siglo XVI.

abundancia y riqueza de éstas era reflejo de la superioridad de las granadinas sobre las mujeres de Meknés, que tenían que alquilar las joyas con motivo de las ceremonias matrimoniales o de fiestas porque no eran propiedad suya. Los collares, las sortijas, los pendientes o zarcillos, los brazaletes pesados, las diademas, los aretes de tobillo, las fídulas, los pectorales y los broches de filigrana de oro eran frecuentes entre las mujeres de casa rica, mientras que las de clase inferior usaban más la plata. El circón o jacinto, el topacio y los zafiros y rubíes eran las piedras preferidas. Los expertos orífices fueron a menudo judíos, y el perfeccionamiento alcanzado por ellos, en el montaje de las piedras y en la labor de los aderezos de oro y plata, fue de un buen gusto y un arte insuperables.

Mis hijos y mis hijas eran muy dados a los perfumes y a los ungüentos. Sentían predilección por las esencias de limón, de rosa y de violeta y también por el ámbar –gris o natural o negro– y por el almizcle. Las mujeres de clase social alta dedicaban largas horas del día a su aseo y al cuidado de su belleza. Los cepillos y peines del cabello, los aceites perfumados y las esencias conservadas en frascos de vidrio, la goma que masticaban para perfumar su aliento, la alheña *–al-henna–* con que teñían sus uñas, y la innumerable cantidad de afeites y el alcohol *–al-kohl–* o colirio de sulfuro de antimonio que se aplicaban a sus cejas y pestañas, bien lo demuestran.

Los andaluces que precedieron a los míos llevaban el pelo a la moda antigua: con raya en medio y caídos los mechones sobre las sienes por encima de las orejas. Pero la influencia de Ziryab fue decisiva: el pelo se empezó a llevar corto y redondeado, dejando ver las cejas, la nuca y las orejas. Sólo los sabios, al principio de la Dinastía, se dejaban crecer el pelo, pero no lo llevaban suelto entre los hombros, sino que lo deslizaban por debajo de la oreja izquierda. Corto o largo, mis hijos cuidaban mucho su cabello; mientras no fuera del todo blanco, se lo teñían con alheña. Mohammed VI, *el Bermejo*, fue llamado así por el color que la alheña prestaba a su pelo y su barba. Barba que usaban todos mis soldados, y que se afeitaban, como castigo, sólo cuando eran culpables de cobardía o de traición.

FIESTAS

En la página siguiente, Sala de los Reyes o de la Justicia en la Alhambra.

Los andaluces de todas la épocas han sido siempre aficionados al ocio y a las celebraciones, y han tenido la idea exacta de que el tra-

bajo sirve para vivir, y no la vida para trabajar. Mis musulmanes de la época nazarí no iban a ser una excepción. Celebraban algunas fiestas canónicas religiosas, y otras que no lo eran tanto. La Fiesta de la Ruptura del Ayuno señala, con la luna nueva del mes de *Sawwal*, el final del ayuno como penitencia del mes del Ramadán. La noche del 27 de Ramadán se prendían todas las lámparas de mezquitas, de palacios, de ermitas, de santuarios, de las grandes moradas y de los hogares humildes. Los soberanos y los súbditos, se reunían para escuchar sermones piadosos o la solemne plegaria de la Gran Aljama. Los poetas dirigían elogios a sus mecenas, y los secretarios de la Cancillería al sultán. La luna nueva que se ocultaba en el cielo me hacía brillar a mí esa noche en la tierra como un sol.

El día 10 del mes de *Du-l-Hiyya*, todas las familias, cualquiera fuese su poder económico, celebraban la Fiesta de los Sacrificios en que, según la vieja costumbre árabe, había que matar ritualmente al menos un cordero. El sentido de la fiesta se veía exacerbado por las dificultades económicas que costaba conseguir un animal para un cabeza de familia que sólo vivía de su trabajo y que había además de adquirir trajes nuevos para su mujer y sus hijos. Pero el sacrificio del cordero y el sacrificio del cabeza de familia duplicaban así el jolgorio y la alegría, que duraban varias jornadas. Con motivo de esta fiesta se consumían platos especiales; por ejemplo, el trigo cocido con leche, en recuerdo del primer aliento que tomó Amina después de dar a luz al Profeta. En esta fiesta y en la anterior, las máximas fiestas del canon, nada más terminar la oración y la plegaria, ya en la ciudad, ya en el oratorio campestre –*musayya*–, se echaban mis hijos a la calle, hasta la madrugada, rociándose unos a otros con agua perfumada y organizando una verdadera batalla de frutos y de flores.

Había otras dos fiestas celebradas muy especialmente por mis hijos: una, que tenía su fecha dos semanas justas antes del comienzo del ayuno, y otra, la *Asura*, que caía en el día 10 de *Muharram* y consistía en un ayuno ritual. En ésta, los maestros de escuela recibían regalos de sus alumnos, y el sultán solía hacerlos también a sus altos dignatarios.

Los más estrictos alfaquíes se sentían escandalizados y se indignaban ante el comportamiento de mis hijos que, contagiados por los castellanos vecinos, festejaban la Navidad y el Año Nuevo del calendario cristiano. Con motivo del primero de enero, mis musulmanes tenían la costumbre de intercambiar regalos, y preparaban platos especiales –como la cazuela de pescado en salazón– y pasteles en forma de ciudades, exquisitos no sólo por su sabor, sino también por la delicadeza de su confección y su forma. Más de un viajero se alarmó al ver que llegaban a valer setenta dinares o más, por los quintales de azúcar que contenían, las arrobas de alfeñiques, la variedad de frutas secas, bolsas de dátiles, sacos de pasas y de higos de diferentes clases, y toda suerte de cascajos de nueces, almendras, avellanas, castañas, bellotas y piñones, amén de caña de azúcar y toronjas, de naranjas y limas de la mejor calidad.

La Fiesta del Nacimiento del Profeta, que conmemoraba su aniversario, llegó desde el Magreb, y su celebración bajó desde la Alhambra al pueblo. Tanto la *hassa* o la aristocracia como la *amma* o plebe se ofrecían fabulosos banquetes, dentro de sus posibilidades, que se prolongaban hasta la oración de la mañana. En la Alhambra, mis sultanes hicieron famosas en el mundo entero las celebraciones del *Mawlid*, y tanto y tan hiperbólicamente los ponderaban sus poetas oficiales que mi querido Mohammed V se vio obligado a aconsejarles que dirigieran los elogios más al Profeta que al sultán.

Además de estas fiestas, más o menos religiosas, había heredado mi época dos, fijadas por el calendario Juliano, que señalaban los diferentes períodos del año fiscal y agrícola. Tenían nombres persas: el *Nayruz*, día del Año Nuevo iraní, y el *Mahrrayan*, que coincidía con la fiesta cristiana de San Juan.

El *Nayruz* coincidía para mis hijos con el equinoccio de la primavera. A pesar de que los juristas desaprobaban la costumbre, se hacían unos a otros regalos que no siempre estaban a su alcance, lo cual hacía temblar su economía. Se solían fabricar, para ese día, juguetes en forma de animales, muy en espacial jirafas, a pesar de las prohibiciones religiosas, y vasijas de barro y minúsculos candiles, que se ponían en las manos ilusionadas de los niños.

El *Mahrrayan* celebraba el solsticio de verano. En mi reino se la nombraba *Ansara* y mis hijos, cualquiera que fuese su condición social, también en ella intercambiaban regalos. Los sultanes solían organizar fiestas para su pueblo. Y, dado que la conmemoración era esencialmente agrícola, cantaban los poetas la riqueza de mi tierra y el denso y apasionado florecer y perfumar de las plantas; se encendían en el campo grandes hogueras, a las que se echaban hierbas olorosas, sin hacer caso a las censuras de los alfaquíes; se comían almojábanas y buñuelos, y, lo mismo que en la fiesta anterior, la gente humilde se ponía disfraces y salía a las calles a encontrarse con otra gente humilde y a divertirse juntos.

Otra fiesta campesina, en la que los ciudadanos participaban era la Pascua de los alaceres *–al-asir–*, o Fiesta de la Vendimia. Se festejaba la recogida de la uva, una parte de la cual se pisaba para obtener el mosto, y otra se colgaba de vigas para su consumo o para secarlas luego sobre los paseros. Mis hijos que podían dejaban durante unos días sus viviendas habituales y se trasladaban a sus casas de campo. Hombres, mujeres y niños se vestían con sus mejores ropas y se entregaban a la música y el baile. Celebraban zambras al aire libre, con danzas y cánticos populares; sonaban flautas y chirimías, instrumentos de la música vulgar que despreciaba la culta; los hijos engendrados en esta fiesta se consideraban bienaventurados, y no eran pocos porque la danza y el canto incitan al amor. Sin embargo, como las almunias y las alquerías no estaban lejos a veces de la frontera, mis hijos iban a ellas armados, en previsión de posibles incursiones castellanas. Eso demuestra, como ya he dicho, que cierta amenaza enturbiaba –y también llevaba al límite– los gozos y las fiestas de aquel tiempo cuya fragancia aún embalsama mi memoria.

JUEGOS Y DIVERSIONES

No puedo dejar de mencionar el primero al ajedrez, el más reflexivo de todos y que siempre me ha parecido una parábola de la vida. Ha estado muy unido a mi historia. Mi sultán Yusuf III, condenado a muerte por su hermano Mohammed VII, apostó su vida con el guardián de Salobreña en una partida de ajedrez, y la salvó. Y de otro sultán mío, Mohammed XI, el pueblo inventor de los romances fronterizos, dijo en el de Fajardo:

Jugando estaba el rey moro
y aun al axedrés un día,
con aquesse buen Fajardo
con amor que le tenía.
Fajardo jugaba a Lorca,
y el rey moro Almería;
xaque le dio con el roque,
el alférez le prendía.
Grandes vozes diera el moro:
«La villa de Lorca es mía».
Allí hablara Fajardo,

En la página siguiente,
Patio de los Leones.

bien oiréis lo que dezía:
«Calles, calles, señor rey,
no tomes la tal porfía,
que aunque me la ganasses,
ella no se te daría:
caballeros tenga dentro
que te la defenderían.»
Allí hablara el rey moro,
bien oiréis lo que dezía:
«No juguemos más, Fajardo,
ni tengamos más porfía,
que sois tan buen caballero,
que todo el mundo os temía.»

El arte de la equitación y la moda de las carreras de caballos comenzaron cuando los jinetes magrebíes, y especialmente los de Ifriquilla o Túnez, inmigraron a al-Andalus y adiestraron según sus métodos a los andaluces. Mis Nazaríes los convirtieron en su pasatiempo favorito: unos, como jinetes consumados y buenos conocedores de las capas equinas; otros, con su asidua concurrencia a las carreras. De ellas, en cierta forma, derivó la tabla, un juego al aire libre, que enloquecía a los espectadores, en el que competían los jinetes lanzando palos sobre un blanco de madera. Los torneos a campo cerrado tuvieron, desde principios del siglo XIV, muchos partidarios. Mohammed V, desde su adolescencia, frecuentó las palestras y se midió con lanzas cortas con los más diestros caballeros. En las plazas públicas de Granada, sobre todas, en *Bib al-Rambla*, que daba al Darro, y en la Puerta de los Ladrilleros, y en la explanada llamada la Tabla, no lejos de la Puerta de los Aljibes –hoy Torre de los Siete Suelos– se celebraban justas ecuestres, en que la competencia dificilísima de los jinetes entusiasmaba al pueblo. Como le entusiasmaba, a él y a quien lo ejercitaba, el juego de cañas, en que se hacían las fintas, quiebros y amagos más inverosímiles sin llegar a la sangre de las lanzas. Münzer, mi visitante, lo describió con admiración: «Divididos en dos cuadrillas, comenzaron los unos a acometer a los contrarios con largas cañas –los bohordos, de seis palmos–; otros, simulando una huida, cubríanse la espalda con adargas y broqueles persiguiendo a otros a su vez, y todos ellos montados a la jineta en corceles tan vivos, tan veloces, tan dóciles al freno, que no creo que tengan rival. El juego es bastante peligroso, pero con este simulacro de batalla se acostumbran los caballeros a no temer las lanzas de veras en la guerra de veras. Después, con cañas más cortas, a modo de flechas, y a todo correr de los caballos, hicieron tiros tan certeros como si las dispararan con ballesta o lombarda. Nunca vi tan bizarro espectáculo».

Otro juego popular, en el que el pueblo era simple espectador, eran los combates entre animales. Solían celebrarse en el descampado de la *al-Musara*, y atraían a una multitud deseosa de ver correr la sangre en luchas entre toros y leones, o más frecuentemente entre toros y perros, mientras hacían apuestas en favor de uno u otro enemigo. En una palestra, rodeada de una empalizada, unos perros entrenados hostigaban a un toro, mordiéndole las orejas, de las que se le colgaban como zarcillos; luego, unos jinetes provocaban al astado con picas cortas, y por fin le daban muerte con un rejón.

Pero no sólo la sangre de los animales atraía al público, sino la derramada en las ejecuciones o flagelaciones, y la exposición de los cadáveres de los ajusticiados en la horca. Quizá acostumbrado a los desastres de la guerra, mi pueblo no podía vivir del todo en paz. Por la misma razón le apasionaban los grandes desfiles militares, que se celebraban con motivo de la llegada de algún embajador, o por la partida del soberano a una revista de tropas o a una algara o a la guerra. La gente se agolpaba en mis calles más anchas para verlo volver de sus expediciones cargado de botín y prisioneros. Bajo el sol destelleaban los jaeces de los caballos, el metal de las armas y de los instrumentos musicales; el aire removía las crines, las colas, las capas y los almazares. Hubo un famoso desfile: el alarde celebrado por Abul-Hassan en Abril de 1477, en el que desfilaron, durante cuatro semanas, todos los grupos de la caballería andaluza, y al que asistió todo mi pueblo y el de mis alrededores. Fue un incomparable espectáculo al que pusieron brusco fin las inundaciones, provocadas por una lluvia insólita, que hicieron desbordarse las aguas de los ríos y me sembró de mortandad y ruina.

A veces también producían mortandad los juegos del bajo pueblo. Los muchachos formaban bandas, y peleaban los de una calle o los de un barrio con los de los vecinos, armados con garrotes y palos. El zalmedina censuraba tales juegos, que a menudo acababan en riñas y en sangre, como el de las cañas en lanzas.

Aunque también estaban prohibidos por la ley musulmana, porque separaban a los creyentes de sus obligaciones religiosas, los juegos de azar se practicaron siempre: en los zocos los jugadores de dados, pese a las censuras del almotacén, arriesgaban su dinero y el de los espectadores que los rodeaban, y en el juego del *qirq*, parecido al de las damas, los aficionados eran capaces de perder hasta su última moneda.

MÚSICA, CANTO Y BAILE

La influencia del bagdadí Ziryab en la música andaluza es muy difícil de exagerar. En un principio derivó de la oriental, pero muy pronto interpuso su savia, su forma de manifestar la alegría, su ritmo peculiar, y se transformó en una música que aún sigue viva, no sólo en mí, sino en todos los puntos del Magreb donde fue trasladada.

Las discusiones sobre la licitud del canto y de la música nunca he conseguido que me interesaran; creo que un pueblo que no acierta con una música propia que exprese su alma y sus anhelos es un pueblo inconcreto. Ninguna religión puede coartar, sino ordenar hacia lo alto, la más espiritual expresión del hombre. Ibn Abd Rabbihi escribió que el canto es alimento del oído, pradera del alma, manantial del corazón, solaz del triste, acompañante del solitario y viático del peregrino. Siempre le he dado la razón a ese cordobés; como se la dí a Ibn Hazm, el otro hermoso cordobés, cuando expuso el punto de vista religioso zahirí, defendiendo la licitud del canto y negando la validez de las tradiciones que lo consideraban impío. Hay un dicho del Profeta que decide el tema: «Las acciones humanas sólo pueden valorarse en función de las intenciones que encierran». Ni los maliquíes, los más rígidos entre los juristas, pueden formular contra esa sentencia objeción válida. Las ciudades son distintas unas de otras. Antes de mí, al-Andalus tuvo dos grandes capitales, Córdoba y Sevilla. La gente de Sevilla siempre fue más ligera y graciosa, más burlona y ágil de ingenio; en las riberas del Guadalquivir, en el arenal donde los almohades levantaron la Gran Torre Octagonal, los súbditos de al-Mutamid, ya antes de él, tañían el rabel y la cítara, la guitarra, la flauta y el albogue, mientras corrían las canciones y se improvisaban los poemas. ¿Ignorarán siempre los alfaquíes y los ulemas, los exigentes moralistas, que a los andaluces les emborrachan más las palmas que el vino? ¿O es precisamente porque no lo ignoran por lo que también se oponen a las palmas? Córdoba siempre fue más severa que Sevilla. Averroes comentó que cuando moría un sabio en Sevilla llevaban a vender su biblioteca a Córdoba, y que, si en Córdoba moría un cantor o un músico, se llevaban sus instrumentos

Mosaico del Salón de Embajadores.

a vender a Sevilla. Pero, por más severa y elegante que Córdoba haya sido, cualquier festejo y celebración en toda Andalucía echaría de menos la música, el canto y la danza si no fuesen ellos sus protagonistas. En las fiestas nocturnas de mis grandes linajes, ¿con qué se obsequiaría a los invitados mejor que con un espectáculo de cante y baile, a los sones de una orquesta –*sitara*– de hombres y de mujeres? ¿Cómo, si no, iba a imbuírseles el gozo de vivir? ¿Es que los libros de teoría musical no tuvieron predicamento en mi cultura? ¿Es que la música no provoca el entusiasmo, el rapto, la emoción física –*tarab*– y las lágrimas y lo mejor del alma de quien la oye? ¿De qué iba a servir que Ibn Abd al-Rauf prohibiese, en las fiestas de bodas o de otro tipo, los instrumentos musicales con excepción de la pandereta? ¿Qué valor iban a tener las opiniones sobre la licitud o ilicitud del *kabar*, esa variedad del tambor? ¿Con qué fuerza iban a representar a los andaluces los aduladores de los almorávides, historiadores o poetas, que reprocharon a nuestro reyes de taifas su afición a oír canciones y a tañer la flauta y el laúd? La música, el canto y la danza suscitaban los *wallah* –que significan «por Dios»– que eran el antecedente de los «olés» de hoy, y por Dios se escuchaban y se veían.

Porque no fue patrimonio de reyes y magnates, sino del propio pueblo y sus poetas y sus artesanos. Las moaxajas y los zéjeles se destinaban a ser cantados. Y ya en el siglo XII se tocaba la cítara, el rabel, el arpa y la guitarra, y, entre la *amma*, la pandereta, introducida por los beréberes, tan aficionados a los instrumentos de percusión. Si entre los antiguos andaluces se traían de Oriente o de Berbería músicas y cantantes femeninas, enseguida empezaron a formarse en al-Andalus. Era tradición cordobesa, heredada de la época romana, que la música formase parte de la educación general de las muchachas, hasta el punto de que, en las familias nobles, cantaban de una en una durante las fiestas íntimas.

De mí sé decir que, en el tiempo de los nazaríes se asoció la música a cualquier festividad, y que el canto se escuchaba por todas partes, hasta en las tiendas más pequeñas, donde los niños cantaban mientras cumplían su aprendizaje. Mis musulmanes se expresaban a través de la flauta de madera y de la ajabeba –*sababa*–, un caramillo formalmente prohibido por los sufíes de Granada, tan estrictos, en sus conciertos espirituales. En los festejos públicos, los expertos lucían sus habilidades con el añafil, la gaita y la bandola, y al margen de la música refinada de la corte, se organizaban reuniones en las que se oían castañuelas y diversas especies de tambores y tamboriles. En mi reino hubo una institución, que era el amín de juglaras y juglares, una de cuyas misiones fue cobrar un impuesto, el tarcón, que había de pagarse por las zambras y leilas que se celebraban en bodas y otras fiestas y saraos. Porque la música formaba parte de la vida. Independientemente de la mantenida por el mecenazgo de reyes, príncipes y altos dignatarios, la hacía el pueblo para regocijarse en la recogida de las cosechas, para hacer más llevadero su trabajo y para embellecer sus asambleas. Y a ellas hay que añadir la música militar (que a veces, por respeto a los alfaquíes, no sonaba sino después de atravesar la Puerta de Elvira) y la de los campamentos, y las melodías que traían consigo los caballeros desnaturados de Castilla y los comerciantes italianos. Así era la música con la que fui feliz, y así la que emigró con mis últimos hijos a Fez y a Túnez donde aún se conserva con los emocionantes nombres de «canto andaluz» –*al-gina-al-andalusi*– y «palabras de Granada» –*kalam Garnata.*

MORAL Y COSTUMBRES

Mucho se ha dicho, y no sólo en relación con la música, sobre la inmoralidad de las costumbres del Islam andaluz. Un tema crítico fue el del vino. Dice el Corán: «Oh creyentes, ciertamente el vino, el juego del *maysyr*, los ídolos y las flechas son abominaciones procedentes de la actividad de Satanás. Evitadlas. Tal vez seáis bienaventurados». Este precepto, que a ojos de algunos no implicaba una prohibición absoluta del vino, contrastaba con otros en los que incluso se habla de su bondad (la aleya 69 de la azora XVI habla de los bebedores de los frutos de la palmera y de la vid; «toman de ellos embriaguez y sustento bueno: en verdad hay en esto una señal para el pueblo de los que reflexionan»). Como consecuencia se levantó una polémica entre las diferentes escuelas jurídicas del Islam: los maliquíes exageraron su rigor llegando a castigar duramente a los infractores; los anafíes consideraron lícito el consumo de vino de dátil si era moderado y no conducía a la embriaguez. El poeta Ibn al-Rumi escribió con ironía:

> Los doctores del Iraq (anafíes) han declarado lícito beber vino de dátiles e ilícito el de uvas.
>
> Los doctores del Hichad (maliquíes) han dicho: «No hay diferencia entre ambas bebidas».
>
> Por tanto, si están en desacuerdo, será lícito beber cualquier vino.

La realidad es que la prescripción fue, desde el primer momento, trasgredida: los califas bebieron, y sus mejores poetas cantaron la bebida. Si así era en Oriente, ¿qué no iba a ocurrir en Andalucía, cuyos vinos ya eran famosos mucho antes de que se hiciese musulmana? La costumbre de celebrar alegres tertulias en las que se bebe vino, se oyen bellos poemas y se escuchan melodías y cantos no ha dejado nunca de tener vigencia aquí, pese a que la oficialidad en ningún momento dejó de emanar órdenes que procuraban reprimir los abusos. Se llegó incluso a prohibir las plantaciones de viñas; pero la convivencia con la población cristiana cordobesa hizo imposible bajo los Omeyas su erradicación: el vino más famoso de mi hermana Córdoba se llamaba precisamente *de monasterio* porque se vendía en los conventos cristianos. En la Sevilla almorávide de principios del siglo XII se castigaba a los mercaderes que vendían vino, se destruían sus recipientes, y se prohibía a los barqueros cruzar al otro lado del Guadalquivir a quienes llevaran ánforas para comprar vino a los mozárabes de Triana; pero se produjo una clara discriminación en los castigos según la condición de las personas: «El zalmedina no absolverá a nadie por falta contra la ley religiosa más que si se trata de personas de elevada condición, a las que se absolverá según el dicho: "perdonad a las gentes de clase alta, pues para ellas la reprimenda es más dolorosa que el castigo"». El gobierno almohade, para impedir las infracciones que se amparaban por la confusión del jarabe hervi-

do y el vino fermentado, llegó a vaciar las tiendas en que se vendía el mosto, cerrar las tabernas, derramar el vino disfrazado y aplicar las penas coránicas contra aquellos cuyo aliento oliera. Mis predecesores ziríes dieron muestras también de una severidad ejemplar contra los consumidores de vino: los culpables sólo podían escapar a la muerte si pagaban una cuantiosa multa. Y mi Mohammed V, en un famoso edicto, censuraba la tendencia de mis hijos a beber vino hasta la embriaguez y hacía un llamamiento a los habitantes de mi reino para que denunciaran la existencia de despachos de bebidas.

Es cierto que los anatemas contra los taberneros y los borrachos que vagaban por los zocos no cesaron nunca; pero tampoco cesaron ni los taberneros ni los borrachos que vagaban por los zocos. El vino de Málaga siguió siendo apreciado de generación en generación, y las viñas de mi reino, con las uvas sin pepitas de las que se extraía el delicioso zumo, fueron, también de generación en generación, famosas y benditas.

Una anécdota ilustra la actitud y el comportamiento de mi gente con respecto al problema. Al médico granadino Mohammed al-Jazrayi, unos juerguistas le robaron una jarra de vino añejo muy apreciado por él. Para conocer quiénes habían sido los ladrones, hizo correr la voz de que el buen vino no había sido robado y colocó otra jarra de vino flojo aliñado con una hierbas medicinales que producían diarrea. Los juerguistas fueron a la noche siguiente en busca de la

Detalles de la bóveda de la Sala de los Reyes que representa escenas ecuestres del mundo de los nazaríes.

segunda jarra, y sufrieron las consecuencias. Cuando acudieron al médico para procurarse un remedio, él no accedió a curarlos más que después de haberles hecho pagar el doble del precio del vino añejo.

Es necesario reconocer que, junto al vicio de la bebida, otro alcanzó gran difusión entre los granadinos: el del hachís. Era un narcótico extraído del cáñamo indio, que se fumaba para provocar una excitación de los sentidos. Ibn Sayd, al visitar Egipto, ya notó la abundancia de fumadores, y desde el siglo XIII, los granadinos, especialmente los pertenecientes a las clases más altas, se aficionaron al hachís. Ibn Jamis compuso unos versos en que lo compara con el vino:

> El vino y el hachís son las muletas
> en que me apoyo: de agradecer son ambas;
> pero la del vino me traba los pies
> y la del hachís me proporciona alas.

Otra anécdota recogida por Ibn al-Jatib, ocurrida entre el rey *Bermejo* y su zalmedina o jefe de policía, es bastante representativa de la situación. Es el jefe de policía quien la narra:

> En cierta ocasión alabé al sultán porque los habitantes de Granada habían dejado el vino, y la capital estaba limpia de todos sus vicios. El sultán me contestó públicamente: «Y el hachís, ¿qué pasa con él?» Yo le respondí que no había encontrado ni el menor rastro, y él añadió: «Pues vete a casa de fulano y de mengano», y me citó nombres de personas pertenecientes a categorías altas y bajas, agregando además toda clase de datos de sus genealogías. Yo fui inmediatamente a todos los lugares indicados por el sultán, y juro ante Dios que todo lo que me había dicho era cierto. Entre otras razones, porque él mismo era cliente de esos lugares y solía asistir a sus reuniones. Así tuve al sultán como maestro en mi oficio.

Numerosos historiadores, llevados de su animadversión a lo musulmán han hablado de lo disoluto de las costumbres en mi reino. Pienso que estarían de acuerdo con los que fueron mis censores más puritanos, los propios alfaquíes de mi época, o con algunos historiadores anteriores, pagados por los almorávides o los almohades, que vinieron a traer, al menos de palabra, la austeridad en las costumbres y el puritanismo moral, y a los que convenía que alguien pregonase la inmoralidad de sus predecesores. En realidad, dudo que ningún tiempo haya sido especialmente libertino. Quizá el reparto de la Península en pequeños principados originó un quebrantamiento del principio de la autoridad y un espíritu de permisión y desobediencia, todo lo cual fue favorable a la corrupción moral en el momento de las taifas. Pero la pederastia y la sodomía que con especial ensañamiento se nos atribuye han estado presentes en todas las culturas y más aún en todas las decadencias.

A principios del siglo XI, después de las crisis que provocaron duros períodos de carestía, en Córdoba los libertinos hacían alarde de su bajeza, y los homosexuales del adarve de Ibn Zaydun eran más descarados y más numerosos que en cualquier otra ciudad de al-Andalus; pero no puede asegurarse que fuesen sólo musulmanes, porque entre ellos abundaban también los judíos y los cristianos. En este caso, como en el del vino, el vicio superó todas las predicciones del Corán, la *Sunna* y los *hadits*. Los tratados de *hisba* condenaban la conducta de los cantantes y coperos afeminados y de los *hawi* o *muhannat* que se desenvolvían en medios y ambientes que con dificultad podrían ser calificados de equívocos, ya que eran absolutamente inconfundibles. En todas las clases sociales se infiltró la sodomía, o creció con ellas. Tanto es así que Ibn al-Jatib, al retratar a Mohammed VI *el Bermejo*, al mismo tiempo que retrataba sus villanías, señalaba que el soberano practicó la pederastia. No es de extrañar que se haya hablado de un harén masculino dentro de los palacios de la Alhambra, ni que la más leve ojeada sobre los poemas hispanomusulmanes descubra la continua referencia a la hermosura y al amor de los muchachos.

Por lo que hace a la prostitución femenina se ejercía dentro de las ciudades o en las afueras, en lugares concretos. –Yo en mí lo tuve en un arrabal destinado a las mujeres públicas que se llamó *al-qusayfa*–, aunque con frecuencia las prostitutas fijaban su domicilio y ejercían su oficio en las alhóndigas con habitaciones *–jam–*, de las que no podían salir sin llevar la cabeza cubierta. Pagaban una contribución al fisco *–al-jaray–*, y de ahí que las casas llanas se llamasen *dar-al-jaray*, y a las rameras *jaraiyya*, u obligadas al pago del tributo.

En cualquier época agitada se provoca una revolución de las costumbres, ciertos exilios sociales y una rebeldía soterrada que origina, por reacción, una forma de vida rebelde y compulsiva. Los que después fueron llamados pícaros ya rondaban por mis callejuelas, se sentaban en mis plazas, recitaban en mis esquinas, robaban o engañaban a sus conciudadanos, y no se consideraban conciudadanos de nadie. Los aventureros proliferan en los momentos de críticos, de cambios y amenazas, y, excéntricos, se niegan a ganarse la vida que ellos no han pedido vivir y asedian a los más débiles, viven a costa de los más poderosos, se unen a bailarinas, mujeres de la casa llana, viudas desoladas, y acaban por formar una hermandad de la trapacería. Una figura atractiva y personificadora de esta soberbia de los truhanes fue un letrado de Vélez Málaga, Ibn al-Murabb al-Azbi, cuyo aspecto derrotado ocultaba una gran sabiduría y unas finas habilidades literarias. Semejante a él fue un faquí insólito, Umar al-Malaqui, que vivía entre los falsos mendigos, orgulloso de su propia lascivia y de sus artimañas para sobrevivir; tanta influencia consiguió en su medio que fundó una cofradía de vagabundos, la *tariqa sasaniyya*, que proporcionaba una fea imagen de lo que fue la moralidad entre mis hijos. Generalizar es, sin embargo, equivocarse.

LA VIDA RELIGIOSA

El reverso de lo antedicho lo constituye el fervor y la piedad que caracterizaron a la inmensa mayoría de mis musulmanes, desde los más humildes a los más encumbrados. La religión amalgamó a todas las clases sociales, y tanto la minoría árabe cuanto los neoconversos, transmitieron su forma de vida, su culto y la asiduidad de su cumplimiento, de una en otra generación. El Islam no es una religión que separe las actividades privadas de las colectivas sino que desenvuelve su influencia y sus preceptos en la sociedad íntegra y en el creyente, miembro de ella. Al-Andalus fue el bastión de la ortodoxia maliquí, y el estricto respeto de ella consiguió sofocar, desde un principio, las escasas tentativas de implantar herejías en el suelo andaluz. El Corán y la *Sunna* (tradiciones o modelo de conducta del Profeta) fueron las dos grandes fuentes de la fe, del derecho, de la piedad y de la vida práctica. Los maliquíes seguían las directrices de Malik Ibn Anas, autor de la más antigua compilación del derecho del Islam sunní. Su rigidez admitía, no obstante, que las tradiciones podían ser modificadas si llegaban a oponerse al bien público. De todos los métodos o caminos, el maliquí es acaso el que más sufrió las consecuencias de haber cerrado las puertas al esfuerzo personal para obtener el derecho de las cuatro fuentes: el Libro, las tradiciones, el consenso de los doctores y la deducción analógica; de ahí que a la larga se hiciera responsable de la esclerosis de las ciencias religiosas.

En la página siguiente, Salón de Comares.

Sin embargo, el maliquismo no fue tan poderoso y unánimemente aceptado como afirmaron mis literatos nazaríes. Existió alguna

persistencia de la escuela zahirí, que interpretaba el Corán y la *Sunna* desde un punto de vista completamente literal y externo, y reducía el consenso a los Compañeros del Profeta, rechazando la aceptación pasiva tanto del criterio de autoridad, como de los métodos racionales de la opinión subjetiva, de las deducciones analógicas, de la preferencia personal que tiene en cuenta el bien y la equidad, y de la utilidad pública. Y aparecen asimismo mencionados algunos siíes –miembros de la *sia*, es decir, de la secta–, que son los partidarios de Ali y de sus descendientes con Fatima, hija del Profeta, que rehusaron admitir la legitimidad de los califas Omeyas y Abasíes, y reivindicaron el poder en favor de los imames alíes, si bien se separan, además, de los musulmanes ortodoxos no sólo por la cuestión de la autoridad suprema de la colectividad, sino también por la de las prerrogativas del poder, de las fuentes del derecho, de la interpretación alegórica del Corán y de la carga mesiánica de la *sia*.

No obstante, el maliquismo era la doctrina triunfadora como se demuestra en el reclutamiento de los maestros y en la elección de las materias enseñadas. Lo que sucede es que aquella época fue demasiado dramática como para ser compatible con el conservadurismo rígido y la intransigencia. Hubo de adaptarse la doctrina a las circunstancias de inferioridad militar en relación con los castellanos, aceptando determinadas componendas que en otro tiempo se habrían rechazado. Tal se deduce, por ejemplo de la respuesta a la consulta mudéjar sobre la licitud o ilicitud de comprar a los cristianos los bienes que éstos habían tomado como botín de guerra. Tal respuesta, que trasluce la angustia por los acontecimientos políticos, se pliega ante la necesidad pública demostrativa de la fuerza mayor. Es decir, que a través de numerosas demostraciones prácticas, el maliquismo andaluz sobrevivió gracias a su flexibilidad y a su fuerza de adaptación.

Aún así me es imposible cerrar esta referencia sin aludir a la importancia del sufismo. El sufismo es la dimensión esotérica del Islam, su misticismo, la espiritualidad practicada por los sufíes, así llamados por el sayal de lana –*suf*– que vestían. La religión ordinaria del Islam, tal como la practicaba la mayoría de los musulmanes, les parecía a los sufíes una religión de meras apariencias inferior a la del corazón; de ahí que ellos aspiren a una más perfecta regla de vida, a una línea de interiorización y profundización espiritual del mensaje del Profeta. Su rasgo característico es un elemento litúrgico nuevo, el *diqr*: recuerdo, memoria, invocación del nombre de Dios. Mientras las oraciones rituales tienen su horas determinadas y sus límites prescritos, la libertad con que podía usarse el *diqr* era característica de los sufíes, que la consideraron pronto práctica indispensable y aun superior a la oración ritual, llegando con ella a la experiencia estática, a través de la que experimentaban personalmente la unicidad divina y alcanzaban el verdadero significado de la relación amorosa con el Creador. Se comprende que, a lo largo del tiempo, la reacción ortodoxa intransigente se afirmara con mayor o menor fuerza contra el sufismo.

En el Albayzín hubo pronto alguna rábita sufí. Recuerdo una fundada por el grupo familiar de los Banu Bid Buna, que habían huido de Levante, y que se dedicaron a hacer propaganda de sus ideas religiosas, alcanzando una creciente influencia moral. Los miembros de esta cofradía se reunían cada noche; a lo largo de sus ejercicios espirituales recitaban pasajes del Corán, a los que seguía la repetición de letanías; luego coreaban los poemas esotéricos del mártir del Islam oriental al-Hallay. Los miembros de la reunión no tardaban en caer en éxtasis místico y surgían de entre ellos cantores que recitaban versos iluminados; una especie de furor sagrado colectivo se apoderaba de los presentes que, despojándose de sus remendadas vestiduras hasta quedar casi desnudos, iniciaban una danza sin ritmo y sin medida que se prolongaba hasta la extenuación. Algunos sultanes nazaríes llamaban a la cofradía sufí a sus palacios de la Alhambra para participar de este ambiente sobrenatural, de lucidez sonámbula.

Tales místicos solían ejercer oficios humildes y pertenecían, como aquellos primeros compañeros pobres del Profeta empeñados en mantener el islamismo en la pobreza y en la abnegación, a los más modestos estratos de la población; eran hortelanos, tejedores, jornaleros y hasta vagabundos. A ellos se agregó un grupo de faquires procedentes del Irán y de la India que, seducidos por mi belleza, se instalaron entre mis hijos y se dedicaron al pequeño comercio. El viajero Ibn Batutta, cuando me visitó, estuvo en casa de una familia muy nombrada, los Banu-l-Mahruq, tío y sobrino, dos juristas de prestigio que, por vocación, se habían retirado cada uno a una ermita. Estas ermitas, bastante numerosas, eran los lugares donde se trasladaban mis musulmanes con motivo de las fiestas canónicas, y daban cobijo a los viajeros, sin distinción de fortuna.

La vida sufí alcanzó su apogeo en la segunda mitad del siglo XIV, tanto que puso en apuro a los puristas maliquíes, guardianes de la ortodoxia. En efecto, estos tuvieron que mostrarse indulgentes con lo que consideraban desviaciones, debido a la hospitalidad que prestaban a los viajeros y a la ascendencia que habían conseguido en

ciertas áreas sociales. Es en el último cuarto de ese siglo cuando en la comunidad sufí aparecen ciertas disensiones sobre la mística: para algunos, más independientes, bastaba la iniciación a través de la lectura individual de las obras recomendadas, mientras que para otros nadie podía eximirse legalmente de la enseñanza oral de un maestro. El sufismo, pues, había seguido el camino de todas las doctrinas, al ir perdiendo su pureza y su libertad individuales y el menosprecio por el estudio de las obras didácticas, ante la oposición de los maestros defensores del orden, de la uniformidad y de su propio magisterio. Sin embargo, las cofradías sufíes perduraron en mí no sólo hasta el final de mi reino sino hasta mucho después. En mí hubo entonces más de treinta y siete rábitas, ante una de las cuales, que los cristianos consagraron luego a san Sebastián, entregó el último sultán mis simbólicas llaves a los Reyes Católicos.

ARTE, DECORACIÓN Y ARTESANÍAS

Si hablamos del arte que se desenvolvió en mí y me adornó a lo largo de los dos siglos y medio en que me gobernó la Dinastía, es preciso referirse, en primer lugar, a la arquitectura; pero conociendo la inutilidad de tal referencia, porque es imposible imaginar cómo eran los palacios y las residencias de que yo estaba cuajada en los días de su esplendor. La arquitectura casi se reducía a la decoración, como si los edificios no se hubiesen hecho para durar más que sus constructores. Algunos de ellos fueron destruidos por los cristianos; otros, transformados en algo diferente, adaptados a sus necesidades y a sus gustos; otros, abandonados a la desidia y a la lepra del tiempo. Los monumentos más representativos y prestigiosos de mi arquitectura son aún la Alhambra y el Generalife. Pero el Generalife es un jardín de sombra y agua, y su arquitectura está hecha sólo de agua y sombra; en cuanto a la Alhambra, sus edificios más completos hoy son sólo habitaciones desmanteladas. Apenas conservan las hojas de madera de puertas y ventanas; ni vidrieras, ni restos de color en sus decoraciones, ni las bellas solerías doradas. ¿Dónde fue su portentoso mobiliario, el ajardinamiento de sus espacios, de los que hoy sólo la intuición testimonia? Sólo el agua, la fugitiva, permanece, aun modificados sus efectos de armonía, de relumbre o reflejo.

Cuando en la época actual se ha dicho de estos edificios que eran como quioscos de refrescos, quizá no se haya carecido de razón, en

En la página anterior, detalle del saqueo de la ciudad de Santa Fe, según la pintura de la batalla de Higueruela. Monasterio de El Escorial.

vista de lo mal y de lo tristemente que por toda la faz del mundo han sido imitados. Cuando se ha dicho que eran palacios levantados con cuatro palitroques, también se acertó; lo que parece imposible es que tales palacios, edificados en una zona donde abundan los terremotos, con materiales perecederos, de una fragilidad bien visible, sometidos a los asaltos de las guerras y a los saqueos de los visitantes, pasando de mano en mano –de los sultanes a los nobles cristianos, y luego a los reyes afrancesados, y luego a veteranos y a contrabandistas y a gitanos, y luego a los poderes gélidos de la arqueología– hayan podido subsistir como una burbuja brillante y conmovedora. Quien se pregunte, dados los trabajos de restauración, cuánto tiempo tarda en renovarse del todo la Alhambra, que se pregunte también si no son las mismas las rosas y el agua, si no son los mismos los ruiseñores, y si no son también idénticas la esperanza y la desesperanza. Lo que perdura es una mínima parte de lo que existió. A ojos recién llegados puede parecer que la ciudad de arriba era como se la ve, reducida y fría. No es cierto: las paredes no tenían manchas ni grietas; ni la humedad ni el tiempo habían sido todavía invitados a esa fiesta de temblores y luces y reflejos, a esa fiesta de sonidos y de ecos confundidos con los sonidos en que la Alhambra y el Generalife consistían. Los salones no estaban desamueblados ni desnudos; no eran lugares que la curiosidad visitaba, sino lugares hechos para vivir en la riqueza y la delicia del refinamiento. La pequeñísima parte de la ciudad de la Alhambra que hoy es dado ver a quienes la visitan, para quien la conoció sólo puede ser provocación de llanto; para quien no la conoció, no puede sugerirle la maravilla del caleidoscopio cálido y móvil que era. La Alhambra fue flexible y coloreada igual que un cuerpo joven. Tuvo, lo mismo que él, su música y su aroma, que con las horas y las estaciones, se encendían o se apagaban. Había en ella la perenne palpitación que es señal de la vida. La luz y el agua se perseguían, en sus patios y en sus jardines, con el parpadeo con que se persiguen en abril un par de mariposas. Dentro de las paredes, las incesantes atarjeas, como venas de barro repartían su sangre rumorosa, y las acequias eran las arterias de esa circulación. En la aparente quietud todo era matiz, todo movilidad. El agua, rebotando en las conchas o deslizándose sobre el mármol, entonaba su canto que acompasaba el cristalino ruido de lo visible. Los muros, que ni aún hoy han callado, reiteraban sus versos de alabanza a Dios y elogio a los sultanes. Los estucos y los artesonados, rebosantes de color para producir la impresión de movimiento, contagiaban su vibración a los paramentos y a las techumbres de marfil y de cedro... En el Cuarto de los Leones, los dobles atauriques, con un vano por medio donde los pájaros elegían anidar, tiritaban de vida: el mármol era más dócil que la carne, más sensible que ella, a su través se escuchaba el fragor de las aguas como en el seno de las caracolas. Cuanto hay allí, y en el resto de los palacios que ya no están, era traslúcido, minucioso y significativo a la manera de un tatuaje beduino. Todo se había concebido para vivir en una contemplación y en un recreo total de los sentidos: la vista reposando o inquietándose en los colores; el oído, en el murmullo de la ciudad de abajo, y en los sonidos inefables; el gusto y el olfato, en los frutos, y en los suaves olores; el tacto, en la frescura del ambiente, y en el pétalo indecible en el que está presente toda la naturaleza...

¿Quién puede decir hoy, después de verla, que conoció la Alhambra? Sólo sus subterráneos, desconocidos, son de tal magnitud que un alemán, en la segunda mitad del siglo XIX, anduvo por ellos, perdido y extenuado, ocho días hasta que el sobrestante lo encontró. ¿No debería haber caído la mano del arco de la Puerta de la Justicia y asido la llave esculpida en el segundo arco, según quiere la leyenda de la destrucción de la Alhambra? ¿Acaso no está ya verdaderamente destruida? Quienes moraron en la Alhambra adivinaron que había cesado ya: nada tenía remedio, y todos los sabían. Era cuestión de tiempo... El ideal de cada monarca, al estrenar el trono era vivir en un palacio levantado por él, deprisa, para disfrutarlo cuanto antes. El palacio del anterior soberano quedaba abandonado, o destruido o dedicado a las mujeres. Los vivos no prosiguen las obras de sus antecesores. Una sangre nueva no continúa las obras de la antigua; con más frecuencia, las demuele. La Historia escribe su hermosura sobre otras hermosuras anteriores. Nada tenía remedio, y todos lo sabían; era cuestión de tiempo...

> Promesa de oro emerge tras la regia colina,
> y el sueño te demora en las almenas
> junto a la roja gloria amurallada.
> Vendrá un sol a borrar
> las confusas estrellas
> que escriben en los altos artesones
> el lastimoso sino del que pierde.
> Pero esta luz, de pétalos aún pálidos, nunca ha de envejecer:
> en el jardín se inmortaliza.

Un bando de aves yergue
su dislocado griterío.
Dóciles a la luz, vendrán los cantos,
porque su don no se detiene nunca.
Retorna a su guarida la noche de lenta cabellera
descubriendo la desnudez del alba.
Sobre tu desnudez
el claroscuro se define y huye.
En este hermoso tálamo vendrá a beber el día:
no existe en él más sombra que tus párpados.
Bajo el arco invisible
transcurre tu insumisa primavera
entre el alicatado minucioso del tiempo...
Mientras, la alquimia de la luz riega la tierra.

Quienes moraron en la Alhambra adivinaron que había cesado ya. Por eso eligieron no elegir entre la verdad y la ilusión. Las mechas temblorosas en la noche, el mutátil resplandor del día, provocaban sombras inquietas que conmovían, enteros, los palacios. Los colores de las cristaleras, al incidir sobre los colores de los muros, los inquietaban más. Desde abajo latían las murallas –«Qué castillos son aquéllos: / altos son y relucían»– rezumando por sus huecos un vacilante y pálido fulgor. Y, por si fuera poco, al dibujarse en el temblor del agua, daban más vida al sueño que a la vigilia. Los grandes y variados intradoses, contemplados en el agua, se dejan ver como hay que verlos: de arriba abajo, no al revés... Ahí está el secreto de la ciudad corporal y sumergida, llamada desde un principio a desaparecer lo mismo que el amor. El caleidoscopio falleciente, el país de un abanico que se abre y que se cierra; algo delicado y efímero, donde jamás se sabe qué escoger: si la quebradiza materia, o su remedo. ¿Cuál es la torre real: la que construyó el hombre, o la que se hunde dentro de la alberca? La materia, o su imagen, ¿qué perdurará más? ¿El amor, o el recuerdo del amor es lo que nos sostiene? Porque lo real se haya siempre más distante que su reflejo. La vida y el amor son sólo el agua que espejea: en ellos lo inasible es lo más próximo. El mediodía duró sólo un momento...

En la página siguiente, detalle de un surtidor de los jardines del Generalife.

Tan remoto el ocaso
que la inclemente profecía de ayer
no nos parece a punto de cumplirse.

El gallo de los vientos nunca alza
su corto vuelo al mediodía.
Aún tardará el invierno.
El transparente enjambre de la luz
en este jardín liba y bordonea.
He aquí la convivencia del gozo y la esperanza.
¿Por qué no ser felices antes de que anochezca?
Otro amor no esperemos,
ni otra belleza, ni un ardor distinto.
Aquí miro el fulgor de la vida en tus ojos.
Éste es tu reino: no habita en él el desengaño.
Tras de ti, sobre el yerto mármol espejeante
la majestad arrastra
su inasequible púrpura.
Si en las alcobas íntimas se adormece el deseo,
tu renovada fiebre lo desvela.
Ciega de luz, la tierra
recibe el fértil beso.

De la Alhambra que existe todavía, quizá prefiera el Patio de los Arrayanes. Su serenidad fatal y su armonía. El Salón de Comares es como la jaima de una caravana, que puede levantarse y seguir viaje: fuera, el oasis con el verde profundo del estanque; dentro, el artesonado de los Siete Cielos; sobre la torre, la Estrella Polar que centra todas las simetrías; alrededor, la azora interminable como el infinito de un desierto. Bajo los altos techos profundos, metidos en la noche, a menudo escuché el nombre de las constelaciones. Los he visto dudar, estremecerse, bisbisear arriba cuando la luz trepa, escurriéndose por los arabescos, hasta su altura, y los lame y los hace gozar un instante... En la Alhambra Dios fue la luz; la luz, acaso Dios.

Contra la llama, sólo la llama.
Contra el agua, la flor del arrayán.
Bajo los artesones constelados
pronunciaste mi nombre.
Repítelo. «Todo está mal». Repítelo.
«Es malo todo». Repite tú mi nombre.
Contra mi llama, sólo tu llama.
Se debate el amor, crepita, rasga, esquiva,
muerde, se encrespa

lo mismo que un cachorro,
del que ignoramos si juega o nos devora.
Tu voz me da la fuerza
contra la fuerza. Nómbrame y viviremos.
Necesaria es la muerte;
necesarios, los dioses despreciables.
Pero si tú me nombras...
Ah, si tú me nombraras...

Nada tenía remedio, y todos lo sabían; era cuestión de tiempo. El dolor estaba llamando con su mano de piedra a la Puerta del Vino; en la de la Justicia la mano del dolor descendería la llave y abriría poco a poco los palacios. La alta estrella nazarí iba a ocultarse; un sol os borraría, vagas estrellas que escribís el lastimoso destino del que pierde... Nuevas reinas reclinarán su busto en este mirador; nuevos pies pisarán en estas salas. Oídos hechos sólo al sonar de las artillerías escucharán sorprendidos la canción de estos saltadores. ¿Para quién crecerán el mirto y el acanto? Los fuertes no necesitan tantas delicadezas... Los descuidados cascos de sus potros hollarán, sin mirarlos estos jardines. Junto a la Torre de Abu-l-Hachad pondrán un peinador para una reina que no se llamará Aixa, que quiere decir *la honesta*, ni Soraya, que quiere decir *lucero matutino*. Sobre este lema de los alamares –«Sólo Alá vencedor»– escribirán el suyo, su *Plus Ultra*, entre la F y la Y. Sobre el ordenado laberinto de nuestros azulejos impondrán su yugo y su haz de flechas... Los fuertes no necesitan de tantas hermosuras; con su fuerza les basta... Las tacas de nuestros pebeteros y nuestras alcarrazas serán las hornacinas de sus santos. En el Palacio de Consejos construirán su capilla. En las pilas de las abluciones pondrán agua bendita. En los baños donde se emperezaron los cuerpos más preciosos, donde se enredaba el vapor como un almaizal de gasa, donde el sol sonreía sin atreverse a entrar, pondrán sus almacenes de pólvora y de trigo. Donde fuimos felices y cantamos, ellos serán tan solo poderosos; donde fuimos poderosos y suaves ellos pondrán sus piedras. A los libros en que nosotros aprendimos la historia y la ciencia de los hombres, ellos les pondrán fuego. En los lugares en que amamos la vida, se escandalizarán... Traerán flores distintas, o no traerán ninguna, otro idioma, otros ojos, una manera extraña de amar y ser amado. Olvidarán la sala en que los regios cuerpos eran embalsamados. En el lugar en que descansan nuestros antecesores crecerá hierba fría; profanará la ortiga

las estelas de mármol que sólo el sol y la lluvia besaban... Las cascadas de estuco asistirán con asombro a escenas nunca vistas, en las que nosotros no tomaremos parte. ¿Sólo Dios vencedor? El mundo ya ha cambiado de dueño definitivamente...

Grita mi nombre cuando muera.
El llanto aquí no cabe:
todavía la boca no me sabe a ceniza.
Inmóvil esta luz
se rezaga sobre el jardín.
Cansada y no marchita,
retorna a las constelaciones de las que descendía.
Sobre nosotros caerá lo oscuro en vano,
porque el sol, al acecho en su cubil,
maquina la venganza.
Desterrados del mediodía,
la oquedad pronto de la tarde
nos sorberá como el jugo a una toronja.
Astros desorbitados nos vigilan.
De par en par abiertos estamos a la noche;
el insomnio es nuestro único armamento,
y, alrededor del agua, el arrayán perfuma.
Descuelga el lubricán desde la nieve
su fatigado verde y su amarillo...
¿Quién cerrará estos ojos, esta boca, esta carne?
Nadie se librará del postrer día, ni del luto.
La luz se aleja, pero
la vida y tú permanecéis.
Cuando muera la luz, grita mi nombre.
Mi nombre y tú ya estáis
a salvo en el jardín:
fuera del tiempo, su maleficio no os perturbará.

En la decoración de estos monumentos míos que son casi sólo decoración, el arte nazarí empleó las más diversas materias: el mármol para la columnas, los capiteles, algunos esbeltos conjuntos y las fuentes; así como el yeso labrado, la madera y la cerámica vidriada. En los zócalos de los alicatados brilla ésta; la parte mediana de los muros estaba revestida de atauriques; los mocárabes forman una sucesión de bóvedas complicadas y distintas y cubren con su fanta-

En la página anterior, detalle del mihrab del mexuar.

sía los capiteles. Hay una gran variedad de arcos: de medio punto peraltados y angrelados, mitrales o deformados, arcos estalactíticos y con mocárabes. Las decoraciones de yeso contaban con una larga tradición en la Península, pero las creaciones más brillantes hay que buscarlas en mí. Los elementos lineales de la decoración son geométricos, florales o epigráficos; en los artesonados, los polígonos estrellados se unen entre sí en una profusión de lazos; a menudo aparecen pintados; y las techumbres se emparejan con las magníficas puertas de batientes que cubrían los grandes vanos. Los atauriques presentan, además de las redes geométricas, motivos vegetales; en la última decoración floral el estilo es más naturalista que en la anterior, y se complican las decoraciones geométricas y epigráficas de forma que en ocasiones no queda espacio del muro sin decorar, disfrazando totalmente las estructuras. Asistíamos a las postrimerías de un arte tan sutil y quintaesenciado que no podía durar. El arte hispano-árabe estaba diciendo su adiós más exquisito; a partir de ahí, el musulmán no creó nada: se limitó a repetir las formas nazaríes. Las decoraciones de la Alhambra, de la Mezquita Mayor, de la Madraza son las que han significado más para los creadores, escasísimos, y para los artesanos, e incluso para los poetas, que debieron ponerse a su servicio. La importancia dada a la cerámica y, sobre todo, a los azulejos *–al-zulayy–*, y la perfección conseguida por la cerámica de cuerda seca –que contornea la decoración con un trazo negro en cuya composición se emplea un barniz–, consiguieron llevar al ápice la pericia de los ceramistas granadinos.

Los joyeros utilizaron el trabajo de filigrana y el engarce para formar alveolos que cubrían con cristales o piedras preciosas, destacando la orfebrería nazarí también en la fabricación de las famosas y codiciadas espadas granadinas. El marfil fue profusamente tallado y empleado en arquetas, ballestas, taraceas y toda clase de objetos sagrados o domésticos. El púlpito de la Mezquita Mayor de la Alhambra era de ébano con incrustaciones de marfil. Los almocárabes de marfil jugaban en las puertas de los palacios. Y desde los postigos a los cofres, desde las vigas a los joyeros, la marquetería puso por doquiera su delicada mano. Apenas una silla del reinado de Mohammed VII se conserva: en ella la madera está decorada en octágonos y cruces de brazos apuntados, en las que se incrustan flores de marfil de ocho pétalos; sobre el despiezo de éstos se acoplan otras diminutas flores con puntados triangulares de relleno; el brillante color de la madera juega con el marfil y con los tonos amarillentos y punteados del metal... Fue una silla sin importancia, pero en ella sigue sentándose la armonía.

Desde que los soberanos almohades suprimieron el *tiraz*, (que fue uno de los atributos más celosamente guardados de su soberanía, y que era un bordado en el que se incluía el nombre y los títulos tejidos, en hilo de oro o de color, en las telas de seda o de brocado), desde entonces, se abrió paso a los dibujos geométricos, entrelazados con líneas rectas y curvas, polígonos estrellados y rombos. Alfonso XI regaló a Mohammed IV telas de oro y seda fabricadas en mí, que los castellanos adoraban. En mis sederías predominaba una decoración de franjas paralelas, y eran de tan brillante colorido que cuando se movían perfumaban el aire como si fuesen flores de primavera. ¿Y quién sino mis hijos trabajaban las lanas para sus paños y sus alfombras; el cuero para sus adargas y sus asientos; el dibujo y el colorido con que adornaban sus coranes? El arte todo estaba, sí, al servicio de la belleza; pero la belleza estaba, en todo caso, al servicio de la vida.

EL IDIOMA Y SUS MANIFESTACIONES

Como si quisiese responder a lo ya advertido en la vida y en la Historia, así sucedió en mí con el idioma que mis hijos hablaban. Era el árabe, por descontado; pero, así como en los siglos anteriores se había producido una ambivalencia y como un bilingüismo entre los musulmanes por la continuidad de las relaciones con los castellanos, desde mediados del siglo XIII, se provoca un cambio. Mis Nazaríes, responsables de ser el último baluarte del Islam, ponen una especial atención en conservar escrupulosamente la mayor herencia de todas: el idioma, el idioma que es vehículo de toda su cultura. Los letrados de mi emirato, como reiteradamente he dicho, son maestros cotizadísimos del árabe, y es él en su pureza el habla que utilizan, en tanto que el romance, como visible amenaza, pasa a ser una lengua secundaria cuyo conocimiento correspondía a las exigencias prácticas del momento.

Ibn al-Jatib asegura contundentemente que mis granadinos se expresaban en un árabe depurado. Yo sé que no era así, sino por su gramática y sus textos. La fonética llamada *imala* (esa tendencia de la **a** larga a pronunciarse como **i** larga: *bab*, que quiere decir puerta, era en mí *bib*) era habitual. La pureza del árabe se mantuvo intacta entre mis hijos de la *hassa* aristócrata y entre los notables; pero las capas medias de la población y la plebe –la *hamma*– utilizaba el árabe dialectal salpicado de palabras romances cada vez más numerosas, como si estuviesen ya haciendo ensayos para hablar el nuevo idioma que acabaría sustituyendo al suyo, y dando un primer paso para la mudanza de sus leyes, de sus costumbres, de su religión y de su cultura. Las principales características de este árabe hispánico son pequeñas pero continuas deformaciones que lo aproximan al castellano, no ya con la alegría irresponsable de un Ben Quzman, cuando mezclaba en sus zéjeles el romance y el árabe, seguro de que su expresión era lo que menos importaba frente al garbo de su inspiración, sino con el temor y la tristeza de que tales contagios –muy visibles en actas notariales, en obras técnicas y en cartas familiares– iban a ser muy pronto exigidos por la vida.

LA POESÍA

En las civilizaciones que se hunden sólo sobreviven las concreciones más egregias; lo cotidiano se confunde con lo cotidiano de las civilizaciones que las sustituyeron. Persisten, si persisten, templos, palacios, fortalezas, pero no las pequeñas casas en que habitaba la plebe que sostuvo a los sacerdotes, a los guerreros y a los reyes. Persiste acaso la poesía y la ciencia, pero no la lengua con la que se compraba y se vendía el alimento diario, los pequeños objetos que satisfacían la menuda necesidad o la aliviaban. Precisamente porque esta lengua evoluciona ante las más mínimas órdenes de la vida, muere cuando esta cambia. La poesía, petrificada ya, se hace, por menos personal, más duradera. En mi reino se recogió, al irse refugiando en él, el legado de todo al-Andalus. Su clima fue conservado a ultranza, y aun de vuelta al pasado. Mis emires protegieron las artes y las letras; pero así como en las artes se produjo un último estremecimiento fecundo, las letras se vieron envueltas por figuras retóricas, que eran como las telas que amortajan un cadáver. La originalidad, que nunca fue la característica de la poesía árabe, había desaparecido del todo. La pregunta anteislámica de Antara Ibn Saddad: «¿Han dejado los poetas algo por remedar?», la contestó Ibn Zamrak, el tercer poeta de la Alhambra, con manifiesta inexactitud: «Llamé a los maestros de retórica para hacerles ver lo mucho que han dejado los poetas por remedar». Todos los tópicos de la poesía arábigo-andalu-

Tejido nazarí de seda y oro del siglo XV.

za se escribieron en los papeles y en los muros de los palacios. Y cuando digo poesía, digo todo, porque todos los sabios y literatos de mi reino la cultivaron: la especialización en un campo o en otro no existía, sino que una mentalidad enciclopédica abarcaba las diferentes ramas de la literatura. Y aun así, de tal fama y consideración social gozó la poesía entre mis hijos, que escribió Ibn Sayd que los poetas «se mostraban hinchados y orgullosos» por su enorme prestigio. Por eso creció extraordinariamente el número de poetas, pero no así la poesía. Los poetas formaban parte de las secretarías; estaban encargados lo mismo de llevar la correspondencia que de celebrar en *qasidas* los hechos memorables, o de halagar al soberano en las fiestas de la corte. Los tres poetas de la Alhambra, por ejemplo, Ibn al-Yayyab, Ibn al-Jatib e Ibn Zamrak, están escribiendo sobre sus muros su epitafio.

¿Puede llamarse poesía a las interminables odas habituales? ¿A los tratados de Abu-l-Baqa, de Ronda, sobre el arte de componer versos, sobre la inspiración y la espontaneidad en la poesía, sobre los adornos retóricos, o a sus lamentos por la suerte del Islam andaluz, que parecen exigir una elegía también por la belleza de su lengua? El antecesor de los tres poetas de la Alhambra, el visir Ibn al-Hakim, también de Ronda, sólo escribe nostalgias de su ciudad natal y panegíricos de su sultán Mohammed III. De Ibn al-Yayyab apenas quedan unas alabanzas, unos elogios sobados, unos cantos a las victorias, a los desfiles, a las fiestas religiosas, unos textos sobre las paredes de la Torre de la Cautiva y en las hornacinas del Generalife: una encuadernación demasiado rica para tan pobres textos.

Ibn al-Jatib llenó su época: con sus antologías, con sus leves renovaciones de la moaxaja y del zéjel, con sus historias, con sus cartas. Pero sus versos fueron raídos de los muros cuando fue acusado de traición. Lo sustituyó el hijo de un modesto herrero del Albayzín, Ibn Zamrak, que traicionó también y también fue traicionado, que mató a hierro y a hierro fue muerto. Su poesía se enlaza con la tradición andaluza del poema floral, de los temas descriptivos y laudatorios, en esa álgebra intelectual que respondía a las exigencias del público instruido de la época. Sobre la poesía de Ibn Zamrak escribió su poesía un sultán, Yusuf III, jactancioso y panegirista, salvo cuando evoca su cautiverio en Salobreña, o llora las muertes de su padre o de su hijo, y entonces se oye la respiración agitada y personal del poeta.

Astrolabio nazarí del siglo XIV.

El resto de los escritores son intercambiables, cada cual pudo firmar un poema del otro. Quizá se habrían salvado los poetas populares, que escribieron letras que ellos mismos cantaban o que cantaban sus conciudadanos, que escribieron en árabe vulgar sus moaxajas y zéjeles. Esos poetas anónimos, cuyas creaciones atravesaron el Estrecho y alcanzaron un eco florido en el Magreb. Pero ya dije que el idioma cotidiano no perdura, se acaba cuando se acaban los sacerdotes, los guerreros y los reyes que habitaban las torres que el pueblo hizo cantando. Antes de que las torres se arrasaran se arrasó esa canción.

LAS CIENCIAS

Las ciencias, siempre que lo permitió la serenidad política, fueron acaso más protegidas que las letras por mis sultanes Nazaríes. El gran colegio o madraza constituyó un centro cultural en el que se aposentaron todas las ramas científicas. Bibliotecas, laboratorios y observatorios astronómicos proliferaron suscitando la atención de los sabios. Los conocimientos y la profesionalidad de éstos eran universales. Cultivaban con predilección las ciencias matemáticas, muy en especial el álgebra y la trigonometría; las investigaciones botánicas y la terapéutica vegetal, y fueron altos maestros en la maquinaria, a veces utilizada con fines bélicos, y en los estudios químicos. Los astrólogos gozaron de un gran predicamento, si bien sus actividades estuvieron unidas a las médicas con frecuencia: Ibn Zarzar, por ejemplo, médico de Mohammed V y de Pedro I, profetizó con mucha anticipación el surgimiento de Tamerlán, el gran caudillo tártaro. Los médicos colaboraron con valiosas publicaciones al progreso de esta ciencia, legando a la posteridad un caudal abundantísimo de conocimientos basados en la experiencia así como de los estudios de la antigüedad clásica que, merced a sus trabajos, adquirieron en Europa carta de naturaleza. Les ayudaron para ello sus investigaciones de ciencias naturales como la botánica, la zoología, la farmacia y la herboristería. Algunos de ellos, como Ibn al-Jatib e Ibn Jatima fueron conocidos poetas. De hecho, el primero escribió:

> La medicina, la poesía y la escritura
> son nuestros distintivos de gente destacada.

El alto prestigio de la medicina se convirtió con frecuencia en afición hereditaria: la famosa dinastía de los Saquri –porque tuvieron su origen en Segura, la ciudad andaluza– alcanzó un alto grado de veneración por su sabiduría. La cirugía tuvo también representantes egregios: Mohammed Ibn Faray al-Qarbylyani –es decir, de Crevillente– fue llamado popularmente *As Safra*, que quiere decir *el Bisturí*, por su habilidad para el manejo del instrumental quirúrgico. Una ocasión de demostrar sus conocimientos la tuvieron los científicos Nazaríes en las ocasiones en que se declaró la peste negra y expusieron sus juicios sobre la conducta a adoptar en tiempos de epidemia. Con un loable practicismo, hicieron todos caso omiso del prejuicio teológico árabe que consideraba la peste como un castigo divino, y de su atribución cristiana a la conjunción de tres planetas que causaban la corrupción de la atmósfera. Atribuyéndola a causas naturales, aconsejaron medidas profilácticas con las que se anticiparon a sus colegas de Europa Occidental al señalar, por ejemplo la importancia de la prevención y del aislamiento, así como los peligros de la contaminación por contacto. Ibn Jatima, Ibn al-Jatib y Mohammed al-Saquri, de la dinastía antes citada, escribieron tratados que hoy parecerían de una extraordinaria modernidad.

Siguiendo los pasos de autores consagrados como Hipócrates y Galeno, y entre los árabes, Races y Avicena, se avanzó en el campo de la terapéutica, en la que se recurría a menudo a los simples, y en el de la dietética, basada a veces en la tradición islámica y en el famoso dicho del Profeta: «El estómago es la cámara del mal, y la dieta, el principio del tratamiento». Y es preciso advertir que, no solamente hombres, sino incluso algunas mujeres granadinas destacaron en el cultivo de la ciencia médica, lo cual me enorgullece.

Las metas más insospechadas se alcanzaron tanto en el estudio de las enfermedades como en los recursos para combatirlas, los médicos utilizaron el agua de nieve contra las hemorragias; el cauterio, contra las heridas infectadas; los cáusticos, contra la fluxiones interiores; y las aguas de los balnearios, contra el reuma. Trataron las cataratas por extracción con agujas encorvadas o por reducción, y fabricaron gafas y lentes perfectamente estudiadas. Recomendaron el cambio de aires contra las calenturas pertinaces, y los cármenes del Darro contra la tisis. Estudiaron las orinas; conocían la apreciación del pulso y su importancia; hicieron investigaciones profundas sobre el impétigo, la lepra, las parálisis parciales, las estrecheces del esófago, las inflamaciones del corazón, así como los flemones del mediastino y la viruela. Perfeccionaron la cirujía hasta el extremo de publicar tratados sobre la anestesia con cizaña y las operaciones con instrumentos cortantes, como la extracción de flechas, la cura radi-

cal de las heridas y hernias, el tratamiento de las piedras de la vejiga y del riñón, el modo de arreglar los huesos rotos o luxados, y la asistencia a los partos. Sus opiniones a propósito de la higiene sexual, de las funciones de la generación y de las enfermedades que con ella se relacionan fueron el producto de la observación y de la sagacidad. Y llegaron mucho más lejos de lo imaginable.

Basado en ello, Mohammed V construyó el maristán o asilo de enfermos, que demostró de una parte el estado de avance de la ciencia, y de otra los piadosos sentimientos del sultán hacia su pueblo. A él le dirigió la carta de fundación, en la que, entre otras cosas, le decía: «Es un hospital para que en todo tiempo sean recogidos de entre vosotros los desahuciados, y aquellos enfermos que se hallen fuera y lejos de su patria. Vosotros los visitaréis con preferencia a través de los días, para contemplarlos con ojos cariñosos, y reconocer sus adversas circunstancias y sus manifiestas necesidades. Y lo primero que habéis de procurar es que recobren la salud, ellos y también los locos, que son numerosos, extendiéndose entre sus mujeres la disipación...» El maristán no sólo fue un edificio útil y socialmente plausible, sino también hermoso. Tenía un patio central con una gran alberca, con dos surtidores que brotaban de los leones sedentes que hoy están en el Partal de la Alhambra; patio al que rodeaban

Alicatados de la Sala de las Dos Hermanas según Parcerisa. Universidad de Navarra.

galerías de dos plantas, embellecido todo él con ornamentos de brillante policromía, con plantas y con flores y con el ruido del agua que distrae de las obsesiones y de la melancolía.

LA CONVIVENCIA DE LOS PENINSULARES

Me irrita, no sólo por ser parte interesada, que no se comprenda por algunos cuanto significó la presencia del Islam en España; cómo su repentina aparición dio un vuelco trascendente y ya inmodificable a la contextura de las almas y de la Historia. Porque la Historia no son sólo las guerras, por continuas que desde lejos nos parezcan, sino –y sobre todo– las paces: lo que florece en la mesa participada de la paz. No es el matrimonio de unos reyes, ni la ambición de unos cuantos y el sufrimiento de otros, ni un protocolo, ni un ceremonial: es sencillamente la vida. Y la vida, por encima de lo demás, acaso consista en dos cosas: la tradición y la proyección, o sea, el pasado activo y el futuro. Y ambos se edifican sobre otros dos conceptos: la amistad, que es la convivencia más o menos discontinua e impuesta, y la cultura, que es la creatividad. Y tales conceptos son precisamente lo contrario de la destrucción y de la guerra.

La amistad como sentimiento de última concordia, que salva las fronteras, las razas y los tiempos. Como sentimiento en que se fundan las más altas edificaciones humanas, los más sutiles intercambios, las fusiones imperecederas. Una amistad y una convivencia, ésta hispano-judía-musulmana, heredada y consanguínea, imperturbable y lenta, que se ha desarrollado a la vez que nosotros, y fabricó sus nidos en las inolvidables ramas de la sangre. Una convivencia honda como los siglos, hecha de peleas y abrazos, sobre un difícil y depurado entendimiento. Una amistad violenta que se quedó en la tierra de al-Andalus para siempre: en su idioma casi bilingüe, en sus maneras, en sus ideales y en sus emociones. Una amistad que, al ser posible, constituye la mejor prueba de que al-Andalus –esta al-Andalus que llegó hasta hoy– es posible también.

Y la cultura. Siempre he creído que el esplendor del milagro andalusí es consecuencia de un enamoramiento, como cualquier milagro debe serlo; de una mutua fascinación. Durante 2.000 años, los judíos consideraron a Sefarad su tierra prometida. Y los árabes estuvieron circundados secularmente por pueblos helenizados y romanizados. No es sólo Siria quien los configura, sino la India, la

Bactriana o Persia. Y, al adentrarse en Andalucía, redescubren a Roma: su orden, sus monumentos, su *alma mater*. A cambio, Andalucía recobra con los árabes su perfume oriental: lo que tuvo con Tartesos, con Fenicia y con Cartago. Tal encuentro de segundo grado es lo que fructifica, redondea e insemina. Lo que facilita que en el extremo Occidente se dé, sin sorpresa, la bienvenida a Hipócrates, a Tolomeo o a Galeno; que santo Tomás conozca a Aristóteles a través de Averroes; que se inicie el camino de la ciencia europea por el chispazo que brota del contacto permanente entre el Cristianismo y nuestro Islam; que tiemblen ya las primeras luces del Renacimiento, cuyo mediodía no se alcanzará hasta siglos después. Esta es la gran herencia –y el grave deber– de nuestra tradición.

Al-Andalus es el lecho donde lo germánico y lo arábigo y lo hebreo procrearon con mayor naturalidad y mejor resultado. Eran culturas distintas, pero las tres se olvidaron un poco de sí mismas ante un anhelo idéntico: afirmarse sobre unas tierras que habían recibido una cultura previa y superior. De ahí que, en el momento de su ápice, el Islam dé en España un ejemplo de tolerancia y amistad –sobre razas, sobre lenguas, sobre religiones–, derrochando encendidos raudales que –ojalá sea así– aún no se han extinguido. Esa es también la gran herencia –y el grave deber– de nuestra tradición. De Andalucía, en efecto, se puede decir lo que de Grecia cuando pasó a ser una provincia del imperio romano: *Capta ferum victorem cepit*, «conquistada, conquistó a su fiero vencedor». Encabeza y dirige la evolución del mundo europeo occidental en el mejoramiento de importantes aspectos de la existencia material, y en la imposición de una nueva estética de la vida dominada hasta entonces, bajo el terror de lo desconocido, por una mística oscura y pesimista.

Las interinfluencias y el vaivén de miradas y de imitaciones son constantes. Muchos usos de mis granadinos no tenían que ver con el Islam, sino que eran de más remoto origen. La costumbre de poner dinero y alimentos en las sepulturas de los muertos, o de colocar amuletos protectores a los niños, o de celebrar las fiestas de Navidad o Año Nuevo o el equinoccio de la primavera y otras del antiguo calendario Juliano, así como la creencia en la virtud medicinal de ciertas fuentes, eran compartidas por los pueblos hispánicos anteriores al Islam. Una colección de refranes populares de finales del siglo XIV comprueba los contactos de mis hijos con sus vecinos castellanos. Como lo prueba asimismo la fe en los *al-erces* o «fórmulas mágicas», en las profecías y buenaventuras, en los ermitaños y morabitos: todo esto ha de incluirse en una herencia previa y compartida. Incluso algún lugar de culto en la frontera era cita de musulmanes y cristianos: cerca de Lorca existía la ermita de San Ginés de la Jara, lugar de peregrinación y devoción comunes.

¿Y es que la diferencia de confesión constituyó un obstáculo para las alianzas matrimoniales, de las que hay demasiados ejemplos? Ya desde el primer momento la viuda del rey Rodrigo, Egilona, se casa con el hijo de Musa; Abderramán III fue nieto de la princesa doña Íñiga; el regente Almanzor se casó con una hija del rey Sancho II de Navarra y la dejó que llamase a su hijo Sanchuelo; la mayoría de mis sultanes fueron, como ya he dicho, hijos de cristianas, siguieran o no siéndolo. (Tafur escribió: «Antes rescebirá un moro una christiana sin dote que una mora, por bien dotada que sea, mayormente si es moro de natura».) ¿Es que no se educaron príncipes míos en Castilla, y príncipes de toda la Península no vinieron a afincarse entre nosotros? ¿Es que los monjes benedictinos no estudiaron en la Córdoba califal, y es que mis musulmanes desconocían acaso el gótico cristiano? ¿No participaron activamente en él, como prueba la catedral primada de Toledo? ¿No lleva su firma esa construcción humilde y a la vez altanera de sus bóvedas en que se funden la tensión ascendente de las ojivas con la modesta sencillez prodigiosa del románico y del arábigo? Y eran numerosísimos los *helches* o «renegados» que formaban en las filas del ejército y de la administración de mis emires, y muchas grandes familias granadinas tenían tal origen: los altos Benegas y los Mufarrij... Y, a la inversa, importan también los abundantes granadinos que acuden a Castilla por motivos diversos, o se relacionan con sus reyes por vía diplomática; sus imágenes son oscilantes entre la desconfianza, como posibles traidores (hacia ellos y quienes les protegen, como Pedro I, el más grande maurófilo) y las que los presentan rodeados de honra y de buen trato, como personas necesarias mucho más que útiles.

Abu Bakr Ibn Assayrafi cuenta, a mediados del XII, en su *Historia de los almorávides*, que al entrar Alfonso I *el Batallador*, rey de Aragón y de Navarra, en Andalucía, le eran ya conocidas las bellezas de mi reino: la feracidad de su Vega, la suavidad de sus habitantes, la buena educación de sus hombres y la hermosura de sus mujeres. Un poco antes, el emir Abdallá, último rey zirí de mi reino, dice en sus memorias que el emir almorávide prefirió que el decisivo encuentro contra Alfonso VI se diese en la comarca musulmana de Badajoz, sin internarse en tierras cristianas, «tanto más cuanto que

En la página siguiente, Torre de la Vela.

los almorávides, acabados de llegar a al-Andalus, ni siquiera distinguían a sus aliados de sus adversarios»: tan parecidos éramos.

Tal confusión a ojos extraños duró los ocho siglos de la permanencia en la Península de mis musulmanes. De mí puedo decir que en los siglos XIII y XIV, quizá por la superioridad política y militar cristiana, su influencia se hizo notar de manera evidente.

A finales del siglo XIII hubo una polémica entre mi poeta Ibn Murabit y el poeta ceutí Abu-l-Maliq; mutuamente se acusaban de que sus respectivos compatriotas imitaban a los cristianos, no sólo en trajes, costumbres, comida y bebida, sino hasta en algunos pecados más o menos graves; ambos tenían razón. El historiador oriental Salah al-Din al-Safardi –de origen español– menciona la influencia cristiana en nombres, títulos y lenguaje de mis granadinos, dando por ejemplo la costumbre del gramático Abu Hayyam de transcribir y pronunciar los nombres andaluces a la manera castellana. Ya vimos como Ibn Sayd e Ibn al-Jatib se referían a los vestidos y a las armas; Ibn Jaldun remata la serie de testimonios: «El vencido siempre acaba por imitar al vencedor... Por ejemplo, los moros andaluces de hoy se asemejan a los gallegos en trajes y atavíos, en usos y costumbres, llegando al extremo de poner imágenes y simulacros tanto en el exterior de los muros como dentro de los edificios y de los aposentos más retirados».

¿No ocupa en la arquitectura y decoración lugar primordial el arte mudéjar? ¿No siguieron con él los musulmanes empleando sus tradiciones y sus técnicas bajo los cristianos victoriosos? El Monasterio de las Huelgas lo fundó Alfonso VIII, en Burgos, capital de Castilla; y la influencia almohade es patente en todas las torres albarranas, entre ellas las del recinto amurallado de Toledo. La afición de los príncipes y los nobles cristianos por las formas de mis musulmanes sembró con profusión preciosas obras de arte en las ciudades reconquistadas. Toledo, que había sido mozárabe, se hizo mudéjar después de la conquista; una serie de talleres granadinos fueron trasladados a él: sus sinagogas y sus iglesias de mediados del XIII en adelante son obra de mis hijos. La simbiosis de las artes musulmana y cristiana construyó palacios en Valladolid, y le hizo a Sevilla el impagable regalo de su Alcázar.

Podían darse de esta amistad y de esta convivencia fertilizadora pruebas innumerables. Mohammed V escribe una carta al rey de Aragón, en la que dice: «Ordenamos también que se hagan dos copias, en árabe y en cristiano, para que haya una en mi poder y otra en el vuestro». Muchos de mis intelectuales conocían varias lenguas, el castellano entre ellas. Mohammed Ibn Lope, de Málaga, viajó por tierras cristianas para discutir y entablar polémicas religiosas con sus sacerdotes. Mis poetas y mis eruditos conocían bien la historia de los castellanos, y mezclaban sus proverbios en la conversación. Y nuestro adversarios en la guerra venían a aprender de nosotros en la paz, como en el caso de Abdallah Ibn Sahl, que gozó de gran fama como matemático y a cuya casa de Baeza llegaban a recibir su enseñanza los toledanos. Ya el Fundador de la Dinastía envió cien caballeros musulmanes para rodear el cuerpo difunto de Fernando *el Santo* en Sevilla, y cada aniversario de esa muerte, en muestra de respeto, durante el resto de su vida, siguió enviando cien caballeros desde Granada para que asistieran con blandones encendidos alrededor del cenotafio regio. Y cuando Alfonso XI murió de peste en su campamento durante el sitio a Gibraltar, mi sultán Yusuf I dio orden a sus fronterizos de que no molestaran a los caballeros que conducían el cadáver del fallecido rey, y en lugar de arreciar el ataque, lo paralizó en absoluto para dar sitio al duelo; tal cortesía supo apreciarla en todo su valor, correspondiendo con la suya, el nuevo rey de Castilla Pedro I.

Mis fronteras y las guerras que me rodearon hasta el final fueron lugares y momentos apropiados para los lances de caballería; tanto, que la imaginación añadió a los reales algunos inventados. Armar caballeros sobre los campos de batalla era frecuente, y hasta el único hijo de los Reyes Católicos veló sus armas ante mis ojos, cuando yo casi estaba a punto de cerrarlos. Muy a menudo los usos de la caballería se extendieron a mis emires y a mis aristócratas por vías de esa misma convivencia con los enemigos; por eso supe que toda pelea tiene algo de abrazo, pero hubo instantes de mi historia en que de veras pudo el abrazo a la pelea. Las discordias andaluzas muchas veces aliaron conmigo a una de sus partes: el duque de Medina Sidonia apoyó a mis guerreros contra el marqués de Cádiz, y mi penúltimo emir, Abu-l-Hassan ofreció mi campo para un duelo entre Diego Fernández de Córdoba, hijo del conde de Cabra, y su primo Alonso, el señor de Aguilar: ambos caballeros enemigos tenían más fe en mi neutralidad que en la de cualquiera de sus partidarios.

Pero ¿habrá una prueba menos discutible de la profunda influencia que mi cultura ejerció sobre la cristiana que la del propio idioma? Del árabe tomó el castellano cuanto le faltaba para expresar conceptos no sabidos: en los dominios de las instituciones y en los de la vida privada, en la terminología de las organizaciones civil y militar (el alférez, el jinete, la atalaya, la zaga y muchísimas más son palabras de mi lengua), en el vocabulario de las fortificaciones (el albañil, la tapia, el adobe), en las instituciones estatales (los impuestos llamados alcabala, garrama, gabela o albaquía; el alcalde, el zalmedina y el zabazorda, el almotacén, el alfaqueque...); en innumerables términos de la vida corriente: ¿cómo viajar por la Península sin tropezarse con el idioma árabe a cada paso? ¿Cómo cultivar las técnicas agrícolas, o medir las superficies y los pesos y la capacidad, o irrigar de cualquier forma que sea un campo, o pescar en la mar sin verse salpicado por mi lengua? Los nombres de las frutas y las flores, los nombres de los colores más frecuentes, los nombres de las telas y vestidos, los nombres de peinados, de zapatos, de joyas, de tapices, de vajillas y cristales, de todo el mobiliario de las casas, ¿no fueron dados tan a menudo por nosotros? ¿No acuñaron los reyes cristianos monedas que llevaban a un tiempo leyendas en uno y otro idiomas? ¿No se vistieron y comportaron las damas de Burgos o León mirando de reojo a mis damas? ¿No influyó mi vida señorial y mi vida ciudadana en las de los reyes y los burgueses cristianos? Como los almorávides, ¿no habría confundido un extranjero a unos habitantes de la Península con otros? No queda más remedio que repetir la razón de Ali, el yerno de Mahoma, nuestro primer califa, cuando dijo: «En el curso de mi larga vida he observado que a menudo los hombres, más aún que a sus padres, se parecen al tiempo en el que viven».

Quizá, a la vista de tanta interrelación y tolerancia, de tanta coexistencia y comprensión, alguien pudo pensar que no habría sido necesario hacer la última guerra: que habría bastado con esperar que Aragón y Castilla me fuesen asimilando para acabar poniendo mi granada en su escudo. No fue así: quisieron que me rindiera a través de unas capitulaciones que jamás se cumplieron. Con ellas no empezó ninguna vida nueva para mí, sino que de una forma interior y desastrosa se produjo mi muerte... ¿Quién cree que no mueren las ciudades? Ellas tienen, como los humanos, su ascenso y su descenso; ellas crecen, pasan su adolescencia, alcanzan su madurez, se aventuran en ocasiones desventuradamente, y decaen luego y mueren. Un día no queda en ellas ni la voz tenue de una virgen, ni un suspiro de amor, ni el grito de una parturienta; se hacen viejas, y prefieren la muerte porque han dejado de creer en ellas mismas y en sus hijos.

En la página siguiente, detalle de yesería del Patio de los Arrayanes.

A mí, que a veces, mientras dormía –hermosa y preferida– me creí inmortal, y soñé que la eternidad era como una ajorca en mi tobillo; a mí, a quien nada decía la chispa de una estrella fugaz que

cruza el ancho pecho negro de la noche, y que se apaga en menos de un instante, a mí me ha sucedido vivir mi propia muerte. Yusuf Benegas, el imam de mi mezquita, lo entendió al ver como testigo qué fue de quienes me habían poseído y habitado, de quienes me amaron por encima de toda cordura. Porque lo que él vio no es que sea otra historia: es el fin amarguísimo de la que yo he contado...

> Tengo para mí que nadie lloró con tanta desventura como los hijos de Granada. No dudes de mi dicho por ser yo uno de ellos y ser testigo de vista, que vi por mis ojos escarnecidas todas las nobles damas, así viudas como casadas, y vi vender en pública almoneda más de trescientas doncellas. Yo perdí tres hijos varones y dos hijas y a mi mujer, y esta sola hija que tengo quedó para mi consuelo, que era de siete meses. Yo no lloro lo pasado, pues a ello no hay retorno, pero lloro lo que tú verás si has vida y atiendes en esta tierra, pues si ahora, en tan breve espacio, parece que ya nos sustentamos de acarreo, ¿qué harán cuando vengan las postreras otoñadas? Si el rey de la conquista no guarda fidelidad, ¿qué aguardamos de sus sucesores? Todavía digo, hijo, que irá en aumento nuestra caída.

¿Cómo no acordarme desde entonces de la inscripción que solloza en la lápida sepulcral de mi sultán Yusuf I? ¿No es ella también la inscripción de la mía?

> ...Habitó la casa de la tribulación sin que de nada le valieran las cosas de este mundo. Desapareció de la tierra, pero su nombre no dejará nunca de pronunciarse. Descendió a morar en el polvo porque así lo quiso la suerte; sin embargo, las estrellas en sus elevadas mansiones son inferiores a él. El potente destino colocó en el arco su flecha, y su tiro llegó a la elevada cumbre del reino. Grandes fueron su renombre, la franqueza de su amistad, la sin igual extensión de sus buenas acciones... Ya dejó de comunicarse su abundancia; desapareció su lluvia; se secó su robustez, y se aridecieron sus pastos. Se echó en olvido su liberalidad; quedaron sus estancias sin nadie que las habitasen, callados sus ministros, desiertas sus mansiones. Fueron cerradas sus moradas, lleno de tinieblas su horizonte y destruidas sus construcciones... Ahora habita descansando entre las paredes del sepulcro; pero también el corazón de las criaturas le sirve de morada...

Por eso, desde mi corazón es de donde he hablado a vuestros corazones.

BIBLIOGRAFÍA

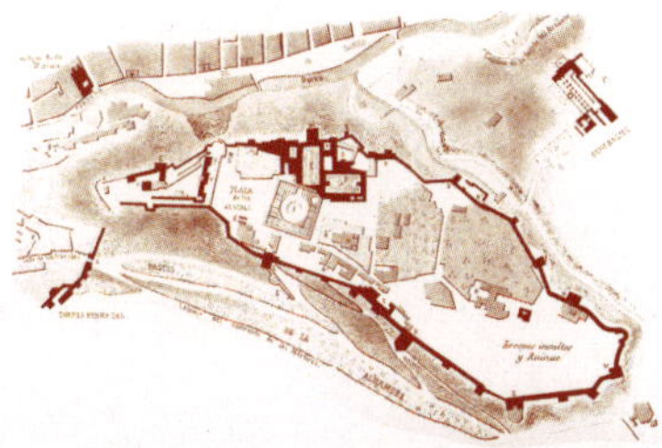

Abd Allah, *Memorias (El siglo XI en primera persona)*, Alianza Editorial, 1980.

Alvar, Manuel, *Poesía española medieval*, Ed. Planeta, Barcelona, 1969.

Álvarez de Cienfuegos, Isabel, *Sobre la economía en el reino nasrí granadino*, Miscelánea de estudios árabes y hebraicos, Universidad de Granada, 1958.

Arie, Rachel, *L'Espagne musulmane au temps des nasrides (1232-1492)*, Éditions E. de Boccard, París, 1973.

Arjona Castro, Antonio, *La sexualidad en la España musulmana*, Bolsillo Universidad, Córdoba, 1985.

Asín Palacios, Miguel, *Glosario de voces romances…*, Escuelas de Estudios Árabes de Madrid y Granada, 1943.

Burckhardt, Titus, *La civilización hispano-árabe*, Alianza Editorial, Madrid, 1977.

Cabanelas Rodríguez, Darío, *La antigua policromía del techo de Comares*, Cuadernos de la Alhambra, Granada, 1972.

Cruz Hernández, Miguel, *Historia del pensamiento en Al-Andalus*, Biblioteca de la Cultura Andaluza, Sevilla, 1985.

Eguaras Ibáñez, Joaquina, *Ibn Luyún: Tratado de Agricultura*, Patronato de la Alhambra y Generalife, Granada, 1988.

Eléxpuru, Inés, y Serrano, Margarita, *Al-Andalus, magia y seducción culinarias*, Instituto Occidental de Cultura Islámica, Madrid, 1991.

Enrique, Antonio, Tratado de la Alhambra hermética, Ediciones a. Ubago, S. L., Granada, 1988.

Fernández y González, Manuel, *Allah-Akbar*, Granada, 1849.

Fernández Manzano, Reynaldo, *De las melodías del reino nazarí de Granada a las estructuras musicales cristianas*, Diputación Provincial de Granada, 1985.

Gala, Antonio, *El manuscrito carmesí*, Ed. Planeta, 1990

García Gómez, Emilio, *Cinco poetas musulmanes*, Espasa-Calpe, 1944.

— *Foco de antigua luz sobre la Alhambra*, Instituto Egipcio de Estudios Islámicos, Madrid, 1988.

— *Silla del Moro y nuevas escenas andaluzas*, Espasa-Calpe, 1954.

García Sánchez, expiración, *La alimentación en la Andalucía islámica*, Revista Andalucía Islámica, Granada, 1983.

Glick, Tomás F., *Cristianos y musulmanes en la España medieval*, Alianza Editorial, Madrid, 1991.

Gómez Moreno, Manuel, *Guía de Granada*, Granada, 1982.

Gonzalo Maeso, David, *Garnata al-Yahud*, Granada, 1990.

Granja, Fernando de la, *Maqamas y risalas andaluzas*, Instituto Hispano-Árabe de Cultura, Madrid, 1976.

Greus, Jesús, *Ziryab*, Torre de la Botica Swan, Madrid, 1987.

Guichot, Joaquín, *Historia general de Andalucía*, Córdoba, 1982.

Hoenerbach, Wilhelm, *La Granadina*, Revista Andalucía islámica, Granada, 1983.

Irving, Washington, *Cuentos de la Alhambra*, Espasa-Calpe, 1941.

Ladero Quesada, Miguel Ángel, *Granada. Historia de un país islámico*, Gredos, S. A., 1969.

Lafuente Alcántara, Miguel, *Historia de Granada*, Imprenta y Librería de Sanz, Granada, 1846.

— *El libro del viajero en Granada*, Madrid, 1849.

Levi Provecal, E, *La civilización árabe en España*, Espasa-Calpe, 1953.

Mac Nab, Angus, *España bajo la media luna*, Ed. De la Tradición Unánime, Barcelona, 1988.

Mahoma, *El Corán*, Ed. Aguilar, Madrid, 1961.

Martín Moreno, Antonio, *Historia de la música andaluza*, Biblioteca de la Cultura Andaluza, Sevilla, 1985.

Montgomery Watt, M., *Historia de la España islámica*, Alianza Editorial, Madrid, 1970.

Mujtar al-Abadi, Ahmad, *El reino de Granada en la época de Muhammad V*, Madrid, 1973.

Orihuela, Antonio, y Vilches, Carlos, *Aljibes públicos de la Granada Islámica*, Excmo. Ayuntamiento, Granada, 1991.

Pabón Maldonado, Basilio, *El arte hispano-musulmán en su decoración geométrica*, Instituto Hispano-Árabe de Cultura, Madrid, 1975.

— *El arte musulmán en su decoración floral*, Instituto Hispano-Árabe de Cultura, Madrid, 1981.

Peinado Santaella, Rafael Gerardo, y López de Coca Castañer, José Enrique, Editorial Don Quijote, Granada, 1987.

Pérès, Henri, Esplendor de al-Ándaluz, Ed. Hiperión, Madrid, 1953.

Pérez de Hita, Inés, *Guerras civiles de Granada*, El Museo Universal, Madrid, 1983.

Rubiera Mata, María Jesús, *Ibn al-Yayyab, el otro poeta de la Alhambra*, Patronato de la Alhambra, Granada, 1982.

— *Los Banu Escallola, una dinastía granadina que no fue*, Revista Andalucía Islámica, Granada, 1983.

Sánchez Albornoz, Claudio, *La España musulmana*, Espasa-Calpe, Madrid, 1974.

Seco de Lucena, Luis, *Plano de Granada árabe*, Granada, 1910.

Seco de Lucena Paredes, Luis, *La Granada nazarí del siglo XV*, Granada, 1975.

— *Los Abencerrajes leyenda e historia*, Granada, 1960.

— *El libro de la Alhambra*, Ed. Everest, León, 1982.

— *Muhammad IX, sultán de Granada*, Patronato de la Alhambra, Granada, 1978.

Serjeant, R. B. (Ed.), La ciudad islámica, UNESCO, 1982.

Simone, Francisco J., *Descripción del Reino de Granada sacada de los autores arábigos, 711-1492*, APA-Oriental Press, Amsterdam, 1979.

Torres Balbás, Leopoldo, *Ciudades hispano-musulmanas*, Instituto Hispano-Árabe de Cultura, Madrid, 1971.

Varios autores, *Granada*, Ed. Everest, León, 1983.

— *Historia de Andalucía*, CUPSA Editorial y Editorial Planeta, 1982.

— *Las mujeres medievales y su ámbito jurídico*, Seminario de Estudios de la Mujer, Madrid, 1983.

Vernet, Juan, *La ciencia en al-Ándalus*, Biblioteca de Cultura Andaluza, Sevilla, 1986.

Villanueva, Carmen, *Miscelánea de estudios árabes y hebraicos*, Universidad de Granada, 1954.

Villanueva Rico, María del Carmen, *Casas, mezquitas y tiendas de los habices de las iglesias de Granada*, Instituto Hispano-Árabe de Cultura, Madrid, 1966.

— *Habices de las mezquitas de la ciudad de Granada y sus alquerías*, Instituto Hispano-Árabe de Cultura, Madrid, 1961.

Poesía arábigo andaluza, Revista Litoral, Torremolinos (Málaga), núms. 139, 140 y 141.

Prieto Moreno, Francisco, Bermúdez Pareja, y Eguaras Ibáñez, Joaquina, *Los jardines del Islam*, II Coloquio Internacional sobre la Protección y la Restauración de Jardines Históricos, Granada, 1973.

ÍNDICE DE NOMBRES, OBRAS Y LUGARES

a

b

C

d

e

f

g

h

i

j

k

l

m

n

o

P

q

r

s

t

U

V

W

X

y

z

Se terminó de imprimir esta edición de
Granada de los Nazaríes de Antonio Gala
en Sevilla el día 6 de junio de 2006

OTROS TÍTULOS DE LA COLECCIÓN
CIUDADES ANDALUZAS EN LA HISTORIA

El Jerez de los bodegueros
Francisco Bejarano

Sevilla en tiempos de Cervantes
José Manuel Caballero Bonald

El Cádiz romántico
Alberto González Troyano

Ronda de los bandoleros
Manuel Barrios

La Huelva británica
Juan Cobos Wilkins

Gibraltar en el tiempo de los espías
Juan José Téllez

Úbeda de Vandelvira
Arsenio Moreno Mendoza

Lucena sefardita
Joaquín Pérez Azaústre

24- 9- 06

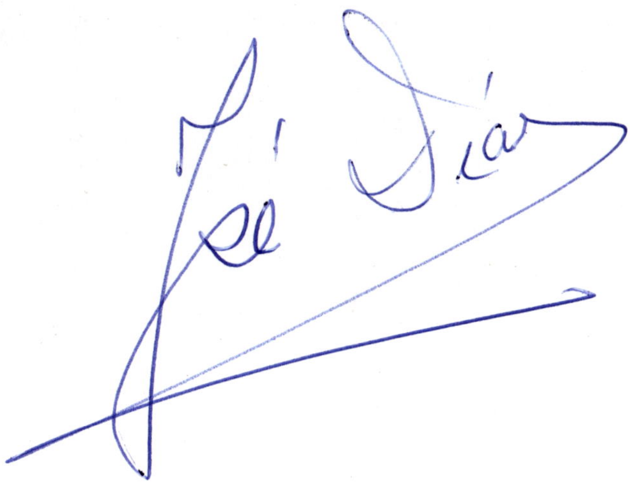